Das

Reichsgesetz vom 26. November 1871

betreffend die Einführung

der

Maaß- und Gewichtsordnung

für den Norddeutschen Bund

vom 17. August 1868

in

Bayern,

mit den zugehörigen

Verordnungen, Bekanntmachungen und Instruktionen.

Amtlich revidirte Ausgabe.

München 1871.
Rudolph Oldenbourg.

Inhalts-Verzeichniß.

I.

(Nr. 14,954.)

Bekanntmachung.

Die Einführung Norddeutscher Bundesgesetze als Reichsgesetze in Bayern, hier die Einführung des Gesetzes vom 17. August 1868, die Maaß- und Gewichtsordnung für den Norddeutschen Bund betr.

Staats-Ministerien des Kgl. Hauses und des Aeußern, der Justiz, des Innern beider Abtheilungen, der Finanzen, des Handels und der öffentlichen Arbeiten, dann kgl. Kriegs-Ministerium.

Nach dem beigedruckten Reichsgesetze vom 26. November 1871 wird die Maaß- und Gewichts-Ordnung für den Norddeutschen Bund vom 17. August 1868 nach Maßgabe der in demselben enthaltenen näheren Bestimmungen vom 1. Januar 1872 an als Reichsgesetz im Königreiche Bayern eingeführt.

Demgemäß wird das erwähnte Gesetz vom 17. August 1868, soweit dasselbe Geltung für Bayern erlangt, dann die Bekanntmachung des Bundeskanzlers vom 6. Dezember 1869 — die äußersten Grenzen der im öffentlichen Verkehre noch zu duldenden Abweichungen der Maaße, Gewichte und Waagen von der absoluten Richtigkeit betreffend — sowie die Bekanntmachung des Reichskanzlers vom 16. August 1871 — die bei Maaßen und Meßwerkzeugen für Brennmaterialien ꝛc. und bei Hökerwaagen im öffentlichen Verkehre noch zu duldenden Abweichungen von der absoluten Richtigkeit betreffend — durch den nachfolgenden Abdruck bekannt gemacht.

München, den 9. Dezember 1871.

Auf Seiner Königl. Majestät Allerhöchsten Befehl.

gez. Graf v. Hegnenberg-Dux. Frhr. v. Pranckh. v. Lutz. v. Pfeufer. Dr. Fäustle. v. Fischer Staatsrath. v. Schubert Staatsrath.

Durch den Minister:
der Generalsecretär Minist.-Rth. gez. v. Cetto.

II.

(Nr. 737).

Gesetz,

betreffend die Einführung der Maaß- und Gewichtsordnung für den Norddeutschen Bund vom 17. August 1868 in Bayern. Vom 26. November 1871.

Wir **Wilhelm**, von Gottes Gnaden Deutscher Kaiser, König von Preußen ꝛc. verordnen im Namen des Deutschen Reichs, nach erfolgter Zustimmung des Bundesrathes und des Reichstages, was folgt:

§. 1.

Die Maaß- und Gewichtsordnung für den Norddeutschen Bund vom 17. August 1868 wird nach Maßgabe der in den nachfolgenden Paragraphen enthaltenen näheren Bestimmungen vom 1. Januar 1872 an als Reichsgesetz im Königreiche Bayern eingeführt.

§. 2.

Die in Bayern bestehenden Feldmaaße können bis zum 1. Januar 1878 noch in Geltung bleiben.

§. 3.

Die Artikel 15 bis 20 der Maaß- und Gewichtsordnung vom 17. August 1868 leiden auf Bayern keine Anwendung. Es bleiben daselbst die Artikel 11 und 12 des bayerischen Gesetzes, die Maaß- und Gewichtsordnung betreffend, vom 29. April 1869 in Kraft, welche folgendermaßen lauten:

Artikel 11.

Die Eichung und Stempelung erfolgt ausschließlich durch obrigkeitlich bestellte Personen, welche mit den erforderlichen, nach den Normalmaaßen und Gewichten hergestellten Eichungsnormalen versehen sind.

Die Anfertigung der Eichungsnormale und deren periodisch wiederkehrende Vergleichung mit den Normalmaaßen und Gewichten fällt in den Geschäftskreis der Normal-Eichungskommission.

Artikel 12.

Die Vorschriften über die innere Einrichtung und den Geschäftsbetrieb der Normal-Eichungskommission, sowie über die Bestellung, Unterhaltung und den Wirkungskreis der zur Ausführung dieses Gesetzes noch weiter erforderlichen technischen Organe;

die Vorschriften über Material, Gestalt, Bezeichnung und sonstige Beschaffenheit der Maaße und Gewichte und der übrigen Meßvorrichtungen, welche zu eichen und zu stempeln sind;

die Bestimmung darüber, welche Arten von Waagen im öffentlichen Verkehre oder nur zu besonderen gewerblichen Zwecken angewendet werden dürfen, sowie die Festsetzung der Bedingungen ihrer Stempelfähigkeit;

die Vorschriften über das Verfahren bei der Eichung und Stempelung, über die hierbei innezuhaltenden Fehlergrenzen, dann über die Stempel- und Eichzeichen, die Feststellung der Termine, in welchen die zum Messen und Wägen im öffentlichen Verkehre dienenden Maaße, Gewichte, Waagen und Meßvorrichtungen der wiederholten Eichung und Stempelung zu unterziehen sind;

die Bestimmung der Maaße, Gewichte, Waagen und Meßvorrichtungen, welche jeder Gewerbtreibende zum Betriebe seines Geschäfts haben muß;

die Vorschriften über die Visitationen der Maaße, Gewichte, Waagen und Meßvorrichtungen;

die Festsetzung der Eich- und Verifikationsgebühren werden der Verordnung vorbehalten.

Es hat jedoch die bayerische Normal-Eichungskommission die von ihr anzuwendenden Normale von der Normal-Eichungskommission des Deutschen Reichs zu beziehen, die Vorschriften über Material, Gestalt, Bezeichnung und sonstige Beschaffenheit der Maaße und Gewichte, über die Bedingungen der Stempelfähigkeit der Waagen, über die Einrichtung der sonstigen Meßwerkzeuge, sowie über die Zulassung anderweiter Geräthschaften zur Eichung und Stempelung gleichförmig mit denen der Normal-Eichungskommission des Reichs zu erlassen, und das bei der Eichung und Stempelung zu beobachtende Verfahren, sowie die von Seiten der Eichungsstellen inne zu haltenden Fehlergrenzen gleichmäßig zu bestimmen.

Urkundlich unter Unserer Höchsteigenhändigen Unterschrift und beigedrucktem Kaiserlichen Insiegel.

Gegeben Berlin, den 26. November 1871.

(L. S.) **Wilhelm.**

Fürst v. Bismarck.

III.

(Nr. 156.)

Maaß- und Gewichts-Ordnung
für den Norddeutschen Bund.

Vom 17. August 1868.

Wir **Wilhelm**, von Gottes Gnaden König von Preußen &c. verordnen im Namen des Norddeutschen Bundes, nach erfolgter Zustimmung des Bundesrathes und des Reichstages, was folgt:

Artikel 1.

Die Grundlage des Maaßes und Gewichtes ist das Meter oder der Stab, mit dezimaler Theilung und Vervielfachung.

Artikel 2.

Als Urmaaß gilt derjenige Platinstab, welcher im Besitze der Königlich Preußischen Regierung sich befindet, im Jahre 1863 durch eine von dieser und der Kaiserlich Französischen Regierung bestellte Kommission mit dem in dem Kaiserlichen Archive zu Paris aufbewahrten Mètre des Archives verglichen und bei der Temperatur des schmelzenden Eises gleich $1{,}00000301$ Meter befunden worden ist.

Artikel 3.

Es gelten folgende Maaße:

A. Längenmaaße.

Die Einheit bildet das Meter oder der Stab.

Der hundertste Theil des Meters heißt das Zentimeter oder der Neu-Zoll.

Der tausendste Theil des Meters heißt das Millimeter oder der Strich.

Zehn Meter heißen das Dekameter oder die Kette.

Tausend Meter heißen das Kilometer.

B. Flächenmaaße.

Die Einheit bildet das Quadratmeter oder der Quadratstab.

Hundert Quadratmeter heißen das Ar.

Zehntausend Quadratmeter heißen das Hektar.

C. Körpermaaße.

Die Grundlage bildet das Kubikmeter oder der Kubikstab.

Die Einheit ist der tausendste Theil des Kubikmeters und heißt das Liter oder die Kanne.

Das halbe Liter heißt der Schoppen.

Hundert Liter oder der zehnte Theil des Kubikmeters heißt das Hektoliter oder das Faß.

Funfzig Liter sind ein Scheffel.

Artikel 4.

Als Entfernungsmaaß dient die Meile von 7500 Metern.

Artikel 5.

Als Urgewicht gilt das im Besitze der Königlich Preußischen Regierung befindliche Platinkilogramm, welches mit Nr. 1 bezeichnet, im Jahre 1860 durch eine von der Königlich Preußischen und der Kaiserlich Französischen Regierung niedergesetzte Kommission mit dem in dem Kaiserlichen Archive zu Paris aufbewahrten Kilogramme prototype verglichen und gleich 0,999999842 Kilogramm befunden worden ist.

Artikel 6.

Die Einheit des Gewichts bildet das Kilogramm (gleich zwei Pfund). Es ist das Gewicht eines Liters destillirten Wassers bei + 4 Gr. des hunderttheiligen Thermometers.

Das Kilogramm wird in 1000 Gramme getheilt, mit dezimalen Unterabtheilungen.

Zehn Gramme heißen das Dekagramm oder das Neu-Loth.

Der zehnte Theil eines Gramms heißt das Dezigramm, der hundertste das Zentigramm, der tausendste das Milligramm.

Ein halbes Kilogramm heißt das Pfund.
50 Kilogramm oder 100 Pfund heißen der Zentner.
1000 Kilogramm oder 2000 Pfund heißen die Tonne.

Artikel 7.

Ein von diesem Gewichte (Artikel 6) abweichendes Medizinalgewicht findet nicht statt.

Artikel 8.

In Betreff des Münzgewichts verbleibt es bei den im Artikel 1 des Münzvertrages vom 24. Januar 1857 gegebenen Bestimmungen.

Artikel 9.

Nach beglaubigten Kopien des Urmaaßes (Artikel 2) und des Urgewichts (Artikel 5) werden die Normalmaaße und Normalgewichte hergestellt und richtig erhalten.

Artikel 10.

Zum Zumessen und Zuwägen im öffentlichen Verkehre dürfen nur in Gemäßheit dieser Maaß- und Gewichts-Ordnung gehörig gestempelte Maaße, Gewichte und Waagen angewendet werden.

Der Gebrauch unrichtiger Maaße, Gewichte und Waagen ist untersagt, auch wenn dieselben im Uebrigen den Bestimmungen dieser Maaß- und Gewichts-Ordnung entsprechen. Die näheren Bestimmungen über die äußersten Grenzen der im öffentlichen Verkehr noch zu duldenden Abweichungen von der absoluten Richtigkeit erfolgen nach Vernehmung der im Artikel 18 bezeichneten technischen Behörde durch den Bundesrath.

Artikel 11.

Bei dem Verkaufe weingeistiger Flüssigkeiten nach Stärkegraden dürfen zur Ermittelung des Alkoholgehaltes nur gehörig gestempelte Alkoholometer und Thermometer angewendet werden.

Artikel 12.

Der in Fässern zum Verkauf kommende Wein darf dem Käufer nur in solchen Fässern, auf welchen die den Raumgehalt bildende Zahl der Liter durch Stempelung beglaubigt ist, überliefert werden.

Eine Ausnahme hiervon findet nur bezüglich desjenigen ausländischen Weines statt, welcher in den Originalgebinden weiter verkauft wird.

Artikel 13.

Gasmesser, nach welchen die Vergütung für den Verbrauch von Leuchtgas bestimmt wird, sollen gehörig gestempelt sein.

Artikel 14.

Zur Eichung und Stempelung sind nur diejenigen Maaße und Gewichte zuzulassen, welche den in Artikel 3 und 6 dieser Maaß- und Gewichts-Ordnung benannten Größen, oder ihrer Hälfte, sowie ihrem Zwei-, Fünf-, Zehn- und Zwanzigfachen entsprechen. Zulässig ist ferner die Eichung und Stempelung des Viertel-Hektoliter, sowie fortgesetzter Halbirungen des Liter.

Artikel 21.

Diese Maaß- und Gewichts-Ordnung tritt mit dem 1. Januar 1872 in Kraft.

Die Landes-Regierungen haben die Verhältnißzahlen für die Umrechnung der bisherigen Landesmaaße und Gewichte in die neuen festzustellen und bekannt zu machen, und sonst alle Anordnungen zu treffen, welche, außer den nach Artikel 18. der technischen Bundes-Centralbehörde vorbehaltenen Vorschriften zur Sicherung der Ein- und Durchführung der in dieser Maaß- und Gewichts-Ordnung, namentlich in Artikel 10, 11, 12 und 13 enthaltenen Bestimmungen erforderlich sind.

Artikel 22.

Die Anwendung der dieser Maaß- und Gewichts-Ordnung entsprechenden Maaße und Gewichte ist bereits vom 1. Januar 1870 an gestattet, insofern die Betheiligten hierüber einig sind.

Artikel 23.

Die Normal-Eichungskommission (Artikel 18) tritt alsbald nach Verkündung der Maaß- und Gewichts-Ordnung in Thätigkeit, um die Eichungsbehörden bis zu dem im Artikel 22 angegebenen Zeitpunkt zur Eichung und Stempelung der ihnen vorgelegten Maaße und Gewichte in den Stand zu setzen.

Urkundlich unter Unserer Höchsteigenhändigen Unterschrift und beigedrucktem Bundes-Insiegel.

Gegeben Homburg v. d. Höhe, den 17. August 1868.

(L. S.) **Wilhelm.**

Graf v. Bismarck-Schönhausen.

IV.

(Nr. 397.)

Bekanntmachung,

betreffend die äußersten Grenzen der im öffentlichen Verkehr noch zu duldenden Abweichungen der Maaße, Gewichte und Waagen von der absoluten Richtigkeit.

Vom 6. Dezember 1869.

Auf Grund der Bestimmung im Artikel 10 der Maaß- und Gewichts-Ordnung für den Norddeutschen Bund vom 17. August 1868 (Bundesgesetzbl. S. 573) hat der Bundesrath, nach Vernehmung der Normal-Eichungs-Kommission, folgenden Beschluß gefaßt.

Die äußersten Grenzen der bei Maaßen, Gewichten und Waagen im öffentlichen Verkehre noch zu duldenden Abweichungen von der absoluten Richtigkeit, die sowohl im Mehr als im Weniger stattfinden können, und bei deren Ueberschreitung einer der nachbenannten Gegenstände im Sinne des Artikels 10 der Maaß- und Gewichtsordnung vom 17. August 1868 unrichtig und zum Gebrauche im Verkehr unzulässig ist, werden wie folgt bestimmt:

A. Größte zulässige Abweichung bei Längenmaaßen:

2 Millimeter bei Maaßstäben aus Holz von 1 Meter Länge, nur in Centimeter getheilt, und für Langwaaren bestimmt, so wie bei zusammenlegbaren Maaßstäben von gleicher Länge;

1,5 Millimeter bei Maaßstäben vorstehender Art, wenn sie $1/2$ Meter lang sind;

8,0 — 3,0 — 1,5 Millimeter bei Werkmaaßstäben aus Holz von
5 — 2 — 1 Meter Länge;
7,0 — 4,5 — 3,5 — 2,5 — 1,5 Millimeter bei Bandmaaßen aus Metallblech von
20 — 10 — 5 — 2 — 1 Meter Länge;
1,5 — 1,0 Millimeter bei Maaßstäben aus Metall von
2 — 1 Meter Länge und
0,5 Millimeter bei Maaßstäben derselben Art von 0,5, 0,2 oder 0,1 Meter Länge, so wie bei dergleichen Maaßstäben aus hartem Holze, Elfenbein und ähnlichem Stoff.

B. Größte zulässige Abweichung vom Sollinhalte bei Hohlmaaßen für Flüssigkeiten und trockene Körper, sofern sie 1. aus Metall, 2. aus Holz hergestellt sind (ausgedrückt in Theilen des Sollinhaltes):

1.	2.	
1/250	1/125	für Maaße von 1 Hektoliter bis 1/4 Hektoliter;
1/200	1/100	für Maaße von 20 Liter bis 1 Liter;
1/100	1/50	für Maaße von 0,5 Liter bis 0,2 Liter;
1/50	1/25	für Maaße von 1/8 Liter bis 0,02 Liter;

ferner:

1/150 der aufgebrannten Inhaltsangabe bei Fässern;
1/50 des angegebenen Inhaltes bei Maaßen für Kalk, Kohlen u. dergl., welche größer sind, als die vorstehend unter 1 und 2 aufgeführten.

C. Größte zulässige Abweichung bei Gewichten:

1) Bei gewöhnlichen Handelsgewichten:

10 Gramm bei dem 50 K. Stück;
8 „ „ „ 50 Pfd. Stück und 20 K. Stück;
5 „ „ „ 10 K. Stück;
25 Decigramm bei dem 5 K. Stück;
12 „ „ „ 2 K. Stück;
8 „ „ „ 1 K. Stück;
5 „ „ „ 500 G. oder 1 Pfd. Stück;
25 Centigramm bei dem 1/2 Pfd. Stück;
20 „ „ „ 200 G. Stück;
12 „ „ „ 100 G. Stück;

10 Centigramm bei dem 50 G. Stück;
6 „ „ „ 20 G. Stück;
4 „ „ „ 10 G. Stück;
1 Decigramm bei einem 5 Gramm-, zwei 2 Gramm- und einem 1 Grammstücke zusammen, welche einzeln die ihnen hiernach zukommende durchschnittliche Abweichung nicht wesentlich überschreiten dürfen.

2) Bei Gewichten zum Abwägen von Gold, Silber, Juwelen und Perlen (Präzisionsgewichten), sowie bei Medizinalgewichten, beide als solche durch einen neben dem Eichstempel stehenden sechsstrahligen Sternstempel gekennzeichnet, beträgt die größte zulässige Abweichung für die Gewichtsstücke von 100 Pfund bis 10 Gramm nur die Hälfte der für dieselben unter C. angegebenen zulässigen Abweichung; ferner ist zulässig:

12 Milligramm bei dem 5 Grammstücke,
6 „ „ „ 2 „
4 „ „ „ 1 „
2 „ „ „ 5, dem 2 und dem 1 Decigrammstück,

bei den kleinen Gewichtsstücken aber für je 4 zusammen, welche die nächst höhere Einheit bilden, $^1/_{60}$ der Schwere dieser Einheit, wobei die einzelnen Gewichtsstücke die ihnen hiernach zukommende durchschnittliche Abweichung nicht wesentlich überschreiten dürfen.

D. Größte zulässige Abweichung bei Gasmessern: $^1/_{60}$ des durch das Zählwerk registrirten Gasvolumens.

E. Größte zulässige Abweichung bei Alkoholometern: $^1/_4$ Grad in den Skalentheilen, verglichen mit den von der Bundes-Normal-Eichungs-Kommission hergestellten Normalinstrumenten.

F. Die Zulässigkeit einer Waage wird bedingt durch die Einhaltung folgender Bestimmungen.

Ist zum Zwecke der Prüfung die Waage auf beiden Seiten mit gleichen Gewichtswerthen, die ihrer größten Tragfähigkeit entsprechen, belastet, so darf der Werth einer einseitigen Gewichts-Aenderung, durch welche die Waage entweder bei merklicher Abweichung von der Richtigkeit zum

Einspielen zurückgeführt, oder bei unmerklicher Abweichung von der Richtigkeit vom Einspielen merklich abgelenkt wird, die im Nachfolgenden festgesetzte Grenze nicht übersteigen (deren nomineller Betrag natürlich bei ungleicharmigen Balken- und bei Brückenwaagen nur für Zulagen auf der Lastseite gilt und für Zulagen auf der Gewichtsseite durch die besondere Einrichtung jeder dieser Waagen bestimmt wird):

1) Bei Waagen, die für den gewöhnlichen Handelsverkehr bestimmt sind:

1 Gramm für jedes Kilogramm der einseitigen Belastung bei gleicharmigen Balkenwaagen, oberschaligen oder Tafelwaagen, wenn die größte Tragfähigkeit 5 Kilogramm übersteigt;

2 Gramm für jedes Kilogramm der einseitigen Belastung bei Waagen derselben Art, wenn die größte Tragfähigkeit 5 Kilogramm oder weniger beträgt, sowie bei ungleicharmigen Balkenwaagen durchgehends;

12 Decigramm für jedes Kilogramm der Last bei Brückenwaagen.

2) Bei Waagen für Gold, Silber, Juwelen und Perlen (Präzisions-Waagen), sowie bei den Medizinal-Waagen, beide als solche durch einen neben dem Eichstempel stehenden sechsstrahligen Sternstempel gekennzeichnet:

2 Decigramm für jedes Kilogramm der einseitigen Belastung, wenn die größte Tragfähigkeit 5 Kilogramm übersteigt;

4 Decigramm für jedes Kilogramm der einseitigen Belastung, wenn die größte Tragfähigkeit 5 Kilogramm oder weniger beträgt, aber 250 Gramm noch übersteigt;

1 Milligramm für jedes Gramm der einseitigen Belastung, wenn die größte Tragfähigkeit 250 Gramm oder weniger beträgt, aber 20 Gramm noch übersteigt;

2 Milligramm für jedes Gramm der einseitigen Belastung, wenn die Waage für 20 Gramm und weniger bestimmt ist, bei Präzisionswägungen;

4 Milligramm für jedes Gramm der einseitigen Belastung bei Waagen der letzteren Tragfähigkeit im Medizinalgebrauche.

Berlin, den 6. December 1869.

Der Kanzler des Norddeutschen Bundes.

In Vertretung: Delbrück.

V.

(Nr. 692.)

Bekanntmachung,

betreffend die bei Maaßen und Meßwerkzeugen für Brennmaterialien ꝛc. und bei Hökerwaagen im öffentlichen Verkehr noch zu duldenden Abweichungen von der absoluten Richtigkeit.

Vom 16. August 1871.

Auf Grund des Artikels 10 der Maaß- und Gewichts-Ordnung vom 17. August 1868 hat der Bundesrath nach Vernehmung der Normal-Eichungskommission für das gesammte Bundesgebiet, mit Ausnahme von Bayern, bestimmt, wie folgt:

1. Die in dem Erlaß der Normal-Eichungskommission vom 15. Februar 1871 (vergl. Beilage zu Nr. 11 des Bundesgesetzblattes) *) zugelassenen Maaße und Meßwerkzeuge für Brennmaterialien, sowie für Kalk und andere Mineralprodukte betreffend.

Die in §. 1 des Erlasses unter A., B. und C. genannten Maaße und Maaßgefäße werden für den Gebrauch beim Zumessen im öffentlichen Verkehr unzulässig, wenn der wirkliche Inhalt derselben von dem angegebenen Inhalte um mehr als $^1/_{50}$ des letzteren abweicht.

Die in demselben Paragraph unter D. genannten Kummtmaaße werden in gleicher Weise unzulässig, wenn eine der den Fassungsraum bestimmenden Dimensionen um mehr als $^1/_{60}$ der vorgeschriebenen Größe von letzterer abweicht.

---

*) In die Eichordnung aufgenommen.

Meßrahmen für Brennholz werden in gleicher Weise unzulässig, wenn die Abweichung der Länge eines Rahmenstückes von der Sollgröße mehr als $^1/_{50}$ der letzteren beträgt.

2. Bei Hökerwaagen zum Auswägen von Gegenständen des Wochenmarktverkehrs (vergl. zweiten Nachtrag zur Eichordnung vom 6. Mai 1871, Beilage zu Nr. 23 des Reichsgesetzblattes) darf der Betrag des Zulagegewichtes, durch welches die größte im öffentlichen Verkehr noch zulässige Abweichung einer Waage von der Richtigkeit und zugleich die zulässige Grenze ihrer Empfindlichkeit bemessen werden soll, bis zum Vierfachen desjenigen Betrages steigen, der für die im gewöhnlichen Handelsverkehr benutzten gleicharmigen Balkenwaagen derselben Tragfähigkeit (vergl. F. Nr. 1 der Bekanntmachung vom 6. Dezember 1869, Bundesgesetzbl. Nr. 40 S. 700) festgesetzt ist.

Berlin, den 16. August 1871.

Der Reichskanzler.

In Vertretung: Delbrück.

VI.

Bekanntmachung.

Auf Grund des §. 3 Abs. 2 des Reichsgesetzes vom 26. November 1872 — betreffend die Einführung der Maaß- und Gewichtsordnung für den Norddeutschen Bund vom 17. August 1868 in Bayern — wird nachstehende

Eichordnung

erlassen:

Erster Abschnitt.

Vorschriften über das Material, die Gestalt, die Bezeichnung und die sonstige Beschaffenheit der vom 1. Januar 1872 ab im öffentlichen Verkehr geltenden neuen Maaße und Gewichte, sowie über die bei der Eichung derselben innezuhaltenden Fehlergrenzen.

I. Längenmaaße.

§. 1.

Zulässige Maaße und Bezeichnung.

Zur Eichung zulässig sind Maaße von folgenden Längen:

20 Meter,
10 Meter oder 1 Dekameter,
5 Meter,
2 Meter,
1 Meter,

0,5 Meter oder 5 Decimeter oder 50 Centimeter,
0,2 Meter oder 2 Decimeter oder 20 Centimeter,
0,1 Meter oder 1 Decimeter oder 10 Centimeter.

Die Bezeichnung dieser Maaße muß mit den vollen Namen, die in der obigen Zusammenstellung angegeben sind, geschehen. Welche der metrischen Bezeichnungen in den Fällen, wo in der obigen Reihe mehrere nebeneinander aufgestellt sind, anzuwenden sei, bleibt dem Belieben überlassen. Bei einem Maaße von 10 Meter Länge kann auch der volle Name „Kette", bei einem Maaße von 1 Meter Länge und seinen oben zugelassenen Vielfachen und Bruchtheilen auch der volle Name „Stab" aufgetragen werden, doch muß in jedem Falle eine der obigen metrischen Bezeichnungen voranstehen.

§. 2.

Material, Form und Struktur der Längenmaaße.

Sämmtliche eichfähige Maaße müssen von solchem Material, in solcher Form und Struktur ausgeführt sein, daß ihre Länge beim Gebrauch keine Schwankungen erleiden kann, welche die im Verkehr zu duldenden Fehlergrenzen übersteigen.

Danach sind zur Eichung zuzulassen einfache Strich- oder Endflächen-Maaßstäbe, welche aus genügend hartem Material mit einem vor Verbiegungen hinreichend sichernden Querschnitt massiv gearbeitet sind. Bei Endflächen-Maaßen von Holz bis zu 0,5 Meter Länge herab sind die maaßgebenden Endflächen durch metallene Beschläge zu schützen.

Ferner sind zulässig solche aus mehreren Stücken bestehende Maaße, für deren Zusammenfügung in derjenigen gegenseitigen Lage der beweglichen Theile, welche die normale Länge des ganzen Maaßes ergibt, eine genügende Stabilität gesichert ist.

Endlich sind zulässig Bandmaaße, welche aus Material von hinreichend geringer Dehnbarkeit, z. B. aus Metall-Blech hergestellt sind.

Es ist zulässig, Maaße, welche den oben aufgestellten Anforderungen entsprechen, auch dann, wenn dieselben Theile anderer Meßwerkzeuge bilden, zu eichen, sobald in dieser Zusammensetzung die Eichungs-Operationen nach den anderweitigen Bestimmungen ausführbar sind.

§. 3.

Eichung und zulässige Abweichung der Längenmaaße.

Die Eichungs-Operationen, über deren Ausführung in einer besonderen Instruktion nähere Vorschriften ertheilt werden, haben sich bei den Längenmaaßen sowohl auf die Gesammtlänge, als auf die Eintheilung zu erstrecken.

Zur Stempelung ist nur dann zu schreiten, wenn die Vergleichung mit den Eichungsnormalen erwiesen hat, daß die Gesammtlänge des Maaßes entweder im Zuviel oder im Zuwenig eine größere Abweichung nicht zeigt, als nachstehend unter A bestimmt ist, und daß gleichzeitig die Eintheilung der Vorschrift unter B entspricht.

A. Die Abweichung in der Gesammtlänge darf höchstens betragen:

1. bei metallenen Präcisions-Maaßstäben (mit feiner Eintheilung) deren Genauigkeits-Angabe nur in der Nichtberücksichtigung der Temperatur bei der Anwendung ihre Grenze findet,

bei einer Länge von 1 Meter . . . 0,1 Millimeter
" " " " 0,5 bis 0,1 Meter 0,05 "

2. bei gewöhnlichen Maaßstäben aus Metall oder von 0,5 Meter ab aus Elfenbein, hartem Holz 2c.

bei einer Länge von 2 Meter . . . 0,75 Millimeter
" " " " 1 Meter . . . 0,5 "
" " " " 0,5 bis 0,1 Meter 0,25 "

3. bei Werk-Maaßstäben aus Holz (die Enden durch Metall-Beschläge geschützt)

bei einer Länge von 5 Meter . . 4,0 Millimeter
" " " " 2 Meter . . 1,5 "
" " " " 1 Meter . . 0,75 "

4. bei Maaßstäben für Langwaaren, aus Holz mit Metall-Beschlägen, nur in Centimeter getheilt

bei einer Länge von 1 Meter . . 1,0 Millimeter
" " " " 0,5 Meter . . 0,75 "

5) bei zusammenlegbaren Maaßen

bei einer Länge von	1 Meter	. .	1,0 Millimeter
" " " "	0,5 Meter	. .	0,75 "

6) bei Bandmaaßen aus Metall-Blech

bei einer Länge von	20 Meter	. .	3,5 Millimeter
" " " "	10 Meter	. .	2,25 "
" " " "	5 Meter	. .	1,75 "
" " " "	2 Meter	. .	1,25 "
" " " "	1 Meter	. .	0,75 "

B. Fehlergrenzen der Eintheilung der Längenmaaße.

Der Fehler des Abstandes irgend einer Eintheilungs-Marke eines Maaßes von dem nächsten der beiden Enden des Maaßes darf nirgends die Hälfte der zulässigen Abweichung der Gesammt-Länge desselben übersteigen.

Ausgenommen hiervon sind nur unter Nr. 1 die Praecisions-Stäbe von 0,5 bis 0,1 Meter Länge, sowie die unter Nr. 4 erwähnten Maaßstäbe, bei denen die Fehlergrenze für den Abstand einer Eintheilungs-Marke von dem nächsten der beiden Enden gleich der Fehlergrenze der Gesammt-Länge angenommen werden darf.

§. 4.

Stempelung.

Die Stempelung erfolgt dicht an den Enden des Maaßstabes. An den mit Metallkappen versehenen Enden hölzerner Maaßstäbe ist der Stempel halb auf das Holz und halb auf die Kappe zu setzen.

Wenn dies nicht möglich ist, wird das Holz unmittelbar an der Kappe gestempelt.

Bei aus einzelnen Theilen bestehenden Maaßen ist außerdem ein Stempel auf die am Gelenk zusammenstoßenden Theile so zu setzen, daß er sowohl den einen als den andern Theil trifft, und bei solchen, wo dies nicht möglich ist, auf jeden der einzelnen Theile.

Bei Praecisions-Maaßstäben wird neben dem Stempel der Eichanstalt noch ein sechsstrahliger Stern aufgeschlagen.

Stählerne Bandmaaße sind auf eingesetzten Messing-Plättchen zu stempeln.

II. Flüssigkeitsmaaße.

§. 5.

Zulässige Flüssigkeitsmaaße.

Flüssigkeitsmaaße für den öffentlichen Verkehr werden nur in folgenden Größen zur Eichung und Stempelung zugelassen:

20 Liter oder Kannen
10 " " "
5 " " "
2 " " "
1 Liter oder Kanne
1/2 oder 0,5 Liter oder Kanne = 1 Schoppen
1/4 " " "
0,2 " " "
1/8 " " "
0,1 " " "
1/16 " " "
0,05 " " "
1/32 " " "
0,02 " " "

Jedes zuzulassende Maß muß so hergestellt sein, daß eine Abmessung von Flüssigkeiten innerhalb der im Verkehr gestatteten Abweichung vom Sollinhalte durch dasselbe sicher erfolgen kann, daß es den beim Gebrauche unvermeidlich vorkommenden Einwirkungen genügenden Widerstand leistet, und absichtlich angebrachte Verletzungen leicht erkennen läßt, übrigens auch den nachstehenden Vorschriften in Bezug auf Bezeichnung, Form, Material und sonstige Beschaffenheit entspricht.

§. 6.

Bezeichnung.

Die Bezeichnung hat deutlich und von dem Maaße untrennbar durch Angabe der Einheiten oder Bruchtheile vom Liter, die es enthält, unter Beisetzung des Wortes Liter oder des Buchstaben L. zu erfolgen. Als Bruchbezeichnungen sind hierbei für die decimalen Abstufungen Decimalbrüche, für die Abstufungen nach Halbirungen gewöhnliche Brüche zu benutzen.

Es ist gestattet, dieser Hauptbezeichnung auch die vollen deutschen Namen beizufügen.

§. 7.

Material.

Für den Verkehr zulässige Maaße müssen aus Zinn, Weißblech, Messing oder Kupfer hergestellt, in den beiden letzteren Fällen aber innerlich mit reinem Zinn vollständig und gut verzinnt sein.

Flüssigkeitsmaaße aus Zinn dürfen in ihrer Masse nicht weniger als fünf Sechstheile reines Zinn enthalten. Auf denselben muß der Name und Wohnort des Verfertigers angegeben sein.

§. 8.

Form.

Maaße von 2 Liter Inhalt und die nach der Halbirungs-Theilung abgestuften kleineren müssen in Form eines Cylinders hergestellt werden, bei dem das Verhältniß des Durchmessers zur Höhe für das 2 L., 1 L. und 1/2 L. Maaß
wie 1 : 2
1/4 L. Maaß wie 1 : 1,9
1/8 " " " 1 : 1,8
1/16 " " " 1 : 1,7
1/32 " " " 1 : 1,6
zu Grunde gelegt wird. Da es aber schwierig ist, bei der Herstellung solcher Maaße dieses Verhältniß genau inne zu halten, so sind in der Größe des Durchmessers Abweichungen bis zu 5 pCt. im Mehr und Weniger nachgelassen.

Es ergeben sich hiernach für die Dimensionen dieser Flüssigkeitsmaaße folgende Werthe in Millimetern:

Größe des Maaßes.	Berechnete Dimensionen des Durchmessers.	der Höhe.	Der Durchmesser zulässiger Maaße darf betragen: höchstens	mindestens
	mm.	mm.	mm.	mm.
2 L.	108,4	216,7	114	103
1 "	86,0	172,1	90	82
1/2 "	68,3	136,6	73	64
1/4 "	55,1	104,8	58	52
1/8 "	44,6	80,1	47	42
1/16 "	36,0	61,4	38	34
1/32 "	29,2	46,7	31	28

Die nach der Decimaltheilung abgestuften Maaße von $0{,}_2$, $0{,}_1$, $0{,}_{05}$ und $0{,}_{02}$ Liter Inhalt müssen, um mit den ihnen nahe stehenden Maaßen nach der Halbirungstheilung nicht verwechselt werden zu können, in Form abgestutzter Kegel ausgeführt werden, bei denen der obere Durchmesser der Abmessung entspricht, welche diese Maaße nach den vorher für die Halbirungsreihe aufgestellten Bedingungen bei cylindrischer Gestalt erhalten würden, und deren unterer Durchmesser das $1^1/_2$fache des oberen ist.

Die Dimensionen derselben und die nachgelassenen Abweichungen im oberen Durchmesser gestalten sich daher in folgender Art:

Größe des Maaßes.	Berechneter Durchm. oben	Berechneter Durchm. unten	Berechnete Höhe.	Der obere Durchm. zulässiger Maaße darf betragen: höchstens	Der obere Durchm. zulässiger Maaße darf betragen: mindestens
	mm.	mm.	mm.	mm.	mm.
$0{,}_2$ L.	$51{,}_2$	$76{,}_8$	$61{,}_4$	54	49
$0{,}_1$ "	$41{,}_4$	$62{,}_1$	$46{,}_0$	43	39
$0{,}_{05}$ "	$33{,}_5$	$50{,}_3$	$35{,}_8$	35	32
$0{,}_{02}$ "	$25{,}_2$	$37{,}_8$	$25{,}_3$	26	24

Maaße von 5, 10 und 20 Liter Inhalt sind cylinder- oder tonnenförmig mit engerem cylindrischen Halse von höchstens 10 Centimeter Weite, durch welchen der Inhalt des Maaßes genauer begrenzt wird, anzufertigen.

Für alle Größen sind Maaße gestattet, bei denen für die richtige Füllung der Flüssigkeitsspiegel mit dem oberen Rande in einer Ebene und auch solche, bei denen er tiefer liegt.

In beiden Fällen sind Ausgüsse (Schnauzen) zulässig, deren Fassungsraum einen Theil vom Fassungsraume des Maaßes bildet.

Im letzteren Falle kann der richtige Maaßinhalt begrenzt werden:

entweder durch zwei einander gegenüberliegende Abflußöffnungen,

oder durch eine solche Oeffnung und einen diametral gegenüber liegenden Stift (Zäpfchen), statt dessen auch zwei Stifte, um ein Drittel des Umkreises von der Oeffnung abstehend, angebracht werden können, oder durch zwei diametral gegenüberliegende, sowie auch durch drei gleichmäßig auf dem Umfang vertheilte Stifte.

§. 9.

Sonstige Beschaffenheit.

Alle Maaße, bei denen der Flüssigkeitsspiegel in der Ebene des oberen Randes liegt, müssen an diesem äußerlich genügend verstärkt sein; dies erfolgt bei Blechmaaßen durch aufgelöthete Bunde, wobei für Weißblechmaaße auch ein Bund aus Zinkblech gestattet ist, oder durch einen in den umgebogenen Rand eingelegten Draht.

Die Böden dürfen nicht als bloße Scheiben eingelöthet, sondern müssen mit einem umgebogenen Rande versehen sein. Letzterer kann entweder die cylindrische Wandfläche nach oben gekehrt äußerlich umschließen, oder sich nach unten gekehrt an die cylindrische Wandfläche innerlich anschließen; in beiden Fällen ist er mit der Wandfläche zu verlöthen.

Die Böden sind in ebener Fläche herzustellen und bei größeren Maaßen durch äußerlich aufgelöthete Stege zu verstärken.

Ausgüsse oder Schnauzen, deren Fassungsraum einen Theil des richtigen Gefäßinhalts bildet, müssen bis zur vorderen Spitze in derselben Art wie die übrige Grenzfläche des Fassungsraumes verstärkt sein.

Stifte oder Zäpfchen dürfen nicht eingelöthet, sondern müssen eingenietet und äußerlich mit einem Zinntropfen für die Stempelung versehen sein.

Die Bezeichnung ist entweder auf dem Maaße selbst einzugraviren oder aufzuschlagen, was bei Blechmaaßen auch auf einer aufgelötheten Zinnstelle geschehen kann, oder auf einem aufgelötheten Schilde anzubringen, welches letztere an einer Stelle durch einen zu stempelnden Zinntropfen mit dem Maaße zu verbinden ist.

Bei Maaßen, welche aus einzelnen durch Löthung verbundenen Theilen bestehen, sind die Löthstellen mit Zinntropfen zur Aufschlagung des Stempels zu versehen, sofern die Löthfuge eine unmittelbare Stempelung nicht gestattet.

§. 10.
Unzulässige Maaße.

Unzulässig sind alle Maaße, welche den vorstehenden Vorschriften nicht entsprechen, insbesondere Maaße aus Zinkblech; solche mit gewölbter Bodenfläche; Maaße mit Blechring statt der Stifte zur Begrenzung des Flüssigkeitsspiegels; Maaße, bei denen der Flüssigkeitsspiegel durch den oberen Rand begrenzt werden soll, sofern die Grenzlinie nicht parallel zum Boden liegt oder nicht in eine Ebene fällt.

§. 11.
Eichung und Fehlergrenze der Flüssigkeitsmaaße.

Das Eichen hat unter Beobachtung der in der Instruktion angegebenen Vorschriften zu erfolgen, und es kann nur dann zur Stempelung geschritten werden, wenn eine größere Abweichung von dem Eichungsnormale oder von dem Sollinhalte im Mehr oder Weniger nicht stattfindet, als die folgende:

bei Maaßen von 20 L. bis 1 L.	höchstens $^1/_{400}$	des Sollinhaltes
$0{,}5$ L. bis $0{,}2$ L.	" $^1/_{200}$	
$^1/_8$ L. bis $0{,}02$ L.	" $^1/_{100}$	

§. 12.
Eichung der Fässer.

Nur solche Fässer dürfen überhaupt zur Bestimmung des Rauminhaltes zugelassen werden, welche hinsichtlich der Haltbarkeit ihrer Konstruktion und ihrer sonstigen Beschaffenheit untadelhaft sind.

Der Inhalt ist durch das in der Instruktion angeführte Verfahren zu bestimmen und bis auf $^1/_{300}$ des Fassungsraumes mit Abrundung auf Zehntheile des Liters anzugeben.

§. 13.
Stempelung der Flüssigkeitsmaaße und Fässer.

Die Beglaubigung der bis zum Rande gefüllten Flüssigkeitsmaaße erfolgt durch zwei diametral gegenüber auf oder dicht unter dem Rande angebrachte Stempel; die der Maaße mit Ausflußöffnungen durch Stempelung dicht unter dem untern Rande jeder solchen Oeffnung; die der Stiftenmaaße durch Stempelung des äußerlich für jeden Stift vorhandenen Zinntropfens.

Bei jedem aus einzelnen durch Löthung verbundenen Theilen bestehenden Maaße sind die auf den Löthfugen anzubringenden Zinntropfen zu stempeln; die Böden der Blechmaaße an zwei diametral gegenüber liegenden Stellen.

Bei Fässern ist auf dem einen Boden, oder bei kleineren Fässern statt dessen auf dem Umfange, der Inhalt in Liter (bezüglich Zehntheil Liter) unter Beisetzung des Buchstabens L., außerdem die Nummer des Eichregisters und die Jahreszahl der Eichung, sowie der Stempel der Eichanstalt einzubrennen.

Ist das Aufbrennen der Stempel nicht ausführbar (Fässer aus Metall) so hat die Stempelung auf einer aufgelötheten Metallplatte, deren Verbindung mit dem Fasse ebenfalls durch Stempelung zu sichern ist, zu erfolgen.

III. Hohlmaaße für trockene Gegenstände.

1. Allgemein verwendbare Maaße.

§. 14.

Zulässige Maaße.

Für den öffentlichen Verkehr bestimmte Maaße werden nur in folgenden Größen zur Eichung und Stempelung zugelassen:

2 Hektoliter oder 2 Faß,
1 Hektoliter oder 1 Faß,
1/2 oder 0,5 Hektoliter,
1/4 Hektoliter,
20 Liter
10 "
5 "
2 "
1 "
1/2 oder 0,5 Liter
1/4 "
0,2 "
1/8 "
0,1 "
1/16 "
0,05 "

Bezüglich der allgemeinen Eigenschaften zuzulassender Maaße dieser Art gelten analog dieselben Bestimmungen, wie sie in §. 5 für Flüssigkeitsmaaße getroffen sind.

§. 15.
Bezeichnung.

Die Bezeichnung hat deutlich und von dem Maaße untrennbar bei den vier größeren Maaßen durch 2 H, 1 H, $0{,}_5$ H oder $^1/_2$ H und $^1/_4$ H., wobei auch das volle Wort zulässig ist, und der deutsche Name Faß beigesetzt werden kann, für die kleineren Maaße durch die im vorhergehenden Paragraphen angeführten Zahlen und Brüche unter Zufügung von L oder Liter zu erfolgen.

Sofern die Bezeichnung bei hölzernen Maaßen erst durch die Eichanstalt erfolgen soll, wird sie nur durch die Buchstaben H. oder L. und die erforderlichen Zahlen ausgeführt.

§. 16.
Material.

Die für den Verkehr zulässigen Maaße können in allen gestatteten Größen aus Schwarzblech, verzinktem, verbleitem oder verzinntem Eisenblech, aus Kupferblech von genügender Stärke oder aus Holz angefertigt sein.

§. 17.
Form.

Alle Maaße dieser Art bis zu $^1/_2$ Liter herab und die nach der Halbirungstheilung abgestuften kleineren müssen in Form eines Cylinders ausgeführt sein, bei welchem im Allgemeinen 3 zu 2 als das Verhältniß des Durchmessers zur Höhe zu Grunde gelegt ist.

Da es aber bei der Herstellung solcher Maaße schwierig ist, dieses Verhältniß in voller Schärfe inne zu halten, so sind Abweichungen bis zu 3 pCt. für Maaße von 2 H. bis 1 L. und Abweichungen bis zu 5 pCt. für die kleineren Maaße in Mehr oder Weniger gegen die richtige Dimension des Durchmessers nachgelassen.

Es ergeben sich hieraus für die verschiedenen Maaßgrößen folgende Durchmesser:

Größe des Maaßes	Berechneter Durchmesser mm.	Der Durchmesser darf betragen höchstens mm.	mindestens mm.
2 H.	$729{,}7$	747	704
1 H.	$575{,}9$	593	559
$0{,}5$ "	$457{,}1$	471	443
$^1/_4$ "	$362{,}8$	374	352
20 L.	$336{,}3$	347	327
10 "	$267{,}3$	275	259
5 "	$212{,}2$	218	206
2 "	$156{,}3$	161	152
1 "	$124{,}1$	128	120
$0{,}5$ "	$98{,}5$	103	94
$^1/_4$ "	$78{,}1$	82	74
$^1/_8$ "	$62{,}0$	65	59
$^1/_{16}$ "	$49{,}2$	52	47

Die nach der Decimaltheilung abgestuften Maaße von $0{,}2$ L., $0{,}1$ L. und $0{,}05$ L. sind nur in der für Flüssigkeitsmaaße derselben Größe in §. 8 vorgeschriebenen Form aus dem daselbst angegebenen Grunde auch für trockene Körper zulässig.

Größere Maaße aus Holz können in Form von Span- oder Daubenmaaßen hergestellt, die kleinsten unter 1 Liter auch aus massivem Holze gedreht werden.

§. 18.

Sonstige Beschaffenheit.

Bei allen Maaßen muß der Boden mit der cylindrischen Wandfläche dicht und dauerhaft verbunden sein.

Maaße aus Blech müssen oberhalb zur Sicherung ihrer Gestalt mit einem ebenen, entsprechend breiten Rande versehen sein.

Hölzerne Maaße müssen gut ausgetrocknet sein.

Bei Spanmaaßen von 1 H. und $^1/_2$ H. muß zur Sicherung der Verbindung des Bodens mit der Wandfläche, zur Erhaltung der Form im Allgemeinen und zur Leitung des Streichholzes — ein mit Boden und Wandfläche fest verbundener Beschlag aus Bandeisen und ein oberhalb diametral liegender Steg angebracht sein.

Die Spanmaaße von $^1/_4$ H., 20 L. und 10 L. sowie kleinere bedürfen des Steges nicht, die drei ersteren sind aber mit entsprechendem Beschläge zu versehen.

Bei den Dauben- oder Stabmaaßen sind die Dauben einzeln mit den umgelegten Eisenringen zu verbinden.

Ueber die zweckmäßigste Herstellung dieser Sicherungsmaßregeln und über die Befestigung der Handhaben enthält die Instruktion ausführlichere Anweisungen.

§. 19.

Unzuläßige Maaße.

Von der Eichung und Stempelung auszuschließen sind alle den vorstehenden Vorschriften nicht entsprechenden Maaße. Detail-Bestimmungen hierüber enthält die Instruktion.

§. 20.

Eichung und Fehlergrenze.

Beim Eichen sind die in der Instruktion angegebenen Vorschriften zu befolgen, und es darf ein Maaß nur dann gestempelt werden, wenn bei der Vergleichung mit dem Eichungsnormale entweder im Mehr oder Minder eine größere Abweichung von demselben oder dem Sollinhalte nicht stattfindet als:

Für eine Maaßgröße von	bei Maaßen aus Metall	bei Maaßen aus Holz
2 H. bis $^1/_4$ H.	$^1/_{500}$ d. Sollinhaltes	$^1/_{250}$ d. Sollinhaltes
20 L. bis 1 L.	$^1/_{400}$ " "	$^1/_{200}$ " "
$0{,}_5$ L. bis $0{,}_2$ L.	$^1/_{200}$ " "	$^1/_{100}$ " "
$^1/_8$ L. bis $0{,}_{05}$ L.	$^1/_{100}$ " "	$^1/_{50}$ " "

§. 21.

Stempelung.

Alle Maaße aus Blech sind so zu stempeln, wie dieß für die Flüssigkeitsmaaße gleicher Herstellungsart in §. 13 vorgeschrieben ist. Sind Handhaben vorhanden so ist bei jeder ein Niet zu stempeln, um zu vermeiden, daß durch Anbringung solcher Handhaben nach dem Eichen die Form des Maaßes verändert werden kann.

Alle hölzernen Hohlmaaße für trockene Körper sind an drei gleichmäßig von einander abstehenden Stellen auf dem oberen Rande, ferner auf der inneren Bodenfläche und der äußeren Wandfläche zu stempeln.

Zur Sicherung der Verbindung zwischen Boden und Wand sind bei hölzernen Spanmaaßen drei auf dem Umfang gleich vertheilte Stempel so aufzusetzen, daß jeder auf beide zu stehen kommt. Bei Daubenmaaßen sind diese Stempel so auf die innere Seite der vorstehenden Daubenenden zu setzen, daß sie dicht an der unteren Bodenfläche stehen.

2. Maaße für Kohlen aller Art, Cokes, Torf, sowie für Kalk und andere Mineralprodukte.

§. 22.

Arten der zulässigen Maaße.

Außer den vorstehend unter 1. angeführten Maaßen für trockene Körper werden für das Messen von Kohlen aller Art, Cokes, Torf, sowie für Kalk und andere Mineralprodukte die nachfolgend bezeichneten Maaße zur Eichung und Stempelung zugelassen:

A. Maaße in Kastenform von ½ H., 1 H. und 2 H. Inhalt;

B. Rahmen- und Aufsetzmaaße ohne Boden von 2 H. und mehr Inhalt, wenn letzterer ein Vielfaches des ganzen Hektoliter ist;

C. Fördergefäße auf Bergwerken, sowie Lösch- und Ladegefäße bei dem Schiffsverkehre, welche zugleich als Maaßgefäße im Großhandel benutzt werden, wenn der Inhalt der zuerst genannten ein Vielfaches des halben, der Inhalt des zuletzt genannten ein Vielfaches des ganzen Hektoliter beträgt.

D. Kummtmaaße, namentlich für Torf bestimmt, d. h. lange entweder feststehende oder auf Transportwagen befindliche, oben offene Kasten von je 20 H., oder 2 Kubikmeter Inhalt, deren Fassungsraum durch Aufsatzbretter um je 10 H. oder 1 Kubikmeter vergrößert werden kann.

§. 23.

Bezeichnung der Maaße und Maaßgefäße.

Die Bezeichnung der im §. 22 aufgeführten Maaße hat

deutlich und von denselben untrennbar durch Angabe des Inhaltes nach Hektoliter unter Anwendung des Buchstabens H zu erfolgen. (Vergl. jedoch §. 26 letztes Alinea.)

§. 24.

Beschaffenheit der Kastenmaaße.

Die Kastenmaaße (§. 22 A) müssen im Lichten gemessen folgende Dimensionen in Millimeter haben:

	Länge	Breite	Tiefe
für den Inhalt von ½ H.	500	400	250
" " " " 1 H.	625	500	320
" " " " 2 H.	625	625	512

Abweichungen von diesen Dimensionen können nur bis zu dem Betrage von höchstens 2 Procent unter der Voraussetzung nachgesehen werden, daß der Inhalt des ganzen Maaßes der Anforderung im §. 30 entspricht.

Die Maaße können aus Holz oder aus Eisen hergestellt sein, ihre Seitenwände müssen nahezu rechtwinkelig gegen den Boden stehen, die Unterschiede der oberen und unteren korrespondirenden Abmessungen dürfen nicht mehr als 10 Procent der Maaßtiefe betragen.

Die hölzernen Kastenmaaße müssen einen Beschlag von Bandeisen erhalten, welcher den oberen Rand und die Verbindung der Seitenwände sowohl unter einander als auch mit dem Boden sichert. Verbindungsstangen zwischen den Seitenwänden oder, wie bei der Karrenform, zwischen den Tragschenkeln dürfen nicht durch den inneren Raum des Maaßes gehen.

Bei eisernen Kastenmaaßen müssen die Seitenwände von genügender Stärke sein, um eine Verbiegung zu verhindern; die Bodenplatte ist zur Sicherung der ebenen Form mit Rippen zu versehen.

§. 25.

Beschaffenheit der Rahmenmaaße.

Die Rahmenmaaße (§. 22 B) müssen den im §. 24 für Kastenmaaße angegebenen allgemeinen Konstruktions-Bedingungen genügen; ihr horizontaler Querschnitt muß ein Rechteck sein.

§. 26.

Beschaffenheit der als Maaße dienenden Fördergefäße, Lösch- und Ladegefäße.

Fördergefäße (§. 22 C) müssen genügend dauerhaft und in einer Körperform ausgeführt werden, deren Inhalt sich durch alleinige Anwendung des Längenmaaßstabes und durch einfache Rechnung mit genügender Sicherheit bestimmen läßt.

Bei dem Bergkübel für Haspelförderung ist jedoch auch ein länglich runder Querschnitt zulässig.

Bei den Lösch- und Ladegefäßen ist die Cylinder- oder Tonnenform gestattet. Das Verhältniß des Mittelwerthes der Durchmesser zur Höhe muß etwa wie 3 : 4 sein.

Bereits vorhandene Fördergefäße dürfen, auch wenn sie der in §. 22 unter C gegebenen Vorschrift nicht entsprechen, bis zum 1. Januar 1877 noch benutzt werden, doch muß auf jedem solcher Fördergefäße der wirkliche Inhalt nach Liter angegeben werden.

§. 27.

Beschaffenheit der Kummtmaaße.

Jeder Kasten eines Kummtmaaßes hat fest mit dem Boden verbundene und durch Aufsatzstücke zu erhöhende Seitenwände und je eine vertikale in Nuthen zwischen den Seitenwänden nach Art der Schützen bewegliche Vorder- und Hinterwand; werden zwei solche Kasten mit einander verbunden, so ist die mittlere Schützenwand beiden gemeinschaftlich; im letzteren Falle enthält das Kummtmaaß ohne Aufsatzbretter 4, und mit denselben 6 Kubikmeter Fassungsraum.

Der Abstand der lothrechten Vorder- und Hinterwand eines Kastens beträgt im Lichten 2 Meter.

Der Abstand der gleichmäßig geneigten Seitenwände beträgt im Lichten am Boden 65 Centimeter und an der oberen offenen Fläche 137 Centimeter und zwar bei einer lothrechten Höhe von 1 Meter vom Boden ab gerechnet, wobei die Breite jeder Seitenwand von der oberen bis zu der an den Boden stoßenden Kante 106,3 Centimeter betragen muß.

Dabei ist angenommen, daß die 6 Leisten (4 an den Wänden, 2 am Boden), welche die Nuthen für die beweglichen Wände bilden, eine Breite von 10 Centimeter und eine Stärke von 3 Centimeter haben und somit bei einer nach außen gerundeten oder gebrochenen Kante zusammen einen Raum von ungefähr 0,016 Kubikmeter einnehmen.

Zur Aufnahme größerer Mengen Torf können auf die lothrechten Wände (End- und Mittelschützen) und auf die Seitenwände Auffatzbretter gesetzt werden, welche durch sichere Führungen so festgehalten werden müssen, daß jedes Aufsatzbrett in der genauen Fortsetzung der Ebene des darunterstehenden liegt. Durch die Aufsatzbretter soll der räumliche Inhalt jedes Kastens um 1 Kubikmeter vergrößert werden (oder wenn der Raum für die 4 Leisten zu den Nuthen berücksichtigt wird, um 1,0042 Kubikmeter). Da die Seitenwände ohne Aufsatz oben einen Abstand von 137 Centimeter haben, so muß die oberste Entfernung der Aufsatzbretter von einander 161,3 Centimeter, die Breite jedes Aufsatzbrettes 35,8 Centimeter und der lothrechte Abstand der obersten Kanten vom Boden 133,7 Centimeter betragen.

Es ist nothwendig, daß durch sogenannte Ueberwurfsketten, welche oben in der Nähe der Schützen angebracht sind, die Kasten im Anschluß an die richtig ausgeführten Schützen zusammengehalten werden, und überdies zu empfehlen, daß die oberen Kanten der Seitenwände und Aufsatzbretter durch eine Eisenschiene vor zu schneller Abnutzung geschützt werden.

Der kgl. Normal-Eichungskommission bleibt überlassen, Abweichungen von obigen Abmessungen zu gestatten und die näheren Vorschriften dafür zu erlassen, wofern nur der Kubikinhalt den obigen Bedingungen entspricht, und die Ermittelung desselben mit alleiniger Anwendung des Längenmaaßstabes und durch einfache Rechnung hinreichend sicher ausgeführt werden kann.

§. 28.

Unzulässige Maaße und Maaßgefäße.

Alle Maaße und Maaßgefäße der in §. 22 erwähnten Art, welche den vorstehenden bezüglich ihrer Beschaffenheit getroffenen Bestimmungen oder den für besondere Fälle von der kgl. Normal-Eichungs-Kommission noch zu erlassenden Bestimmungen nicht entsprechen, oder welche wegen zu schwacher Konstruktion die erforderliche Unveränderlichkeit ihres Inhaltes nicht mit Sicherheit erwarten lassen, sind als nicht eichfähig zurückzuweisen. Bei den Kummtmaaßen ist insbesondere darauf zu achten, daß die gehörige Verbindung aller und die regelmäßige Einfügung der beweglichen Theile im vollständigen Gebrauchszustande gesichert ist.

§. 29.

Inhaltsbestimmung.

Die Inhaltsbestimmung erfolgt:

1) bei den Kastenmaaßen und Rahmenmaaßen durch Berechnung nach den abgemessenen Dimensionen, wobei für die Länge und Breite die Mittelwerthe aus den korrespondirenden oberen und unteren Abmessungen (vergl. §. 24) benutzt werden;
2) bei den Fördergefäßen, Lösch- und Ladegefäßen, soweit dies einfach und sicher ausführbar ist, ebenfalls durch Berechnung nach den abgemessenen Dimensionen, andernfalls, ferner bei dem Bergkübel mit länglich rundem Querschnitte und den Gefäßen in Tonnenform durch Wasserfüllung oder durch trockene Füllung mit Erbsen unter Anwendung der zur Eichung gewöhnlicher Hohlmaaße bestimmten Gebrauchs-Normale und der zugehörigen Vorschriften;
3) bei den Kummtmaaßen durch Nachmessung der vorgeschriebenen Dimensionen.

§. 30.

Stempelfähigkeit.

Die Stempelung kann, sofern sich nach Maaßgabe der vorstehenden Bestimmungen sonstige Bedenken nicht ergeben, stattfinden:

1) bei den in §. 22 unter A, B, C bezeichneten Maaßen und Maaßgefäßen, wenn der nach §. 29 ermittelte Inhalt von dem Soll-Inhalte um nicht mehr als 1 Procent abweicht;
2) bei den Kummtmaaßen, wenn keine der den Inhalt bestimmenden Dimensionen um mehr als 1 Prozent von der vorgeschriebenen Größe abweicht und die Leisten

innerhalb eines Centimeters die in den Vorschriften vorausgesetzten Dimensionen einhalten.

§. 31.

Stempelung.

Die Stempelung erfolgt bei den in §. 22 unter A, B und C aufgeführten Maaßen, entsprechend den in der Eichordnung für Hohlmaaße gegebenen Vorschriften, bei den Kummtmaaßen durch Einbrennen eines Stempels an jeder Kante des Kastens und der Aufsatzbretter.

IV. Meßrahmen für Brennholz.

§. 32.

Zulassung der Meßrahmen.

Die Zumessung von Brennholz im öffentlichen Verkehr kann zwar durch Anwendung eines gewöhnlichen Längenmaaßstabes ausgeführt werden, indem man die drei Dimensionen des rechtwinklig aufgeschichteten Materials mißt und hieraus den Kubikinhalt berechnet; der größeren Bequemlichkeit halber sollen jedoch die nachstehend beschriebenen Meßrahmen für den gedachten Zweck zur Eichung und Stempelung zugelassen werden.

§. 33.

Allgemeine Beschaffenheit.

Die Meßrahmen bestehen aus rechtwinkelig mit einander zu verbindenden hölzernen oder eisernen Stäben oder aus rechtwinkelig miteinander verbundenen Brettern. Die Länge einer jeden Seite zwischen Endflächen oder Endmarken gemessen, muß eine ganze Zahl Meter betragen. Im Uebrigen können sie in beliebigen Größen ausgeführt, mithin zur Darstellung von Flächen einer beliebigen ganzen Zahl Quadratmeter benutzt werden. Sie können beweglich oder feststehend eingerichtet sein.

Für den Kleinverkehr sind auch Meßrahmen mit fester Bretterwandung gestattet, welche, bei Abständen von $^1/_2$ und $^1/_2$, bezüglich $^1/_2$ und 1 Meter, Flächen von $^1/_4$ und $^1/_2$ Quadrameter darstellen.

§. 34.
Bewegliche Meßrahmen.

Für die beweglichen Meßrahmen empfiehlt sich folgende Form:

Vier Rahmenstücke von je 2 Meter Länge sind durch Verzapfung so mit einander verbunden, daß sie einen lothrecht aufstellbaren Rahmen bilden, welcher im Innern ein Quadrat von 4 Quadratmeter Fläche enthält. Der in dieser Aufstellung waagerecht liegende obere Verbindungsstab ist so eingerichtet, daß er sowohl in 2 Meter als auch in 1 Meter Abstand vom unteren festgestellt werden kann, in welchem letzteren Falle der Rahmen ein Rechteck von 2 Quadratmeter Inhalt bildet. Ein fünfter Stab ist in lothrechter Stellung zwischen den beiden lothrechten Endstäben in der Art einsetzbar, daß er von dem einen derselben 1 Meter absteht. Durch die Einsetzung dieses Mittelstabes wird ein Rechteck von 2 Quadratmeter Fläche dargestellt, wenn die Horizontalstäbe sich in 2 Meter Entfernung befinden, ein Quadrat von 1 Quadratmeter Fläche, wenn die Horizontalstäbe einen Abstand von 1 Meter haben.

Ein solcher leicht transportabler Holzrahmen ist mithin zum Aufsetzen des Brennholzes in Flächendurchschnitten von 1, 2 und 4 Quadratmeter zu benutzen. Zur Messung der dritten Dimension des Holzes (der Scheitlänge) dient entweder ein gewöhnlicher Maaßstab, oder einer der 5 Stäbe des Rahmens, welcher zu diesem Zwecke als Centimeterstab eingetheilt ist.

Die Rahmenstücke müssen Marken zur Bezeichnung ihrer End-, bezüglich Theilpunkte besitzen.

§. 35.
Feststehende Meßrahmen.

Die feststehenden Meßrahmen unterscheiden sich von den beweglichen nur dadurch, daß die den Umfang bildenden, der allgemeinen Beschreibung in §. 33 entsprechenden Stäbe oder Bretter fest mit einander verbunden sind. Die Messung der dritten Dimension (der Scheitlänge) muß auch hier durch einen gewöhnlichen Maaßstab erfolgen.

Die festen Rahmen bedürfen der Marken an den Endpunkten nicht, wenn nicht die lothrechten Wände, was für die Einsetzung der Scheite zweckmäßig ist, selbst länger als eine ganze Zahl Meter sind. In diesem Falle sind auch Marken an den Endpunkten erforderlich.

§. 36.

Stempelfähigkeit.

Ein nach den Vorschriften in §. 33—35 zulässiger Meßrahmen darf gestempelt werden, wenn die Abweichung jedes einzelnen Rahmenstückes von der Sollgröße weniger als 1 Centimeter auf jedes Meter beträgt.

§. 37.

Stempelung.

Die Stempelung erfolgt bei beweglichen und bei feststehenden Meßrahmen auf jedem einzelnen Rahmenstücke.

Eiserne Stäbe erhalten den Stempel auf Blei, wozu an passender Stelle eine kreisrunde, sich nach Innen etwas erweiternde Höhlung von 11 Millimeter Durchmesser und etwa 4 Millimeter Tiefe anzubringen ist.

V. Gewichte.

§. 38.

Zulässige Gewichte.

Gewichte für den öffentlichen Verkehr werden nur in folgenden Größen zur Eichung und Stempelung zugelassen:

50 Kilogramm oder 1 Centner.
50 Pfund oder 1/2 Centner.
20 Kilogramm.
10 "
5 "
2 "
1 "
500 Gramm oder 1 Pfund.
1/2 Pfund.

200 Gramm.
100 "
50 "
20 "
10 Gramm oder 1 Dekagramm oder 1 Neuloth.
5 "
2 "
1 "
5 Decigramm.
2 "
1 "
5 Centigramm.
2 "
1 "
5 Milligramm.
2 "
1 "

Jedes zuzulassende Gewichtsstück muß mit einer regelmäßig verlaufenden Oberfläche, an welcher eine absichtlich angebrachte Verletzung leicht erkennbar ist, versehen sein, den nachfolgenden Vorschriften in Bezug auf Bezeichnung, Form, Material und sonstige Beschaffenheit entsprechen, und übrigens so hergestellt sein, daß der Stempel der Eichanstalt leicht angebracht und nebst der Bezeichnung in der normalen Stellung des Gewichtsstückes leicht erkannt werden kann.

§. 39.

Bezeichnung.

Jedes Gewichtsstück muß deutlich und untrennbar die Bezeichnung seiner Schwere enthalten.

Bei den die regelmäßigen Abstufungen des Decimalgewichtssystems darstellenden Stücken sind hierzu als Einheiten zulässig:

Das Kilogramm von 50 K. bis 0,001 K.,
das Gramm von 500 G. bis 0,01 G.,
das Decigramm, das Centigramm, das Milligramm für die 1-, 2- und 5-fachen der so benannten Gewichtsstücke.
Das Dekagramm für Gewichtsstücke von 200 G. bis 5 G.

Die Namen der fünf ersten Einheiten können abgekürzt durch die Anfangsbuchstaben K., G., D., C., M. bezeichnet werden; bei dem Dekagramm ist dies, da der Buchstabe D. bereits für Decigramm oben bestimmt ist, unzulässig. Zur Bezeichnung der Bruchtheile sind nur Decimalbrüche anzuwenden. Die aus der decimalen Abstufung der Kilogramm-Reihe heraustretenden Stücke von 50 Pfund und ½ Pfund sind nur mit der Bezeichnung 50 Pf. oder ℔ und ½ Pf. oder ℔ zu versehen.

Bei allen Stücken der Kilogramm-Reihe von 50 K. bis 0,5 K. wird auch die alleinige Bezeichnung nach ihrem Werthe in Pfunden zugelassen.

Außerdem ist es gestattet, die Bezeichnungen nach Centnern und Neu-Lothen, wobei die Abkürzungen Ctr. und NL. anwendbar sind, den im Obigen zugelassenen Bezeichnungen hinzuzufügen.

Die folgende Tabelle enthält eine Zusammenstellung der zulässigen Bezeichnungen nach Maaßgabe der vorstehenden Bestimmungen:

Bezeichnung der Gewichtsstücke.

Schwere des Gewichtstücks.	Hauptbezeichnungen von denen je eine auf dem betreffenden Gewichtsstücke nothwendig und hinreichend ist.			Nebenbezeichnung, die außerdem noch vorhanden sein kann.
50 Kilogramm	50 K.		100 ℔ od. Pf.	1 Ctr.
50 Pfund			50 ℔ "	0,5 Ctr.
20 Kilogramm	20 K.		40 ℔ "	
10 "	10 K.		20 ℔ "	0,2 Ctr.
5 "	5 K.		10 ℔ "	0,1 Ctr.
2 "	2 K.		4 ℔ "	
1 "	1 K.		2 ℔ "	
500 Gramm	0,5 K.	500 G.	1 ℔ "	
1/2 Pfund			1/2 ℔ "	
200 Gramm	0,2 K.	200 G.		20 NL.
100 "	0,1 K.	100 G.		10 NL.
50 "	0,05 K.	50 G.		5 NL.
20 "	0,02 K.	20 G.		2 NL.
10 "	0,01 K.	10 G.		1 NL.
5 "	0,005 K.	5 G.		0,5 NL.
2 "	0,002 K.	2 G.		
1 "	0,001 K.	1 G.		
5 Decigramm		0,5 G.	5 D.	
2 "		0,2 G.	2 D.	
1 "		0,1 G.	1 D.	
5 Centigramm		0,05 G.	5 C.	
2 "		0,02 G.	2 C.	
1 "		0,01 G.	1 C.	
5 Milligramm			5 M.	
2 "			2 M.	
1 "			1 M.	

Die vollständige Angabe der verschiedenen Einheitsnamen ist nicht ausgeschlossen.

Obgleich die decimale Abstufung des Gewichts die Herstellung eines besonderen Proportionalgewichtes für Decimal- und Centesimalwaagen als minder erforderlich erscheinen läßt, so sollen doch Gewichtsstücke, welche hinter der ihre eigene Schwere bestimmenden Hauptbezeichnung in Klammern das 10- oder 100fache derselben angegeben enthalten, und die sich dadurch als für Decimal- oder Centesimalwaagen bestimmt kennzeichnen, deßhalb nicht von der Eichung und Stempelung ausgeschlossen werden.

§. 40.

Material.

Platin, Silber, Messing, Bronze, Argentan und Metallmischungen, die in Bezug auf Härte und Oxydirbarkeit den angeführten Metallen ähnlich sind, können für Gewichtsstücke aller Größen, Gußeisen bis einschließlich zum 50 Grammstücke herab, Aluminium für Centigramm- und Milligrammstücke Verwendung finden.

§. 41.

Form.

Für den Verkehr bestimmte Gewichtstücke von 50 K. können entweder in Cylinderform mit Knopf oder Handhabe oder, dafern sie aus Gußeisen bestehen, auch in Bombenform mit Handhabe ausgeführt werden. Für das 50 ℔ Stück ist nur die letztere, für das 20 K. Stück nur die erstere Form zuläßig.

Gewichtsstücke vom 10 K. Stück bis zum $^1/_2$ ℔ Stück incl. herab erhalten eine Cylinderform, deren Höhe den Durchmesser übersteigen muß, mit Knopf.

Eine Ausnahme hiervon bildet das 2 K. Stück, bei welchem die Cylinderform eine gedrücktere sein muß, d. h. die Höhe den Durchmesser nicht erreichen darf.

Die Gewichts-Stücke von 200 G. bis 1 G. erhalten die Form von Scheiben, welche nur bei den gußeisernen Gewichten von 200 G., 100 G. und 50 G. ohne Knopf herzustellen sind.

Bei der Scheiben-Form darf die Höhe des Cylinders die Hälfte des Durchmessers nicht übersteigen.

Decigrammstücke erhalten die Form rechtwinkeliger Blechplättchen mit aufgebogenem Rande, Centigrammstücke eine gleiche Form mit aufgebogener Ecke.

Außerdem sind Einsatzgewichte zulässig, bei denen die einzelnen Gewichtsstücke mit Ausnahme des kleinsten, massiv ausgeführten, die Form in einander zu setzender Schalen haben, deren äußerste mit einem Charnierdeckel versehen ist und das Gehäuse bildet. Die doppelt vorhandenen Gewichtsstücke von gleicher Schwere müssen eine solche Form haben, daß sie mit dem nächst größeren und nächst kleineren Gewichtsstücke nicht verwechselt werden können. Das Kilogrammgewicht dieser Art besteht aus 12 Stücken von 500, 200, 100, 100, 50, 20, 10, 10, 5, 2, 2 und 1 Gramm, das 500 Gramm-Gewicht aus 11 Stücken von $^1/_2$ Pfund, 100, 50, 50, 20, 10, 10, 5, 2, 2 und 1 Gramm, und das Zweihundert Grammgewicht aus 9 Stücken von 100, 50, 20, 10, 10, 5, 2, 2 und 1 Gramm. Jedes dieser Stücke ist vorschriftsmäßig zu bezeichnen.

§. 42.

Sonstige Beschaffenheit.

Die bei größeren gußeisernen Gewichten etwa vorhandenen Handhaben müssen aus Schmiedeisen und direkt, d. h. ohne fremdes Zwischenmittel, als Blei und dergleichen, eingegossen sein.

Gußeiserne Gewichte in Bomben- oder Cylinderform müssen oberhalb mit einem runden Justirloch versehen sein, das nach einer Höhlung führt. Dieses Justirloch muß über der Höhlung etwas enger sein, als an der Oberfläche des Gewichtes und sich zwischen beiden Stellen etwas erweitern, damit der Eichpfropf sich unten aufsetzen und beim Aufstauchen in der Erweiterung ausbreiten kann, dadurch aber festgehalten wird.

Ueber die Größe der tiefer liegenden Höhlung läßt sich zwar eine bestimmte Vorschrift nicht geben, es ist aber mit Rücksicht auf die nachträgliche Ausfüllung derselben mit Justirmaterial das rohe Gewichtsstück — bei wesentlich gleicher Größe mit einem massiven vollwichtigen Stücke — im Gusse leichter zu halten:

beim	50 K.	Stück	um	höchstens	300	G.	mindestens	100	G.
"	50 Pfd.	"	"	"	250	"	"	90	"
"	20 K.	"	"	"	200	"	"	80	"
"	10 "	"	"	"	175	"	"	70	"
"	5 "	"	"	"	150	"	"	60	"
"	2 "	"	"	"	100	"	"	40	"
"	1 "	"	"	"	80	"	"	30	"
"	0,5 "	"	"	"	60	"	"	25	"
"	$^1/_2$ Pfd.	"	"	"	45	"	"	20	"

Bei gußeisernen Gewichten in Scheibenform ist auf der oberen Fläche ein rundes genügend tiefes Loch zum Einsetzen des Eichpfropfs so anzubringen, daß derselbe darin sicheren Halt finden kann.

Der dem Gewichtsstücke für beide Arten gußeiserner Gewichte beigegebene Pfropf soll aus Blei mit ungefähr 10 Prozent Zinnzusatz, aus Kupfer oder aus Messing (vergl. §. 44) bestehen, eine dem Justirloche entsprechende Gestalt haben und so vorbereitet sein, daß nach dem Eintreiben desselben die Stempelfläche möglichst in die Fläche des Gewichtes fällt.

Die Bezeichnung ist bei gußeisernen Gewichten aufzugießen.

Gewichte aus anderen Metallen sind in der Regel massiv aus einem Stücke herzustellen. Zur leichteren Bewerkstelligung der Justirung empfiehlt es sich, die größeren messingnen Gewichte von Cylinderform ebenso wie die cylindrischen gußeisernen Gewichte oberhalb mit einem runden Justirloch und einer Höhlung, sowie die messingnen Gewichte von Scheibenform bis zum 20 G. Stück herab mit einem runden Loch zum Einsetzen des Eichpfropfes zu versehen. Die Bezeichnung ist auf diesen Gewichten entweder aufzugießen oder einzuschlagen oder einzugraviren.

§. 43.

Unzulässige Gewichte.

Von der Eichung und Stempelung zurückzuweisen sind Gewichtsstücke, welche in ihrer Ausführung den oben gegebenen Vorschriften nicht entsprechen, daher insbesondere

solche aus weichen und unbeständigen Metallen, z. B. Blei, Zinn, Zink ꝛc. und ähnlich beschaffenen Metallmischungen;

ebenso nicht gehörig abgeputzte und von Formsand nicht gereinigte;

an der Oberfläche größere Poren oder Blasenräume zeigende, auch wenn diese durch Kitt, Zink, Blei ꝛc. ausgefüllt sind;

unterhalb mit einem vorspringenden Rande gegossene, oder zur Herstellung eines solchen ausgedrehte;

mit beweglichen Handhaben, angeschraubten Knöpfen versehene;

Einsatzgewichte, bei denen nicht jedes einzelne Stück die erforderliche Bezeichnung trägt.

§. 44.

Eichung und Fehlergrenze.

Die Eichanstalten haben jedes Gewichtsstück unter Beobachtung des in der Instruktion angegebenen Verfahrens zu prüfen und erst dann durch den Stempel zu beglaubigen, wenn dasselbe höchstens um die nachfolgend angegebene Größe entweder im Zuviel oder im Zuwenig von dem Eichungsnormal abweicht:

Größe des Gewichtstückes	gestattete Abweichung a) bei Präcisions-Gewichten	b) bei gewöhnlichen Handels-Gewichten
50 K.	25 D	5 G
50 Pfd.	20 „	4 „
20 K.	20 „	4 „
10 K.	125 C	25 D
5 K.	625 M	125 C
2 K.	300 „	60 „
1 K.	200 „	40 „
500 G.	125 „	25 „
1/2 Pfd.	62,5 „	12,5 „
200 G.	50 „	10 „
100 „	30 „	6 „
50 „	25 „	5 „
20 „	15 „	3 „
10 „	10 „	2 „
5 „	6 „	
2 „	3 „	
1 „	2 „	
5 D.	1 M	
2 „	1 „	
1 „	1 „	

Bei Präcisions-Gewichten von 5 C. bis 1 M., die einzeln möglichst genau herzustellen sind, ist für je 4 Stück zusammen, welche die nächst höher stehende Einheit bilden, eine Abweichung bis zu $^1/_{100}$ der Sollschwere dieser Einheit gestattet.

Bei gewöhnlichem Handelsgewicht darf für das ein 5 G., zwei 2 G. und ein 1 G. Stück zusammen, die einzeln möglichst genau herzustellen sind, eine größere Abweichung als 5 C. nicht stattfinden.

Der Eichpfropf besteht bei den Präcisionsgewichten aus Messing, bei den gewöhnlichen Handelsgewichten aus Kupfer, oder aus Blei, mit etwa 10 Procent Zinnzusatz.

§. 45.

Stempelung.

Mit Eichpfropf versehene Gewichtsstücke erhalten den Stempel der Eichanstalt auf der Oberfläche dieses Pfropfs, massive Gewichte aus Messing, Bronze u. dergl. in Cylinder- oder Scheibenform auf der in der normalen Stellung des Gewichtes nach oben gekehrten Fläche und gleichzeitig auf der Bodenfläche, dergleichen Stücke in Form von Blechplättchen nur auf der oberen Fläche. Die einzelnen Theile der Einsatzgewichte werden auf der inneren und äußeren Bodenfläche gestempelt.

Soweit dies die Größe der zu stempelnden Fläche erlaubt, wird hierzu der volle Stempel der Eichanstalt, bei den kleinsten Gewichtsstücken der Stempel verwendet, welcher das allen Eichanstalten gemeinschaftliche Zeichen enthält.

Präcisionsgewichte erhalten außerdem an ihrer oberen Fläche einen Stempel in Form eines sechsstrahligen Sternes.

§. 46.

Medicinalgewichte.

Medicinalgewichte gelten in jeder Beziehung als Präcisionsgewichte.

Alle die Präcisionsgewichte betreffenden Bestimmungen der Eichordnung und der sonstigen Erlasse finden auch auf die Medicinal-Gewichte Anwendung.

Zweiter Abschnitt.

Vorschriften über Waagen und sonstige Meßwerkzeuge.

I. Waagen.

§. 47.

Zulässige Waagen überhaupt.

Zur Eichung zuzulassen sind nur solche Gattungen von Waagen, deren Theorie und deren erfahrungsmäßige Leistungen eine Bürgschaft gewähren, daß sie Empfindlichkeit, Tragfähigkeit und Zuverlässigkeit von hinreichendem Grade und hinreichender Dauer für die Zwecke des Verkehrs besitzen.

Es werden daher zur Eichung zunächst nur Hebelwaagen zugelassen und zwar nur solche Gattungen derselben, deren Construktionssystem die Erfüllung folgender allgemeiner Bedingungen der Stempelfähigkeit erwarten läßt:

Jede zuzulassende Waage muß sowohl belastet als unbelastet, sobald sie, von einer Gleichgewichtslage ausgehend, absichtlich in Schwingungen versetzt worden ist, in die anfängliche Gleichgewichtslage wieder zurückkehren;

ihre Theile dürfen bei der größten Belastung, für welche sie bestimmt ist, keine Formänderungen zeigen;

die sich berührenden Theile, welche bei den Schwingungen der Waage die Drehungsachsen bilden, (Schneiden, Lager) müssen von genügender Härte sein, um gegen zu schnelle Abnutzung Sicherheit zu gewähren; — eine solche Länge haben, daß in der Lage der Drehungspunkte eine bemerkliche Veränderung durch Verschiebung nicht bewirkt werden kann; — Reibungsflächen von möglichst geringer Ausdehnung darbieten, und ihre Bewegung ohne Klemmung und seitliche Friktion so vollführen, daß der Mechanismus der Waagen zu freiem Spiele gelangen kann;

auch müssen die an jedem Hebel befindlichen Schneiden rechtwinkelig zu demselben, parallel gegen einander und unwandelbar befestigt sein, und in einer solchen Lage sich befinden, daß der Schwerpunkt bei der stärksten Belastung der Waage unter der Mittelschneide liegt und die Waage daher stets ein stabiles Gleichgewicht zeigt.

An jeder Waage muß die größte Last, für welche sie bestimmt ist, bei größeren Lastwaagen von mehr als 50 K. einseitiger Tragfähigkeit auch die geringste zulässige Last, angegeben sein.

§. 48.

Zulässige Construktionssysteme.

Auf Grund der allgemeinen Bestimmungen des §. 47 werden zunächst nur folgende Construktionssysteme von Hebelwaagen für eichungsfähig erklärt:

a. gleicharmige Balkenwaagen,
b. ungleicharmige Balkenwagen,
c. Brückenwaagen,
d. oberschalige Waagen oder Tafelwaagen.

Die speziellen Bedingungen der Stempelfähigkeit dieser einzelnen Gattungen von Waagen sind in den folgenden Paragraphen enthalten.

§. 49.

Gleicharmige Balkenwaagen.

Der Waagebalken einer solchen Waage darf in den beiden Armen eine ersichtliche Verschiedenheit der Gestalt nicht wahrnehmen lassen;

er muß mit einer geradlinig ausgeführten, nach oben oder unten gerichteten Zunge fest verbunden sein; die Mittellinie der Zunge soll von einer zu der Verbindungslinie der beiden Endschneiden winkelrechten Richtung nicht merklich abweichen und verlängert durch die Schärfe der Mittelschneide gehen;

der Waagebalken muß für sich im Gleichgewicht sein und in dieselbe Lage zurückkehren, wenn er in Schwingungen versetzt worden ist;

endlich gleicharmig sein, wobei höchstens eine Abweichung zulässig ist, deren Größe durch den in §. 54 für die Empfindlichkeit bestimmten Bruchtheil angegeben wird.

Die größte einseitige Tragfähigkeit der Waage und bei Lastwaagen auch die geringste zulässige Belastung nach Kilogrammen oder Pfunden ist entweder auf dem Balken unmittelbar, oder auf einem in denselben eingetriebenen Kupfer- oder Messingpfropf anzugeben.

Der Eichanstalt ist es besonders anzuzeigen, wenn die Waage als Präcisionswaage dienen soll, da für diese eine größere Genauigkeit verlangt wird.

Die zu einem Waagebalken gehörenden Waageschalen, die übrigens nicht stempelfähig sind, müssen nebst den zu ihrer Aufhängung dienenden Ketten, Schnüren oder Stangen ohne jedes Ausgleichungsmittel (Draht, Bleistück ꝛc.) gleiches Gewicht haben.

§. 50.

Ungleicharmige Balkenwaagen.

A. Mit unveränderlichem Verhältniß der Hebelarme.

Diese Waagen müssen bezüglich der Genauigkeit und Solidität des Balkens, der Lage der Zunge, der Lage und Beschaffenheit der Schneiden dieselben besonderen Bedingungen erfüllen, wie die gleicharmigen Balkenwaagen. Das Verhältniß der Hebelarme darf nur 1 zu 10 sein.

B. Mit veränderlichem Verhältniß der Hebelarme. (Schnellwaagen, römische Waagen.)

Bei diesen Waagen ruht die Achse des Balkens in einer Scheere, in der die Zunge frei spielt; der kurze Arm ist mit einer Stahlschneide versehen, an deren Gehänge sich entweder ein Haken oder eine Waagschale zur Aufnahme der Last befindet; auf dem mit einer oder zwei Skalen versehenen langen Arme verschiebt sich eine Hülse mit zwei vorstehenden Enden einer Stahlschneide, auf welcher das Gehänge mit dem damit fest verbundenen unveränderlichen Laufgewicht ruht.

Die Skalen können für Kilogramme oder für Pfunde ausgeführt sein, die Theilstriche derselben müssen sich auf zulässige Gewichtsabstufungen beziehen und gleichen Abstand von einander haben, der nicht geringer als drei Millimeter sein darf; die beizusetzenden Zahlen dürfen nur die Ganzen der Gewichtseinheit ausdrücken, etwa vorkommende Bruchtheile sind ohne Bezeichnung zu lassen. Die Hülse ist mit einer Marke zu versehen, welche ein deutliches Ablesen auf der Theilung gestattet.

Ist eine lose Lastwaageschale vorhanden, so muß das Gewicht derselben mit Einschluß von Ketten, Oese und Gehänge eine ganze Zahl der Gewichtseinheiten der Skale betragen und diese Zahl ist auf der vorderen Seitenfläche des Gehänges in vertiefter Schrift unter Beisetzung von Kilogramm oder Pfund anzugeben.

Das Laufgewicht muß mit der Hülse unveränderlich verbunden sein. Ist die Hülse abnehmbar, so muß ihr Gewicht nebst Gehänge und Laufgewicht unter Vermeidung jedes anderweiten Ausgleichungsmaterials eine ganze Zahl der Gewichtseinheiten der Skale betragen, welche Zahl unter Beisetzung von K oder ℔ auf der vorderen Seite der Hülse in vertiefter Schrift anzugeben ist.

Ist die Waage mit zwei Skalen versehen, wobei entweder zwei Scheeren und ein Lastaufhängungspunkt, oder eine Scheere und zwei Lastaufhängungspunkte vorhanden sind, so müssen die Bedingungen der Richtigkeit für jede Skale innegehalten sein; ist die Hülse abnehmbar, so darf sie nur eine Marke, welche für beide Skalen dient, besitzen.

Einer besonderen Angabe der größten Tragfähigkeit bedarf es bei diesen Waagen nicht, da sich dieselbe aus den Skalen ergibt; doch muß an den letzteren zu erkennen sein, ob sie sich auf Kilogramme oder Pfunde beziehen.

§. 51.

Brückenwaagen.

Das Wesentliche derselben besteht darin, daß die Lastwaageschaale durch eine Brücke gebildet wird, welche auf Traghebeln ruht, deren Kraftarme durch Zugstangen entweder direkt (bei Decimalwaagen) oder durch Vermittelung eines anderweiten Hebels (bei Centesimalwaagen) mit dem Lastarme eines oberhalb angebrachten Waagebalkens in Verbindung stehen, an welchem anderseits die Gewichtswaageschale hängt.

Zulässig ist die bekannte Straßburger oder eine ähnliche Construktion, welche das Wesentliche der oben angegebenen Einrichtung enthält, wenn das Gewicht zur Last entweder im Verhältniß 1 zu 10 oder 1 zu 100 steht,

die Waage eine verschiedene Angabe nicht zeigt, sobald dieselbe Last an verschiedene Stellen der Brücke gestellt wird,

für Herstellung der horizontalen Lage der Brücke die erforderliche Einrichtung getroffen ist (bei transportablen Waagen dieser Art etwa ein an dem vertikalen Ständer angebrachter Pendelzeiger nebst Einspielungsmarke),

und eine Einrichtung vorhanden ist, durch welche das Gewicht sämmtlicher Theile sich so ausgleichen läßt, daß die Zunge der Waage im unbelasteten Zustande derselben zu richtiger Einstellung gebracht werden kann.

Die Centesimalwaage muß die Bezeichnung als solche an sich tragen.

Eine nach ihrer sonstigen Beschaffenheit zulässige Brückenwaage wird dadurch, daß sie an dem Waagbalken der Gewichtsschaale mit einer Einrichtung zum Wägen mit Laufgewicht und Skale versehen ist, nicht unzulässig, vorausgesetzt, daß diese Einrichtung die im §. 50 an die entsprechenden Einrichtungen der Schnellwaage gestellten Anforderungen soweit erfüllt, um genügend richtige Wägungsresultate zu sichern.

Die Angaben der Tragfähigkeitsgrenzen von Brückenwaagen sind an augenfälliger Stelle der Waagen so anzubringen, daß nicht nur deren Richtigkeit durch beigesetzte Stempelung beglaubigt werden kann, sondern auch die Zugehörigkeit der Angabe zu der Waage gesichert ist, oder nöthigenfalls durch Stempelung in geeigneter Weise gesichert werden kann.

§. 52.

Oberschalige Waagen oder Tafelwaagen.

Bei diesen liegen die Gewichts- und die Lastwaageschaale über dem Tragmechanismus und horizontal nebeneinander.

Sie sind nur dann zulässig:

wenn trotz einer Verschiebung des Gewichtes oder der Last auf verschiedene Stellen ihrer Waageschalen eine verschiedene Angabe nicht erfolgt;

wenn sie bei der ungünstigsten Stellung von Gewicht und Last auf den Waageschalen noch eine innerhalb der vorgeschriebenen Grenzen liegende Empfindlichkeit zeigen,

und wenn eine nicht ganz horizontale Aufstellung eine unrichtige Angabe nicht zur Folge hat.

§. 53.

Unzuläßige Waagen.

Von der Eichung oder Stempelung auszuschließen sind alle Waagen, die den vorher angegebenen Bedingungen nicht entsprechen, insbesondere daher:

alle Waagen mit hölzernen Waagebaalken;

alle Hebelwaagen, bei denen sich nicht die Achsen, sondern die Pfannen in den Hebeln befinden;

alle Hebelwaagen, bei denen die Schärfe der Mittelschneide eines Hebels auf derjenigen Seite der die Endschneiden verbindenden Ebene liegt, welche der Druckrichtung entgegen gesetzt ist;

gleicharmige Balkenwaagen mit verstellbarer Mittelachse;

ungleicharmige Balkenwaagen, bei denen das Laufgewicht nicht an einer verschiebbaren Hülse angebracht ist, sondern mit einem Haken unmittelbar auf dem Waagebalken ruht;

Brückenwaagen oder Tafelwaagen, bei denen eine veränderte Gewichts- oder Lastlage zu einem die vorgeschriebene Empfindlichkeit der Waage beeinträchtigenden Reibungswiderstande Veranlassung giebt.

§. 54.

Eichung und Fehlergrenze.

Beim Eichen der Waagen ist die Richtigkeit, Empfindlichkeit und Belastungsgrenze nach den in der Instruktion enthaltenen Verfahrungsarten zu ermitteln und die Stempelung darf nur dann erfolgen, wenn die Waage im Zustande der größten Belastung noch einen deutlich erkennbaren Ausschlag bei einseitiger Hinzufügung eines Gewichtes giebt, welches nicht mehr betragen darf, als die nachbenannten Größen:

	Gewichtszulage im absoluten Betrage	Gewichtszulage im Verhältniß zur einseitigen Tragkraft
1. bei Waagen, die für den gewöhnlichen Handels-Verkehr bestimmt sind, (für jedes Kilogramm der Last)		
a. bei gleicharmigen Balkenwaagen von mehr als 5 K. größter einseitiger Tragfähigkeit . .	5 D	$^1/_{2000}$
von 5 K. und weniger größter einseitiger Tragfähigkeit . .	1 G	$^1/_{1000}$
b. bei ungleicharmigen Balkenwaagen	1 G	$^1/_{1000}$
c. bei Brückenwaagen	6 D	$^1/_{1667}$
d. bei oberschaligen oder Tafelwaagen	wie unter a.	
2. bei Präcisions- und Medizinalwaagen, und zwar bei größter einseitiger Tragfähigkeit von mehr als 5 K. für jedes Kilogramm der Last	1 D	$^1/_{10000}$
von mehr als 250 G. bis 5 K. für jedes Kilogramm der Last . .	2 D	$^1/_{5000}$
von mehr als 20 G. bis 250 G. für je 10 Gramm der Last .	5 M	$^1/_{2000}$
von 20 Gramm und weniger für je 1 Gramm der Last:		
bei Präcisionswaagen	1 M	$^1/_{1000}$
bei Medicinalwaagen	2 M	$^1/_{500}$

§. 55.

Hökerwaagen.

Zum Auswägen von Gegenständen des Wochenmarktverkehres sind gleicharmige Balkenwaagen von einer geringeren als der vorstehend für Handelswaagen vorgeschriebenen Genauigkeit zur Eichung und Stempelung zuzulassen, wenn sie:

1) eine einseitige Tragfähigkeit von nicht mehr als 2 K. besitzen,
2) an jedem Arme einen angelötheten oder angenieteten Blechstreifen mit der aufgeschlagenen Bezeichnung HW (Hökerwaage) tragen,

3) von der absoluten Richtigkeit nicht mehr als um das Vierfache des für Handelswaagen gestatteten Fehlers, d. h. nicht mehr als $^1/_{250}$ der einseitigen Tragfähigkeit abweichen.

Außerdem müssen sie die in den §§. 47 und 49 aufgestellten Bedingungen der Eichungsfähigkeit erfüllen.

Die Prüfung der Hökerwaagen erfolgt nach den für Balkenwaagen gegebenen Vorschriften.

Hökerwaagen dürfen in Geschäften, in welchen auch mit anderen als den im Eingange bezeichneten Gegenständen gehandelt wird, nicht angewandt werden.

§. 56.

Stempelung.

Die Waagen aller Gattungen erhalten die Stempelung auf einer Plombe, welche vermittelst Drahtöhres derartig angebracht wird, daß sie die Funktion der Waage in keiner Weise behindert, und anderseits nicht beseitigt werden kann, ohne daß entweder sie selbst oder der Draht zerstört oder ein Theil der Waage bemerkbar alterirt werde.

Bei Präcisions- und Medicinalwaagen ist dem Stempel der Plombe der sechsstrahlige Stern beizufügen.

Bei Schnellwaagen und bei Brückenwaagen mit Laufgewicht wird das Laufgewicht auf der Oberfläche seines Pfropfes noch besonders gestempelt.

II. Alkoholometer und dazu gehörige Thermometer.

§. 57.

Zulässige Instrumente.

Zur Prüfung und Stempelung werden nur zugelassen:

a) Solche gläserne Alkoholometer, welche nach Tralles den Alkoholgehalt einer weingeistigen Flüssigkeit in 100 Raumtheilen derselben angeben; sie können entweder die volle Skale von 0—100 oder nur einen Theil derselben und zwar in vollen Graden oder mit Angabe von Bruchtheilen, enthalten;

b) solche Thermometer, deren Skalen auf Papier oder Milchglas getheilt und mit der Quecksilberröhre in eine gläserne Umhüllungsröhre eingeschlossen sind. Die nach Reaumur auszuführende und als solche zu bezeichnende Theilung muß bis auf 10 Grad unter dem Gefrierpunkt fortgesetzt und die Skale bei $12^4/_9$° mit einem rothen Striche versehen sein;

c) solche gläserne Thermo-Alkoholometer, bei denen das Quecksilbergefäß des den oben angegebenen Erfordernissen entsprechenden Thermometers als Belastung für das damit verbundene Alkoholometer ohne weitere Beschwerung ausreicht. Der äußere Durchmesser des Quecksilbergefäßes, für welches außer der Kugelform auch die eines Cylinders zulässig ist, darf 13mm nicht überschreiten.

Unzulässig ist die Eichung metallener Alkoholometer und solcher gläserner, die neben der Skale nach Tralles noch eine andere von dieser verschiedene Procenten- oder Reduktionsskale besitzen.

§. 58.

Prüfung und Fehlergrenze.

Bei der Prüfung ist das in der Instruktion angegebene Verfahren zu befolgen, und es dürfen nur solche Instrumente gestempelt werden, bei denen die Theilung eine größere Abweichung als $^1/_4$ Grad gegen das zur Vergleichung benutzte Normalinstrument nicht zeigt.

Die Stempelung erfolgt für die Alkoholometer und Thermo-Alkoholometer auf der Papierskale, die den Namen und Wohnort des Verfertigers und die Angabe, daß die Skale nach Tralles getheilt ist, enthalten muß, und auf welche schon vorher von der Eichanstalt das Gewicht in Milligrammen aufgetragen ist; bei Thermometern mit Papierskale ebenfalls auf dieser, bei solchen mit Glasskale durch Aufkleben des auf Papier aufgedruckten Stempels.

§. 59.

Eichschein, Reduktionstabelle, Gebrauchs-Anweisung.

Mit jedem Alkoholometer und Thermo-Alkoholometer wird ein Eichschein und ein Exemplar der Reduktionstabellen nebst beigedruckter Gebrauchs-Anweisung ausgegeben.

Ersterer enthält die Firma des Verfertigers, den Tag der Prüfung, die laufende Nummer, den Umfang der Skale, das Gewicht des Instrumentes und den Stempel der Eichanstalt.

Der Ersatz eines verlornen Eichscheines kann nur nach neuer Prüfung des Instruments erfolgen, der Ersatz einer verloren gegangenen Reduktionstabelle nur gegen Vorzeigung des Eichscheines.

III. Gasmesser.

§. 60.

Zulässige Gasmesser.

Zur Eichung und Stempelung sind solche Gasmesser zuzulassen:

welche die Gasmenge nach Kubikmetern bestimmen;

bei denen die Messung des Gases durch eine rotirende, zum Theil in Wasser oder eine andere Flüssigkeit eintauchende Blechtrommel (nasse Gasmesser);

oder durch ein System von trockenen Kammern mit beweglichen Wänden (trockene Gasmesser) erfolgt, und

welche mit den zur Erreichung einer sicheren Abmessung erforderlichen Einrichtungen versehen sind.

§. 61.

Beschaffenheit der Gasmesser.

Es muß daher:

A. bei den nassen Gasmessern

die um eine horizontale Achse rotirende Trommel nicht ohne Verletzung des später anzubringenden Stempels zugänglich sein, und in einem gasdichten Gehäuse sich befinden, welches zugleich als Gas- und Flüssigkeits-Behälter dient;

der oberhalb des Flüssigkeitsspiegels liegende, gasfassende Theil der Trommel dadurch zu einem möglichst unveränderlichen Kubikinhalte gebracht werden, daß der, diesen Fassungsraum begrenzende Flüssigkeitsspiegel sowohl überhaupt, als in seiner Lage gegen die Trommelachse constant erhalten werden kann;

ferner müssen die Enden der Füße des Gasmessers sich in einer Ebene befinden, damit demselben für die Aufstellung bei der Verwendung diejenige Stellung gesichert werden kann, welche er bei der Eichung auf einer horizontalen Ebene einnahm.

B. bei trockenen Gasmessern

müssen die messenden Kammern und Ventile von einem gasdichten Gehäuse umschlossen sein,

vollkommen gasdichte, leicht bewegliche Scheidewände haben, welche so angeordnet sind, daß sich Wassersäcke, durch die der Fassungsraum verändert wird, nicht bilden können.

ad A und B.

Bei nassen und trockenen Gasmessern muß die Summe der messenden Räume (respektive der Trommel oder der Kammern) bei einem Gasdruck von 40mm Wassersäulenhöhe zu dem Kubikmeter in einem Verhältniß stehen, welches durch den Zählapparat genau wiedergegeben wird.

§. 62.

Beschaffenheit des Zählwerks.

Es muß das Zählwerk (die Gasuhr) so angebracht sein, daß es nicht ohne Verletzung des später anzubringenden Stempels zugänglich ist und es müssen

die einzelnen Scheiben nur Zahlen enthalten, welche die abzumessende Gasmenge nach Kubikmetern bestimmen (wobei jedoch nicht ausgeschlossen ist, kleinere Raumtheile als das Kubikmeter nach Bruchtheilen desselben oder nach Litern zu registriren, die dann mit diesen Bruchtheilen oder mit dem Buchstaben L auf den Zifferblättern zu bezeichnen sind.)

§. 63.

Bezeichnung.

Auf jedem Gasmesser muß untrennbar von demselben angegeben sein:

der Name und Wohnort des Verfertigers,

die laufende Fabriknummer,

der Inhalt des messenden Raumes in Litern in der Form J = . . . L,

das größte Gasvolumen, welches derselbe pro Stunde durchzulassen bestimmt ist, in Kubikmetern in der Form: V = ... Kub. Met.

Auf dem Zählwerke muß angegeben sein, daß es nach Kubikmetern registrirt.

§. 64.

Prüfung und Fehlergrenze.

Die Prüfung der Gasmesser erfolgt nach Maaßgabe der in der Instruktion enthaltenen Vorschriften und die Stempelung kann nur stattfinden, wenn das beobachtete Volumen von dem durch das Zählwerk registrirten um nicht mehr als 2 Procent im Sinne des Zuviel oder Zuwenig abweicht.

§. 65.

Stempelung.

Die Beglaubigung erfolgt durch mehrfaches Aufschlagen oder Aufdrücken des Stempels so, daß die Trennung der Theile, aus denen das umschließende Gehäuse besteht, eine Oeffnung des Zählwerkes oder eine Abtrennung des Schildes, dafern auf einem solchen die im §. 63 erwähnten Bezeichnungen aufgetragen sind, nicht ohne Verletzung der Stempel erfolgen kann.

Bei nassen Gasmessern, welche mit einer Vorrichtung versehen sind, durch welche der Flüssigkeitsstand von außen verändert werden kann, muß diese Vorrichtung so beschaffen sein und durch Löthung und Stempelung oder durch gestempelte Plombirung so gesichert werden, daß bei der so fixirten Einstellung keine Erhöhung des Flüssigkeits-Spiegels nachträglich mehr erfolgen kann.

VI. Anderweitige der Eichung und Stempelung unterliegende Gegenstände.

§. 66.

Ueber die Zulassung anderweitiger Geräthschaften zur Eichung und Stempelung entscheidet nach Maßgabe des §. 3, Abs. 2 des Reichs-Gesetzes vom 26. November 1871 die kgl. Normal-Eichungs-Kommission. Mit der Bescheidung der deßfallsigen Anträge werden die erforderlichen näheren Vorschriften verbunden werden.

Dritter Abschnitt.

Uebergangsbestimmungen.

§. 67.

Eichung im Verkehr befindlicher Gewichte.

Im Verkehr befindliche Gewichte, deren Größe und Größenbezeichnung nach den allgemeinen Bestimmungen der neuen Maaß- und Gewichtsordnung zulässig ist, und die nach den bisher geltenden Bestimmungen vorschriftsmäßig geeicht und gestempelt sind, können ungeachtet ihrer mit §. 38, 39 41 und 42 nicht übereinstimmenden Gewichtsgröße, Bezeichnung, Form und sonstigen Beschaffenheit auch nach dem 1. Januar 1872 zur periodischen Verification zugelassen werden.

§. 68.

Oeffentliche Bekanntmachung der im Verkehre unzulässigen älteren Gewichte.

Die kgl. Normal-Eichungs-Kommission wird durch öffentliche Bekanntmachung diejenigen Gewichtsstücke der bis zum Ende des Jahres 1871 geltenden Gewichtssysteme bezeichnen, welche nach ihrer Größe und Größenbezeichnung den Vorschriften der Maaß- und Gewichtsordnung nicht entsprechen, und deßhalb vom 1. Januar 1872 an im öffentlichen Verkehr nicht mehr zugelassen werden können.

§. 69.

Eichung der Waagen.

Die Eichanstalten haben die im Verkehr befindlichen Waagen, welche nach den bis zu Ende des Jahres 1871 geltenden Vorschriften beglaubigt sind, auch nach dem 1. Januar 1872 zur Nacheichung anzunehmen, und dieselben soferne ihre Zulässigkeit keinen sonstigen Bedenken unterliegt, zu stempeln, wenn sie auch die in §. 47 vorgeschriebene Bezeichnung der größten Tragfähigkeit, sowie beziehungsweise der geringsten zulässigen Belastung nicht an sich tragen.

In solchen Fällen sind, so weit es thunlich, die fehlenden Bezeichnungen anzubringen.

§. 70.

Eichung von Alkoholometern und Gasmessern.

Die bereits vor dem 1. Januar 1872 nach den bisher geltenden Vorschriften geprüften und gestempelten Alkoholometer und Gasmesser bleiben auch ferner im Verkehre zulässig. Die Beglaubigung durch den neuen Eichungsstempel ist bei beiden Arten von Meßwerkzeugen an die Erfüllung der Vorschriften dieser Eichordnung gebunden, doch können Gasmesser, welche bereits vor dem 1. Januar 1872 gehörig gestempelt und in Gebrauch waren, und welche wegen unwesentlicher Reparaturen nach diesem Zeitpunkt einer neuen Stempelung bedürfen, auch ohne den Vorschriften der §. 60—63 zu genügen, gestempelt werden.

Nicht gestempelte und bereits in Gebrauch befindliche Gasmesser, dafern sie bei der Prüfung sich als zulässig erweisen, können, trotzdem daß sie nicht nach metrischem Maaße registriren, bis auf Weiteres nach dem in der Instruction näher angegebenen Verfahren geeicht und gestempelt werden. Nach wesentlichen Reparaturen jedoch, worüber die Instruction Näheres bestimmen wird, müssen alle solche Gasmesser auf metrische Registrirung eingerichtet werden, bevor sie eine neue Stempelung erfahren können.

München, den 12. December 1871.

Königlich Bayerische Normal-Eichungskommission.

Nies,
kgl. Oberregierungsrath.

VII.

Instruktion

in Ausführung der Eichordnung vom 12. Dezember 1871.
Erlassen von der k. bayr. Normal-Eichungs-Kommission
am 14. December 1871.

Erster Abschnitt.

Allgemeine Bestimmungen.

1. Die zur Eichung eingelieferten Gegenstände sind zunächst auf ihre Zulässigkeit nach den in der Eichordnung über Material, Gestalt, Bezeichnung und sonstige Beschaffenheit getroffenen Bestimmungen zu untersuchen und die als unzulässig befundenen mit Angabe des Grundes zurückzugeben.

Hierbei dienen zunächst zum Anhalt:

für Längenmaaße	§. 1 und 2	der Eichordnung,
für Flüssigkeitsmaaße	§. 5—10	„ „
für Fässer	§. 12	„ „
für Hohlmaaße zu trocknen Körpern	§. 14—19	„ „
für dergl. Hohlmaaße in Kastenform	§. 22—28	„ „
für Meßrahmen zu Brennholz	§. 32—35	„ „
für Gewichte	§. 38—43	„ „
für Waagen	§. 47—53	„ „
für Alkoholometer und Thermometer	§. 57	„ „
für Gasmesser	§. 60—63	„ „

ferner die in §. 67—70 enthaltenenen Uebergangsbestimmungen, die in den nachfolgenden besonderen Instruktionen enthaltenen Erläuterungen der vorstehenden Vorschriften,

und für spätere Zeit die etwa als Ergänzungen der Eichordnung anderweit erlassenen Vorschriften der kgl. Normal-Eichungs-Kommission, sowie die nach §. 66 der Eichordnung von der kgl. Normal-Eichungs-Kommission getroffenen besonderen Bestimmungen für außerordentliche Eichungsarbeiten.

2. Die eigentliche Prüfung der zu eichenden Gegenstände auf die Richtigkeit ist in einem Raume vorzunehmen, welcher möglichst eine mittlere Temperatur (etwa 14° R.) zeigt, und nachdem solche zu prüfende Gegenstände und solche Prüfungsmittel, bei denen die Temperaturveränderung einen merkbaren Einfluß auf Größe oder Schwere äußert, z. B. Längenmaaße, Flüssigkeitsmaaße, Wasser u. s. w., nahezu die Temperatur des Arbeitsraumes angenommen haben.

Sind, wie bei den Längenmaaßen, Normale von verschiedenem Material vorhanden, so ist der zu prüfende Gegenstand mit dem Normale von gleichem oder nächstverwandtem Material zu vergleichen (siehe jedoch Instruktion I. Nr. 6).

3. Wird irgend eine Prüfung mit Benutzung einer Wägung vorgenommen, so ist diejenige Waage anzuwenden, in deren Tragfähigkeitsgrenzen die Schwere des zu wägenden Gegenstandes fällt, vorher jedoch zu ermitteln, ob diese Waage sich in dem Zustande der Empfindlichkeit befindet, welcher die bei der beabsichtigten Wägung noch zulässige Abweichung genügend deutlich erkennen läßt, und die Waage selbst so aufzustellen, daß sie von Sonnenstrahlen nicht getroffen wird, und daß eine ungleiche und schnell veränderliche Erwärmung der Schenkel des Waagebalkens durch den Ofen nicht erfolgen kann.

Jede Wägung, bei welcher gleicharmige Balkenwaagen angewendet werden, was überall da, wo es irgend möglich ist, vorzuziehen bleibt, ist mit Tara auszuführen, d. h. es wird das Normal zuerst auf die eine Waagschale gesetzt, hierauf die andere Waagschale mit Tara (d. h. anderen Gewichtsstücken 2c.) belastet, bis die Waage richtig einspielt, und dann der zu prüfende Gegenstand an Stelle des Normales auf die erste Waagschale gesetzt und mit der unverändert gelassenen Tara verglichen.

Werden mehrere solche Wägungen für gleich schwere Gegenstände hinter einander ausgeführt, so ist in angemessenen Zwischenräumen die fortdauernde Richtigkeit der Tara festzustellen.

4. Da die Absicht dahin geht, bei der Eichung der Maaße und Gewichte für den Verkehr Gegenstände zu liefern, welche soweit als ausführbar der Sollgröße, deren Namen sie tragen, entsprechen, so haben die Eichanstalten ihre Aufmerksamkeit thunlichst darauf zu richten, daß die geeichten Gegenstände der von den Gebrauchsnormalen vertretenen Sollgröße noch näher kommen, als nach den in §. 3, 11, 20, 30, 36, und 44 der Eichordnung zugelassenen äußersten Abweichungsgrenzen unbedingt erfordert wird.

Es erscheint dies namentlich deshalb als berücksichtigungswerth, weil die an dem zu eichenden Gegenstande noch vorhandene Abweichung von dem Gebrauchsnormal und der noch vorhandene, wenngleich in engere Grenzen eingeschlossene Fehler des Gebrauchsnormals in gleicher Richtung liegen können, und dann in dem zu eichenden Gegenstande ein Fehler entsteht, welcher aus der Summe der beiden erwähnten Abweichungen sich bildet.

5. Im ungünstigsten Falle könnte es sich sogar ereignen, daß ein von einer Eichungsstelle gestempelter Gegenstand, wenn bei demselben die volle beim Eichen noch zulässige Abweichung von dem Gebrauchsnormal im Sinne des Zuviel zugelassen worden ist, und Gebrauchsnormal sowie Kontrolnormal dieser Eichanstalt ebenfalls um den größten zulässigen Betrag zu groß sind, von einer zweiten zur Revision des Gegenstandes veranlaßten Eichanstalt, deren Gebrauchsnormal und Kontrolnormal zufällig um die volle zulässige Abweichung zu klein sind, als mit einer Abweichung behaftet angesehen würde, welche die Grenze des im Verkehr zulässigen Fehlers bereits erreiche, während der untersuchte Gegenstand in Wirklichkeit noch um den Werth des größten Fehlers eines Gebrauchsnormals innerhalb jener Grenze liegt, also noch beträchtlichen Spielraum der Veränderung hat, bis er im Verkehr unzulässig wird.

Zur Vermeidung solcher an sich höchst unwahrscheinlicher Fälle wird im Allgemeinen die Befolgung der unter Nr. 4

gegebenen Anweisungen genügen. Eine weiter gehende, durchgängige Verschärfung der Bestimmungen über die zulässigen äußersten Abweichungsgrenzen der Normale würde wieder andere Bedenken hervorrufen. Es wird jedoch, mit Hinblick auf die möglichen Anhäufungen von Fehlern überhaupt, hiermit vorgeschrieben, daß bei der Revision eines bereits im Verkehre gewesenen Präcisions-Maaßes oder Gewichtes auf seine fernere Zulässigkeit berücksichtigt werden soll, ob das dabei angewandte Gebrauchsnormal im Sinne des Zuviel oder des Zuwenig von der Sollgröße abweicht.

6. Um die in Nr. 5. angegebene Berücksichtigung des dem Gebrauchsnormale anhaftenden Fehlers in Ausführung bringen zu können, haben die Eichanstalten sich davon in Kenntniß zu erhalten, in welchem Sinne ihre Gebrauchsnormale von der Sollgröße oder von den zugehörigen Kontrolnormalen abweichen.

7. Wenn die Eichungsanstalten bei Untersuchung ihrer Gebrauchsnormale Fehler vorfinden, welche die durch kgl. Verordnung bestimmten Grenzen überschreiten, so haben sie sofort entweder, so weit sie hierzu eingerichtet sind, die Gebrauchsnormale zu berichtigen, oder der kgl. Normal-Eichungs-Kommission die fehlerhaften Stücke zur Berichtigung einzusenden.

8. Wegen der von den Eichanstalten auszugebenden Bescheinigungen über vorgenommene Arbeiten ist Folgendes zu bemerken:

A. Eichscheine werden nur für solche Gegenstände ausgefertigt, welche bei der vorgenommenen Prüfung sich als stempelfähig erwiesen haben und wirklich gestempelt worden sind.

B. Rückgabescheine werden für Gegenstände ausgestellt, die bei der Prüfung

a. sofern sie noch nicht gestempelt waren, um mehr als die beim Eichen gestattete Abweichung als unrichtig befunden wurden,

b. sofern sie bereits im Verkehr befindlich waren, wenn sie auch wegen ihrer übrigen Beschaffenheit als für denselben geeignet erscheinen, doch um mehr als die im Verkehre gestattete Abweichung als unrichtig befunden wurden, und daher als untauglich für den Verkehr durch Vernichtung des früheren Stempels zu kennzeichnen sind,

und zwar in jedem der beiden Fälle unter der Voraussetzung, daß die Eichanstalt eine Berichtigung nicht vornimmt.

Die für Eich- und Rückgabescheine anzuwendenden Formulare sind späterer Bekanntmachung zu entnehmen.

9. Wenn auf einer der vorher unter A. und B. aufgeführten Bescheinigungen mehrere Gegenstände gleichzeitig eingetragen werden, so sind jedesmal nur diejenigen in eine Gesammtzahl zu vereinigen, die nach ihrer Größe und Beschaffenheit von derselben Art sind, und für welche ein gleicher Ansatz in der Gebührentaxe gilt.

10. Die vorgeschriebenen jährlichen Geschäftsübersichten der Eichanstalten sind nach den noch zu erlassenden Anweisungen auszufertigen.

Zweiter Abschnitt.

Besondere Instruktionen.

I. Instruktion

für das Eichen der Längenmaaße.

Ausführungsbestimmnngen zu §. 1—4 der Eichordnung.

1. Als Einrichtungen, welche nach §. 2 der Eichordnung den einzelnen beweglichen Theilen eines zusammengesetzten Maaßes die genügende Stabilität in derjenigen gegenseitigen Lage sichern, durch welche die normale Länge des ganzen Maaßes angegeben wird, gelten beispielsweise folgende:

a) solid eingerichtete Charniere c (Fig. 1.), durch welche je 2 bewegliche Theile a und b mit einander verbunden sind (mag die Drehachse entweder auf der schmalen oder auf der breiten Seite eines der miteinander verbundenen Theile liegen), so daß beim Auseinanderschlagen des Maaßes die aneinander grenzenden Theile sich in d nur stumpf berühren.

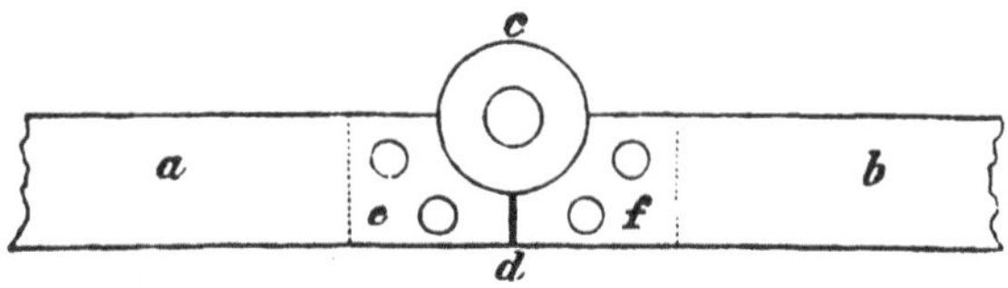

Fig. 1.

Die Charniertheile sind abwechselnd mit Zungen e und mit Zungen f versehen, die mit a und mit b durch Nietung verbunden sind.

b) einfallende Hemmungsfedern zwischen je zwei um eine solid und mit Metallfütterung ausgeführte Achse drehbaren Maaßstabtheilen.

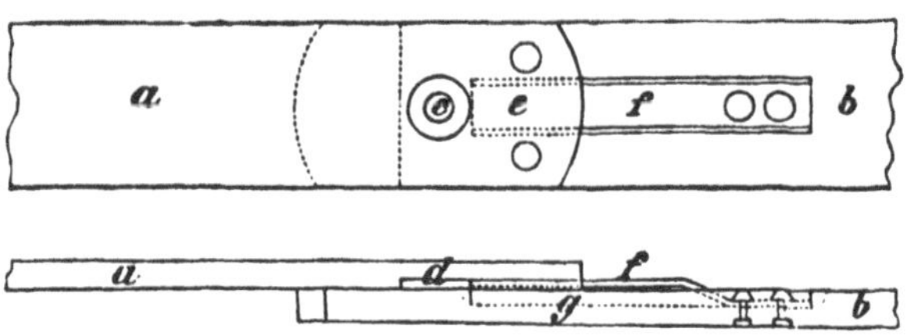

Fig. 2.

Hier verbindet die Drehachse c (Fig. 2) je zwei drehbare Maaßstabtheile a und b; an a ist unterhalb eine Metallplatte d angenietet, die mit einem Einschnitte e versehen ist; an b befindet sich die angenietete Stahlfeder f, welche sofort in den Einschnitt e einfällt, wenn bei der Drehung um c der Theil b in die Verlängerung der Richtnng von a gelangt, und dadurch b gegen a eine stabile Lage sichert.

Aus mehreren beweglichen Theilen bestehende Maaßstäbe, bei denen diese Theile nur durch den Reibungswiderstand in der die normale Länge des ganzen Maaßes ergebenden Lage gehalten werden, sind nicht eichfähig.

2. Bei der Prüfung von Maaßstäben ist darauf zu achten, daß dieselben keine Krümmung zeigen und keine Biegung erfahren, sie müssen daher auf eine ebene Unterstützungsfläche gelegt werden.

3. Jedes zu prüfende Maaß ist zunächst auf die Richtigkeit seiner Gesammtlänge zu untersuchen, und erst, wenn es bezüglich dieser als zulässig befunden wurde, auf die Richtigkeit der Theilung.

Nur bei den längeren Bandmaaßen findet wegen der Nothwendigkeit mehrfacher und schwieriger Aufspannung eine Ausnahme statt.

4. In geeigneten Fällen ist beispielsweise die Vergleichung des zu prüfenden Maaßes mit dem Normalmaaße in der Art vorzunehmen, daß beide parallel und dicht nebeneinander gelegt und so durch Schraubzwingen aneinander befestigt werden, daß die Anfangsstriche der beiden Theilungen in eine gerade Linie fallen, was sich nöthigenfalls durch Anlegen eines Anschlagewinkels beurtheilen läßt. Durch Verschiebung des letzteren von Theilstrich zu Theilstrich des Normalmaaßes findet man dann leicht, ob die Theilstriche des zu prüfenden Maaßes mit denen des Normalmaaßes zusammenfallen, oder Abweichungen zeigen.

5. In anderen Fällen wird sich die folgende Prüfungsmethode anwenden lassen:

Man lege den einen Maaßstab so auf den andern, daß die getheilte Oberfläche des einen rechtwinkelig auf der getheilten Oberfläche des anderen steht, und die Theilstriche des einen dabei ein Spiegelbild an der Oberfläche des anderen geben, auch die Kanten der Maaßstäbe vollständig parallel liegen. Hierauf wird der eine Maaßstab gegen den andern so verschoben, daß die Anfangsstriche der Theilungen auf beiden Maaßstäben sich treffen, was mit Zuhülfenahme einer Loupe geprüft wird.

Man untersucht nun mit demselben Hülfsmittel, ob die übrigen korrespondirenden Theilstriche in gleicher Art zusammenfallen, wobei darauf zu sehen ist, daß das Auge des Beobachters sich in der durch die untersuchten Theilstriche gehenden Ebene befindet, was dann stattfindet, wenn das Spiegelbild des einen Striches mit dem andern, dafern sie zusammenstoßen, ganz zusammenfällt. Bei einer wenn auch geringen Abweichung zweier Theilstriche ist das Auge so zu stellen, daß das Spiegelbild des einen Striches parallel zu dem zu vergleichenden Theilstriche liegt.

6. Bei Prüfung von Maaßstäben für Langwaaren ist das mit Anschlag versehene Gebrauchsnormal anzuwenden; es wird dabei das eine Ende des zu prüfenden Maaßstabes an den Anschlag gelegt, und beiden Maaßstäben eine solche Lage gegeben, daß die Theilstriche derselben unmittelbar aneinander zu liegen kommen, um mit einander verglichen zu werden.

7. Ein zu prüfendes Bandmaaß ist neben dem Normalmaaße auf einer Tafel mit Anwendung eines angehängten Gewichtes auszuspannen, durch welches das Band in vollkommen ebene Lage gebracht wird, ohne übrigens wirklich ausgedehnt zu werden. Bei längeren Maaßen ist die Vergleichung mit dem Normal in mehreren einzelnen Theilen vorzunehmen, und zur Ermittelung der Abweichung der ganzen Maaßlänge die Summe der etwaigen Abweichungen der einzelnen Theile zu bilden.

8. Werden bei den vorher erwähnten Maaßvergleichungen Abweichungen gefunden, so sind dieselben in ihrer Größe entweder, so weit möglich, nach dem Normalmaaßstabe unter Abschätzung der Bruchtheile eines Millimeters anzugeben und mit den Bestimmungen über die zulässigen Fehlergrenzen in §. 3 zu vergleichen, oder es ist der Nonius zur genaueren Ermittelung der Bruchtheile eines Millimeters anzuwenden.

Wenn z. B. der Abstand des Endstriches a (Fig. 3) eines zu prüfenden Maaßes M von dem Endstrich b eines Normal-

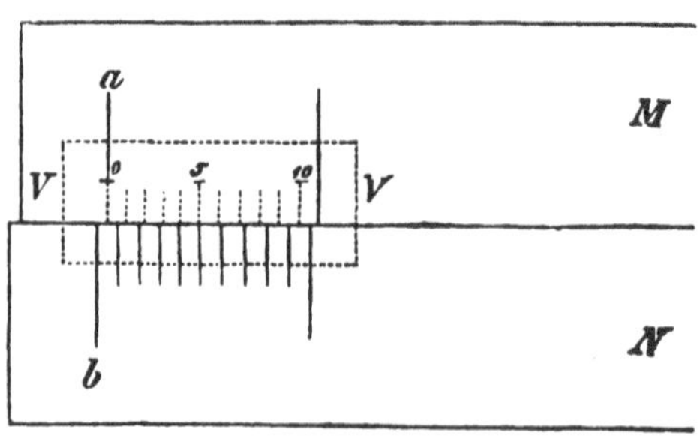

Fig. 3.

maaßes N bis auf Zehntheile des Millimeters zu bestimmen ist, so legt man auf die beiden aneinander geschobenen Maaßstäbe einen auf durchsichtiger Glasplatte aufgetragenen Nonius V, d. h. eine Hülfstheilung, deren Intervalle gerade um denjenigen Bruchtheil, bis zu welchem man die Genauigkeit der Messung treiben will, kleiner oder größer sind, als die Intervalle der Normaltheilung.

In der beigefügten Figur ist z. B. das Intervall der Noniustheilung um ein Zehntheil des Millimeters kleiner angenommen, als das Intervall auf dem Normalmaaße. Legt man jetzt den Nullstrich des Nonius genau auf den Endstrich des zu prüfenden Maaßes, welcher nicht genau mit dem Endstriche des Normals zusammentrifft, so wird man leicht erkennen, daß nun einer der Nonienstriche in die Verlängerung eines der Striche des Normals fällt. Sei dieß, wie in der Figur, der vierte Strich des Nonius, so ist klar, daß der Nullstrich des Nonius, also auch der mit ihm zusammenfallende Endstrich des Maaßes von dem Endstrich des Normals um 0,4 Millimeter absteht, denn nach vier Nonienstufen, deren jede um ein Zehntheil des Millimeters zurückbleibt, ist der Anfangsabstand der beiden Skalen ausgeglichen.

Liegt der zu prüfende Strich, entgegengesetzt der Lage in der Figur, auf der andern Seite des Normalstriches, so muß man die Nummer des mit einem Normalstrich zusammentreffenden Nonienstriches von 10 abziehen, um den Abstand der verglichenen Maaßstriche von einander zu finden. — Trägt endlich das Normal an der verglichenen Stelle nicht Millimeter-, sondern nur Centimeter-Theilung, so muß der Nonius zehn Intervalle enthalten, deren jedes um ein Zehntheil des Millimeters kleiner ist als ein Centimeter.

Eine undeutlich gewordene Theilung der Glasplatte kann durch Einreiben derselben mit einem gepulverten Farbstoff z. B. Graphit, wieder aufgefrischt werden.

9. Bei den Gebrauchsnormalen für Längenmaaße ist unter Voraussetzung sorgfältiger Behandlung eine Größenveränderung nicht leicht zu erwarten. Sollte ein solches Normal eine äußere Verletzung erfahren, so ist für den Ersatz sofort Sorge zu tragen.

10. Bei der Stempelung der Maaße sind die in §. 4 der Eichordnung angegebenen Vorschriften zu befolgen.

Bei Anwendung der Stempel mit scharfkantigen Umrissen auf Holz werden die Stempel eingefärbt.

Ist es nicht möglich, den Stempel gleichzeitig auf die Kappe und das Holz zu setzen, so wird das Holz unmittelbar an der Kappe gestempelt.

Stählerne Bandmaaße sind auf eingesetzten Messingplättchen zu stempeln.

Bei der periodischen Verifikation ist jedesmal nur ein Stempel aufzuschlagen. Diese Stempel sind nach der Reihenfolge und womöglich auf einer der ungetheilten Seitenflächen der Maaßstäbe anzubringen.

Beim Aufschlagen des Stempels ist auf deutliche Ausprägung, anderseits aber auch auf Schonung der Maaße Bedacht zu nehmen. Hierzu ist das Auflegen des Stabes auf eine genügend feste, ebene und glatte Unterlage Erforderniß.

II. Instruktion

für das Eichen der Flüssigkeitsmaaße.

Ausführungsbestimmungen zu §. 5—11 und 13 der Eich-Ordnung.

1. Bei der Voruntersuchung über die Zuläsſigkeit eingelieferter Maaße können zur Beurtheilung, ob die Durchmesser der Maaße von 2 L. und abwärts innerhalb der im §. 8 vorgeschriebenen Grenzen liegen, Lehren angewendet werden, welche zwei Theilungen enthalten, deren eine die zulässigen kleinsten und größten Durchmesser der cylindrischen Maaße von 2 bis $^1/_{32}$ L., die andere die zulässigen kleinsten und größten oberen Durchmesser der kegelförmigen Maaße von 0,2 bis 0,02 L. darstellt. Die einzelnen Abstufungen der Lehre sind mit den Bezeichnungen der betreffenden Maaße versehen.

2. Bei Maaßen, wo der obere Rand den Flüssigkeitsspiegel begrenzt, wird die Bedingung, daß dieser Rand in einer Ebene liegen soll, durch Auflegen einer ebenen Glasplatte geprüft.

Hiernach muß ein etwa vorhandener Henkel so angebracht sein, daß derselbe das Auflegen der Glasplatte nicht hindert.

Bei dem Füllen eines Maaßes mit Wasser ist dafür Sorge zu tragen, daß Luftbläschen, die etwa an der Wandfläche des Gefäßes noch vorhanden sind, durch Klopfen oder Abstreichen mit einem Drahte oder Federkiele beseitigt werden.

3. Bei allen Umfüllungen von Wasser aus einem Gefäße in ein anderes zum Behufe der Inhaltsbestimmung ist darauf zu sehen, daß das zu füllende Gefäß genäßt sei, d. h. es ist vorher mit Wasser zu füllen und wieder zu entleeren, und daß beim Ausgießen ein gehöriges Austropfen stattfindet. Gleiches ist bei einem Trichter zu beobachten, wenn er zum Umgießen Anwendung findet.

4. Die Prüfung der Flüssigkeitsmaaße auf die Richtigkeit ihres Inhaltes kann erfolgen:

a) durch Anwendung von Eichkolben, d. h. gläsernen Gefäßen mit verhältnißmäßig engem und langem Halse.

Jeder Eichkolben enthält die Bezeichnung des Maaßes, für welches er bestimmt ist, und auf dem Halse Striche, von denen der mittlere der richtigen Füllung, je zwei darüber und darunter liegende den Grenzen entsprechen, welche bei der Eichung und im Verkehr als zulässige Abweichungen bestimmt sind;

b) durch Anwendung der metallenen Normalmaaße und der zugehörigen Glasplatten;

c) durch Bestimmung des Gewichtes des das Maaß füllenden Wassers.

Das Verfahren unter a ist für gewöhnliche Gebrauchsmaaße bis zu 5 L. aufwärts am einfachsten; es sind dazu 12 Eichkolben, in den in §. 5 der Eichordnung angegebenen Abstufungen von 0,02 L. bis 5. L. erforderlich.

Das Verfahren unter b kann sowohl zur Prüfung von Gebrauchsmaaßen, als auch namentlich bei Herstellung und Prüfung des richtigen Inhaltes der Eichkolben Anwendung finden, und ist bei Vergleichung des Gebrauchsnormales mit dem Kontrolnormal zu benutzen.

Das Verfahren unter c dient namentlich zur Richtigstellung der Normale.

Ueber jede dieser Verfahrungsarten sind im Nachfolgenden ausführlichere Erläuterungen mitgetheilt.

5. Bei der Prüfung eines Gebrauchsmaaßes mit dem Eichkolben wird das erstere auf eine, durch die Wasserwaage horizontal gerichtete Platte gestellt und bis zu den, den Fassungsraum begrenzenden Theilen (Rand, Ausgüsse, Zäpfchen) gefüllt.

Fallen hierbei die den Wasserstand markirenden Theile nicht mit dem Wasserspiegel zusammen, liegen also diese markirenden Theile und der Fuß des Maaßes nicht in parallelen Ebenen, so ist das Maaß zu verwerfen.

Findet der angegebene Parallelismus aber statt, so wird der Inhalt des Maaßes in den, der Maaßgröße entsprechenden Eichkolben übergegossen und aus dem sich ergebenden Stande des Wasserspiegels in demselben gegen die Theilstriche geschlossen, ob das zu prüfende Maaß richtig ist, oder die etwaige Abweichung desselben noch innerhalb der zulässigen Fehlergrenzen liegt.

Bei der Prüfung eines 10 L.-Maaßes würde der Eichkolben von 5 L. zuerst bis zu seinem richtigen Inhalte aus dem zu prüfenden Maaße zu füllen, und nachdem er wieder entleert ist, mit dem noch rückständigen Inhalte des letzteren nochmals zu füllen sein; für die Beurtheilung der Richtigkeit des Inhaltes des zu prüfenden Maaßes auf die beim Eichen gestattete Fehlergrenze können dann die beiden äußersten Theilstriche des Eichkolbens benutzt werden; für die Beurtheilung der zulässigen Abweichung im Verkehr kann das Maaß von 0,05 L. dienen, dessen Inhalt dieser Abweichung gleich ist.

Wird aus einem 20 L.-Maaße der Eichkolben von 5 L. zunächst 3mal richtig gefüllt und dann der noch vorhandene Rest in diesen Eichkolben gegossen, so kann zur Beurtheilung des beim Eichen noch zulässigen Fehlers das Maaß von 0,05 L. Inhalt, und für den im Verkehr noch zulässigen Fehler das Maaß von 0,1 L. benutzt werden.

6. Soll die Prüfung durch die mit Glasplatten versehenen Normalmaaße erfolgen, so wird zunächst unter Anwendung der horizontal gestellten Fußplatte das Normalmaaß gefüllt und die Aufschiebung der Glasplatte so vorgenommen, daß keine Luftblase vorhanden ist.

Nach sorgfältigem Abwischen des etwa äußerlich an Platte und Maaß vorhandenen Wassers wird hierauf der Inhalt unter allmählichem Zurückziehen der Glasplatte in das auf die Fußplatte gestellte und vorher genäßte, zu prüfende Maaß ausgegossen, und nun ebenso, wie in Nr. 5 angegeben, untersucht, ob der obere Wasserspiegel zu den den Fassungsraum begrenzenden Theilen parallel liegt.

Ist das Maaß in dieser Beziehung zulässig, aber in seinem Fassungsraume nicht richtig, so wird bei zu großem Maaße, je nach der Beschaffenheit desselben, der Wasserspiegel unterhalb des oberen maaßgebenden Randes oder der markirenden Zäpfchen u. dergl. liegen, bei zu kleinem Maaße ein Theil des Wassers bereits übergeflossen sein oder über den Zäpfchen stehen

Beide Fälle sind zur Beurtheilung der Größe des dem Maaße anhaftenden Fehlers in verschiedener Art zu behandeln.

Steht nämlich der Wasserspiegel unter den markirenden Theilen, so ist die Größe des Fehlers

entweder so zu bestimmen, daß man, wie dieß bei Maaßen möglich ist, bei denen der obere Rand die genaue Füllungshöhle begrenzt, eine Glasplatte vorsichtig aufschiebt und aus der Größe der verbleibenden Luftblase auf den vorhandenen Fehler schließt (vergl. No. 7)

oder so, daß man die zur richtigen Füllung erforderliche geringe Wassermenge aus einer Bürette (vergl. Nr. 8) zusetzt und durch letztere abmißt, was in dem Falle, wo das Aufschieben einer Glasplatte unmöglich ist (also bei Stiftmaaßen), geschehen muß, bei aufzuschiebender Glasplatte aber auch geschehen kann, bis unter der wiederholt aufgeschobenen Glasplatte eine Luftblase nicht ferner verbleibt.

Steht der Wasserspiegel über den markirenden Theilen, oder ist ein Theil der Wasserfüllung bereits abgeflossen, so ist im ersteren Falle so viel Wasser mit einem kleinen gläsernen Stechheber auszuheben, bis der Wasserspiegel den markirenden Theilen entspricht, im zweiten Falle die Glasplatte, wo es angeht, vorsichtig aufzuschieben und in beiden Fällen alsdann der Wasserinhalt in das Normalmaaß zurück zu gießen, welches derselbe nun nicht vollständig anfüllt. Die in dem Normalmaaße unter der Glasplatte verbleibende Luftblase oder die

Nachfüllung, aus der Bürette (siehe Nr. 8) läßt wiederum eine Schätzung der Größe des Fehlers zu.

7. Soll die Größe der unter der Glasplatte verbleibenden Luftblase (vergl. Nr. 6) zur Beurtheilung der Zulässigkeit des Maaßes benutzt werden, so ist zu beachten, daß diese Zulässigkeit nicht nur für jedes Maaß durch eine Luftblase von verschiedener Größe begrenzt wird, sondern auch, daß für dasselbe Volumen der eingeschlossenen Luft sich ein verschiedener Durchmesser der Blase je nach der verschiedenen Beschaffenheit der Glasplatte ergiebt.

Es sind daher bei Benutzung dieses Hülfsmittels für jede einzelne Glasplatte durch eine Reihe anzustellender Versuche die Durchmesser der den zulässigen Maaßfehlern entsprechenden Luftblasen zu bestimmen und tabellarisch aufzuzeichnen.

Solche Versuche können theils mit Anwendung der Bürette (vergl. Nr. 8), theils durch Wägung angestellt werden (vergl. Nr. 10).

8. Eine zur Fehlerabmessung bestimmte Bürette besteht in einem eingetheilten Glasrohre mit Schwimmer, durch dessen Marke die Ablesung der Wasserstandhöhe erfolgt, und mit einem unterhalb angebrachten Gummiröhrchen, welches durch einen Quetschhahn leicht geöffnet und geschlossen werden kann. Der Anfangspunkt der Theilung liegt oben, und wenn man anfänglich die Marke des Schwimmers mit demselben zusammenfallen läßt, kann man eine abgelaufene Wassermenge mit Sicherheit aus der Stellung des Schwimmers nach geschlossenem Quetschhahn abnehmen.

Für die Maaße von 10 L. bis zu 0,02 L. sind zwei solche Büretten erforderlich, die eine mit den Angaben der beim Eichen, die andere mit den Angaben der im Verkehre zulässigen Fehler nach Wassermengen.

Die erste dieser Büretten muß folgende Fehlervolumina angeben:

für das Maaß von	10 L.	25	Kubikcentimeter.
	5 „	12,5	„
	2 „	5	„
	1 „	2,5	„
	1/2 „	2,5	„

1/4 L.	1,25	Kubikcentimeter
1/8 „	1,25	„
1/16 „	0,62	„
1/32 „	0,31	„
und für 0,2 „	1	„
0,1 „	1	„
0,05 „	0,5	„
0,02 „	0,2	„

Die zweite zur Ermittelung der im Verkehre zulässigen Abweichung bestimmte Bürette giebt zu den einzelnen Maaßen das Doppelte der obigen Volumina an.

9. Diese Büretten lassen sich zur Anfertigung und Kontrolirung der für die gestatteten Maaßabweichungen vorhandenen Theilstriche auf den Eichkolben anwenden, sobald der richtige Inhalt der letzteren nach dem in Nr. 6 angegebenen Verfahren bestimmt worden ist.

10. Die Prüfung von Hohlmaaßen mittelst des Gewichtes des den Fassungsraum des Maaßes füllenden Wassers läßt vorhandene Fehler mit dem höchsten Grade der Genauigkeit erkennen, und kann daher zur Richtigstellung der Eichkolben, sowie bei den Versuchen mit Luftblasen Anwendung finden; für Richtigstellung der Kontrolnormale und der Hauptnormale, sowie der Büretten ist es unentbehrlich, setzt aber dabei Hülfsmittel voraus, welche bei den gewöhnlichen Eichanstalten weder vorhanden noch erforderlich sind.

Bei der feineren Volumenbestimmung durch Wasser ist nämlich auf die Ausdehnung des Wassers und der Maaße bei verschiedenen Temperaturen und das hierdurch sich ändernde spezifische Gewicht des ersteren und Volumen der letzteren Rücksicht zu nehmen, so daß die genaue Bestimmung des Fassungsraumes der Normalmaaße sich nur durch umfängliche Rechnungen erreichen läßt.

Die angedeuteten Fehlerquellen und die dafür erforderlichen Korrektionen können aber bei Untersuchungen, wie sie bei den gewöhnlichen Eichanstalten vorkommen, außer Berücksichtigung bleiben, wenn nur die bezüglich der richtigen Füllung der Gefäße früher angegebene Vorschrift, so wie die für das Wägen ertheilten Anweisungen befolgt werden.

Wird z. B. in dieser Vereinfachung das hier erwähnte

Verfahren bei den unter Nr. 7 angeführten Versuchen zur Bestimmung der verschiedenen Größe der Luftblasen benutzt, so gelten als Gewichte für die den Fehlern entsprechenden Wassermengen die in Nr. 8 angeführten Zahlen, welche die Kubikcentimeter angeben, da dieselben zugleich die Gewichte dieser Wassermengen in Grammen bestimmen.

11. Die Vergleichung der Gebrauchsnormale mit den Kontrolnormalen, welche von Zeit zu Zeit durch die Eichanstalten zu erfolgen hat, ist nach dem in Nr. 6 beschriebenen Verfahren vorzunehmen; zur Beurtheilung der Abweichung kann eine Bürette angewendet werden, an welcher man durch Abschätzung prüft, ob die etwa vorhandene Abweichung nicht größer als $^2/_5$ der für das Eichen zulässigen ist.

12. Berichtigungsarbeiten, welche an Hohlmaaßen vorgenommen werden, sind so auszuführen, daß durch dieselben eine ersichtliche Aenderung der regelmäßigen Form des Maaßes nicht eintritt.

13. Bei der Stempelung der Flüssigkeitsmaaße sind die Vorschriften in §. 13 der Eichordnung zu befolgen.

Bei der periodischen Verification ist in der Regel nur eine der am oberen Rande, beziehungsweise der unter den Ausflußöffnungen oder hinterhalb der Stifte des Maaßes befindlichen Zinnwarzen zu stempeln.

Die Stempelung an den Löthfugen, wo solche vorhanden sind, geschieht mit einem der kleineren Stempel, und ist nur dann zu erneuern, wenn sie undeutlich geworden ist.

III. Instruktion

für das Eichen der Fäßer.

Ausführungsbestimmungen zu §. 12 u. 13 der Eichordnung.

1. Bei dem Eichen der Fäßer kann außer der Angabe des Inhaltes nach Liter auch das Taragewicht des Faßkörpers ermittelt werden, sobald dieß verlangt wird, und die Eichanstalt hierzu die Einrichtung besitzt.

Bei der Bestimmung der Tara von hölzernen Fäßern ist zu beachten, daß das Gewicht eines Faßes je nach dem Grade der äußeren und inneren Näßung desselben erheblichen

Veränderungen unterliegt. Da nun die Kenntniß der Tara für das Faß im Zustande der Füllung verlangt wird, so darf bei einer vor der Gebrauchs-Füllung eintretenden bloßen Tara-Bestimmung das Faß nicht im trockenen Zustande gewogen werden, sondern erst nachdem es durch hinreichende und einige Zeit lang dauernde Wasserfüllung eine genügende Nässung erfahren hat. Auch vor der Eichung müssen die Fässer in derselben Weise angefeuchtet sein, weil der Rauminhalt in dem genäßten Zustande, welcher dem Gebrauchszustande entspricht von demjenigen des trockenen Faßes um ein Geringes abweicht, und weil von trockenen Wänden ein nicht zu vernachlässigender Theil des Füllwassers aufgesogen, und der Inhalt des Fasses um diesen Betrag zu groß gefunden werden würde.

Bei den, namentlich zum Spiritus-Export bestimmten Gebinden, welche mit Rollbändern versehen sind, (d. h. mit 2 bis 4 zu beiden Seiten des Spundlochs angebrachten hölzernen Reifen, die nur den Zweck haben, das Gebinde vor Verletzungen beim Auf- und Abladen zu schützen, jedoch beliebig abgenommen werden können, ohne das Gefäß zur Benutzung als Gebinde ungeeignet zu machen), sind diese Rollbänder vor der Prüfung zu entfernen und bei Ermittelung des Taragewichts nicht mit zu berücksichtigen.

2. Die Ermittelung des Inhaltes hat durch Anwendung eines Kubicirapparates zu erfolgen.

Es steht jedoch dem Fortgebrauch etwa vorhandener Einrichtungen zur Inhaltsbestimmung der Fässer durch Wassergewicht mit Anwendung von richtigen Wasserwägungstafeln kein Bedenken entgegen, sobald jene Einrichtungen bezüglich ihrer Leistungsfähigkeit von der kgl. Normal-Eichungs-Kommission geprüft und approbirt worden sind. Unter besonderen Umständen, welche der Aufstellung und Anwendung von Kubicirapparaten ungünstig sind, ist ausnahmsweise mit Genehmigung der kgl. Normal-Eichungs-Kommission auch die Einrichtung neuer Wasserwägungs-Apparate und deren Anwendung zur Faßeichung anstatt der Kubicirapparate zuläßig.

Ebenso bleibt gestattet, die Inhaltsbestimmung kleinerer Fässer unter Anwendung von Normalgefäßen mit besonderen Einrichtungen, welche die Ablesung ihrer richtigen Wasserfüllung und die Ueberführung des Wassers in die Fässer erleichtern, in Verbindung mit kleineren kubicirten Maaßgefäßen vorzunehmen, nachdem diese Apparate von der kgl. Normal-Eichungs-Kommission geprüft und genehmigt worden sind.

Die Benützung eines Visirstabs zur Inhaltsbestimmung der Fässer ist untersagt.

3. Faßeich- oder Kubicirapparate gehören unter die Vorrichtungen, die von den Eichanstalten nur dann benutzt werden dürfen, wenn sie von der kgl. Normal-Eichungs-Kommission geprüft und geeignet befunden worden sind.

Für Zulassung derselben gilt als Hauptbedingung, daß der Querschnitt der Wassergefässe, von welchem die bei der Ermittelung der Höhe des Wasserstandes verbleibende Unsicherheit der Volumen-Bestimmung abhängt, nicht so groß werden darf, daß die Innehaltung der für die Prüfung der Fässer vorgeschriebenen Genauigkeit gefährdet wird.

4. Die Kubicirapparate können etwa in folgender Art eingerichtet sein:

Das genau cylindrisch herzustellende Meßgefäß kann aus Gußeisen, Kupferblech, verzinntem Eisenblech, Zinkblech bestehen; der konisch zulaufende Boden wird auf eine sich an denselben dicht anschließende hölzerne Unterlage gestellt; von der Kegelspitze des Bodens geht das Ablaßrohr, welches mit einem Hahne versehen ist.

Zur Seite des Cylinders befindet sich ein gläsernes Rohr, das am tiefsten Punkt der vertikalen Wandfläche durch ein mit Abschlußhahn versehenes Rohr mit ersterem verbunden ist, und zur Beobachtung des in dem Cylinder vorhandenen Wasserstandes dient.

Entweder auf dem Rohre selbst oder unmittelbar neben demselben auf einer Metallskale befindet sich die Theilung, an welcher zwei verschiebbare Zeiger angebracht sind, zur Feststellung des Wasserstandes für den Anfang und das Ende der Beobachtung.

Die Theilung ist nach Liter und Bruchtheilen desselben in einer solchen Art auszuführen, daß von derselben noch Abstände von 1 Millimeter Höhe leicht abgenommen werden können.

Es ist zweckmäßig, einen größeren Wasserbehälter im Eichlokale zu haben, damit das Wasser die Temperatur des Lokals annehmen kann.

5. Es werden in Berücksichtigung des in Nr. 3 Angeführten 3 Größen solcher Kubicirapparate für die verschiedenen Faßgrößen empfohlen, nämlich cylindrische Meßgefäße von

8 Decimeter	4 Decimeter	2 Decimeter

Durchmesser, bei denen durch 1 Millimeter Veränderung in der Höhe des Wasserstandes, ziemlich genau

$^1/_2$ L.	$^1/_8$ L.	$^1/_{32}$ L.

abgemessen wird.

Da nun der Inhalt der Fässer bis auf $^1/_{300}$ des Fassungsraumes angegeben werden soll (vergl. §. 12 der Eichordnung), so wird, sobald die Veränderungen des Wasserstandes im Kubicirapparat mit der Unsicherheit von höchstens 1 Millimeter abgelesen werden können, die Fehlergrenze für einen Faß-Inhalt von

150 L.	37,5 L.	9,4 L.

innegehalten werden, und es eignen sich daher die angegebenen Meßgefäße für Fässer, deren Inhalt größer ist als

160 L.	40 L.	10 L.

Wird die Länge der abzulesenden Theilung bei jedem dieser Meßgefäße zu 1,3 Meter angenommen, so beträgt der größte Faß-Inhalt, welcher durch diese Meßgefäße bei einmaliger Entleerung ausgemessen werden kann, ungefähr

640 L.	160 L.	40 L.

Ob und in welcher Weise ein vorhandener, für das alte Maaß eingerichteter Kubicirapparat auf das neue Maaß umgeändert, und zum Eichen nach dem neuen Maaß verwendet werden kann, bestimmt die kgl. Normal-Eichungs-Kommission.

6. Beim Ausmessen eines Faßes hat man sich zunächst davon zu überzeugen, daß dasselbe der Vorschrift in §. 12 der Eichordnung entspricht und ganz leer ist.

Hierauf ist das Faß durch das Spundloch so zu füllen, daß das Wasser in demselben bis zur Spundöffnung steht, und aus dem Volumen, welches die Skale für die Differenz des Wasserstandes zu Anfang und zu Ende der Beobachtung und unter Berücksichtigung der ein- oder mehrmaligen Entleerung des Meßgefäßes bei großen Fässern angiebt, der Inhalt abzuleiten.

Hierbei ist dafür Sorge zu tragen, daß das Faß angenähert dieselbe Temperatur wie das Wasser hat.

Ferner sind bei der Bestimmung des Inhaltes eines Fasses folgende Regeln zu beachten:

A. Es ist darauf zu sehen, daß sich weder bei der Füllung des Kubicirgefäßes, noch bei der Füllung des Fasses selbst zu große Ansammlungen von Luftblasen innerhalb des vom Wasser anzufüllenden Raumes bilden.

Bei der Kubicirung eines Fasses durch Ueberführung des Wassers aus einem Gefäße von bekanntem Inhalt würden durch die jedesmaligen Ansammlungen von Luftblasen keine erheblichen Fehler entstehen, wenn der Betrag der von Luftblasen eingenommenen Volumina in dem Kubicirgefäße und im Fasse durchschnittlich derselbe wäre. Letzteres ist jedoch in der Regel nicht der Fall, da die Verschiedenheiten der Form und Beschaffenheit der Gefäßwände und die verschiedenen Umstände der Füllung die Ansammlung von Luftblasen wesentlich beeinflussen.

Es ist deshalb bei der Anwendung von Kubicirgefäßen (wie auch bei der Wägung des Füllwassers, bei welcher fast der volle Betrag des von Luftblasen innerhalb des Fasses eingenommenen Raumes die Inhaltsbestimmung verfälscht) nothwendig, daß während jeder Füllung der maaßgebenden und der zu messenden Gefäße eine zu starke Erregung des einfließenden Wassers vermieden, und daß ferner nach jeder Füllung eine erfahrungsmäßig zu bestimmende Zeit zur allmäligen Verminderung der gröberen Luftbeimischungen abgewartet werde.

B. Bei Füllung eines Fasses durch Ueberführung des Wassers aus einem kubicirten Gefäß ist vor der vollständigen Faßfüllung einzuhalten, und die letzte Zuführung des Wassers durch Vermittelung von kleineren kubicirten Gefäßen zu bewirken.

C. Bei der in Nr. 4 beschriebenen Einrichtung der Kubicirapparate ist die Aufmerksamkeit darauf zu richten, daß bei der Ablesung der Wasserstände in dem Glasrohr die Zeiger, welche, damit man keinen von der Stellung des Auges abhängigen Fehler begehe, in Form von Ringen die Glasröhre umfassen müssen, jedesmal auf die tiefste Stelle der in dem Glasrohr sich in deutlicher Krümmung bildenden Wasseroberfläche eingestellt werden.

D. Bei den Ablesungen an der Skale eines Kubicirapparates ist darauf zu achten, daß nicht durch veränderte Stellungen des Auges merkliche Fehler verursacht werden, daß man also das Auge jedesmal möglichst genau in die Ebene derjenigen Zeiger- oder Visirplättchen bringe, mit welchen man bei Einrichtungen dieser Art am zweckmäßigsten abliest.

7. Bei dem Stempeln ist bezüglich der Angabe des Fassungsraumes nach den Vorschriften in §. 12 und 13 der Eichordnung zu verfahren, und wenn die Feststellung des Taragewichts des Fasses verlangt worden ist, so ist dasselbe nach Kilogr. oder Pfund bis auf Zehntheile dieser Größen unter Beisetzung eines K. oder ℔ anzubringen.

Ist das Aufbrennen des Stempels nicht ausführbar (Fässer aus Metall), so hat die Stempelung auf einer aufgelötheten Metallplatte, deren Verbindung mit dem Fasse ebenfalls durch Stempelung zu sichern ist, zu erfolgen.

8. Alle von einer Eichanstalt in einem Jahre geeichten Fässer, welche für den Verkauf von Wein dienen, werden mit fortlaufenden Nummern von 1 anfangend versehen. (S. §. 13 der Eichordnung.)

Für solche Fässer, welche dem Eichzwange nicht unterworfen sind, ist ein eigenes Register anzulegen.

IV. Instruction
für das Eichen der Hohlmaaße zu trockenen Körpern, von Cylinderform.

Ausführungsbestimmungen zu §. 14—21 der Eichordnung.

1. Bei der Voruntersuchung der größeren Spanmaaße ist darauf zu sehen, daß die Verbindung der einzelnen Theile genügend sicher bewirkt ist.

Der Boden darf bei den Maaßen von 2 H. bis 20 L. nicht unter 18, bei den kleineren nicht unter 12 Millimeter stark sein; er muß bis auf $1/3$ seiner Stärke unterhalb bis zur äußern Oberfläche des Spanes hervortreten und auf die oberen $2/3$ seiner Stärke sich an die innere Seite des Spanes dicht anlegen; an letzterer Stelle sind Span und Boden durch Nägel zu verbinden.

Bei den Maaßen von 2 H., 1 H. und $^1/_2$ H. muß der Beschlag aus drei Bandeisenschienen bestehen, welche auf der unteren Seite des Bodens in den Durchmessern eines regelmäßigen Sechsecks liegen, am Rande rechtwinkelig aufgebogen sind, und am Spane bis fast zu dem oberen Rande desselben aufsteigen. Sie sind mit dem Boden und Span durch Nägel verbunden, deren Spitzen im Innern umgeschlagen werden. Die eine dieser Schienen liegt an der Verbindungsstelle des Spanes. Der obere Rand des Spanes erhält eine äußerlich umlaufende Bandeisenschiene, welche mit den Enden der vertikal aufsteigenden Bänder und mit dem Spane ebenfalls durch Nägel zu verbinden ist. Ferner ist oberhalb ein diametral liegender Steg so anzubringen, daß das eine Ende desselben die Verbindungsstelle des Spanes trifft, die breite Seite desselben in der Höhe des Maaßes und seine Oberfläche mit dem Rande des Maaßes in einer Ebene sich befindet, und die umgekröpften Enden mit der Randschiene und dem Span durch Vernietung verbunden sind; von der Mitte des Steges aus geht eine eiserne Stütze nach dem Boden; sie ist mit dem Stege durch einen eingesenkten Nietkopf verbunden, setzt sich auf den Boden mit einem Gestemme auf; ein schwächerer Zapfen dieser Stütze durchdringt den Boden und die drei sich kreuzenden Schienen und ist dann vernietet.

Ist das Maaß mit Henkeln versehen, so muß einer derselben über der Verbindungsstelle des Spanes liegen und es ist deren Befestigung so auszuführen, daß ein Aufreißen des Spanes dadurch nicht befördert wird, was dann erfolgen würde, wenn die Befestigungspunkte denselben Faserverlauf treffen.

Bei den Maaßen von $^1/_4$ H., 20 L. und 10 L. genügt ein Beschlag mit zwei sich am Boden kreuzenden Schienen, die ebenso wie vorher befestigt und mit dem Boden und Span sowie mit einer am obern Rande angebrachten Bandeisenschiene verbunden sind.

2. Die Prüfung des richtigen Durchmessers der Maaße kann unter Benutzung ähnlicher Lehren erfolgen, wie dieselben für Flüssigkeitsmaaße unter Nr. 1 der Instruktion II beschrieben sind.

3. Die Prüfung metallener Hohlmaaße für trockene Körper erfolgt in derselben Art, durch Füllung mit Wasser, wie dieß unter II. für Flüssigkeitsmaaße angegeben worden ist.

4. Zur Prüfung des Inhaltes neuer hölzerner Spanmaaße kann nicht eher geschritten werden, als nachdem dieselben während einiger Tage in einem trockenen und luftigen Raume gestanden haben.

5. Hölzerne Hohlmaaße werden mit Anwendung von Kleesaamen, Repssaamen oder Hirse auf ihre Richtigkeit geprüft. Hierzu sind Füllapparate zu benützen, und zwar für die Maaße von 2 H. bis 1/4 H. ein größeres und für die übrigen Maaße ein kleineres Exemplar.

Ein solcher Füllapparat besteht aus einem Trichter (Gosse) aus genügend starkem Blech, welcher oberhalb cylindrisch, unterhalb konisch geformt ist, und eine vermittelst Drehschieber verschließbare, kreisrunde Abflußöffnung besitzt. Dieser Trichter ruht auf eisernem Traggestell, welches um eine, an fester Mauer gelagerte, vertikale Achse gedreht werden kann. Die Abflußöffnung soll beim größeren Apparate etwa 80 Centimeter Abstand von der Fußbodenfläche, und beim kleineren Apparate etwa 38 Centimeter Abstand von der Oberfläche einer mauerfesten Werkbank haben.

Um für die verschiedenen Maaße die geeigneten Abstände derselben von der Abflußöffnung herzustellen (s. Nr. 7 b) finden hölzerne Unterlagen Anwendung, welche so beschaffen sein müssen, daß ihre Oberfläche eben und deren Lage horizontal ist.

6. Das Verfahren bei Anwendung der beschriebenen Apparate ist folgendes:

Es wird das Gebrauchsnormal, welches dem zu prüfenden Maaße entspricht, reichlich mit Körnern gefüllt, und der Inhalt desselben in den Trichter geschüttet, dessen Abflußöffnung geschlossen ist, hierauf das Gebrauchsnormal fest aufgestellt, der Trichter über die Mitte desselben gewendet und in die später genauer anzugebende Höhe gestellt, und nun der Inhalt durch die Abflußöffnung in dieses Normal gelassen. Der sich bildende Kegel wird, nachdem der Trichter zur Seite gewendet worden ist, mit Benutzung des Streichholzes vorsichtig in den Fassungsraum des Maaßes eingestrichen und der in diesem Falle verbleibende Ueberfluß abgestrichen.

Hierauf wird der Inhalt des Gebrauchsnormales in den Trichter geschüttet, unter denselben das zu prüfende Maaß genau in derselben Art aufgestellt, wie vorher das Gebrauchsnormal, der Inhalt abgelassen, und der Kegel auf dem Maaße vollständig eingestrichen, wobei entweder die genaue Füllung eintritt, oder sich ein abzustreichender Ueberfluß ergiebt, der zur Beurtheilung der Abweichung aufgefangen werden muß oder einzelne nicht ausgefüllte Räume verbleiben, je nachdem das Maaß die richtige Größe hat, oder kleiner oder größer als das Gebrauchsnormal ist (s. Nr. 10).

7. Bei der Ausführung des vorher beschriebenen Verfahrens sind mehrere Vorsichtsmaßregeln zu beobachten, durch deren sorgfältige Befolgung allein übereinstimmende Resultate erzielt werden können.

a. Die gleichmäßige Schichtung der Körner hängt von der Beschaffenheit derselben ab; es treten daher Unterschiede bei den nacheinanderfolgenden Füllungen mit Körnern ein, die längere Zeit gestanden haben; man muß deshalb die zu einer Eichung zu benutzenden Körner erst mehrmals durch den Apparat laufen lassen, bevor man zur wirklichen Eichung schreitet.

b. Die Dichtigkeit, mit welcher sich die Körner übereinander lagern, hängt von der Fallhöhe ab, die sie von ihrer Ruhelage an zu durchlaufen haben, es ist daher durchaus erforderlich, daß der vertikale Abstand zwischen der Ausflußöffnung und dem Boden des Gebrauchsnormales und des zu eichenden Maaßes bei einer Prüfung genau der gleiche sei. Auch muß diese Höhe so bestimmt werden, daß sich die Spitze des Körnerkegels frei, ohne die Ausflußöffnung zu berühren, bilden kann. Als zweckmäßig erweist sich ein Abstand der Kegelspitze von der unteren Fläche des Trichters, bei größeren Maaßen von etwa 25 Millim., bei kleineren von etwa 10—15 Millim.

c. Das Maaß muß bis zu vollständiger Beendigung der Prüfung vor jeder Erschütterung bewahrt bleiben, es dürfen sich daher auf dem Fußboden, auf welchem bei den größeren Apparaten das Maaß aufgestellt wird, weder Erschütterungen von außen her (etwa durch das Fahren der Wagen auf einer gepflasterten Straße) noch im Gebäude selbst durch das Hin- und Hergehen von Personen übertragen.

d. Das Einstreichen des Körnerkegels in das Maaß muß durch horizontales Verschieben, nicht aber durch ein mit dem

Streichholze, namentlich bei schiefer Lage desselben, leicht auszuübendes vertikales Zusammenpressen erfolgen. Das Streichholz ist daher stets mit der unteren Fläche in horizontaler Ebene zu halten, für welche die Randfläche des Maaßes Anhalt giebt, und wobei Erschütterungen des Maaßes zu vermeiden sind; namentlich zuletzt hat das Einstreichen der Körner durch eine Drehung des Streichholzes um die vertikale Mittellinie des Maaßes zu erfolgen.

8. Ist ein Maaß zu prüfen, welches die doppelte Größe des Gebrauchsnormales besitzt, z. B. ein Maaß von 2 H. mit einem Gebrauchsnormal von 1 H., so hat die Entleerung aus dem Gebrauchsnormale zwei mal hintereinander zu erfolgen, ohne daß das zu prüfende Maaß in der Zwischenzeit eine Ortsveränderung erfahren darf. Auch ist hier zu beachten, daß bei der zweimaligen Füllung des Gebrauchsnormales die mittlere Fallhöhe der Körner derjenigen bei der Füllung des zu prüfenden Maaßes gleich sein soll. Es muß demnach das Gebrauchsnormal entsprechend höher aufgestellt sein, als das zu prüfende größere Maaß.

9. Die Streichhölzer sind aus hartem Holze mit einer ebenen Grundfläche von 25 bis 8 Millimeter Breite zu fertigen; die Länge derselben muß den Durchmesser des größten Maaßes, für welches sie bestimmt sind, etwas übertreffen; es empfiehlt sich daher eine Länge von

80	Centimeter	für	2 H.
65	„	„	1 H. und $1/2$ H.
40	„	„	25 L. bis 10 L.
25	„	„	5 L. und 2 L.
15	„	„	kleinere.

Bei der Prüfung der Streichhölzer ist der vollständig ebene Verlauf der unteren Fläche theils durch unmittelbares Darüberhinsehen, theils durch Anlegung eines eisernen Lineals zu untersuchen.

10. Zur Beurtheilung der Fehler der Hohlmaaße, welche sich in ähnlicher Weise, wie in der Instruktion II Nr. 5—8 angegeben, als aufgefangene Ueberschüsse der Füllungen oder als erforderliche Nachfüllungen herausstellen, dienen entweder Fehlergläschen, von denen je eines für ein bestimmtes Maaß gilt und mit dessen Bezeichnung versehen ist,

oder *Cylinder*, mit einer Theilung für die Fehlergrößen mehrerer Maaße,

oder *Büretten*, nach der in Nr. 8 der Instruktion II angegebenen Einrichtung.

11. *Fehlergläschen* können für die größten Maaße besonders hergestellt werden, oder man kann an deren Stelle auch die kleineren Hohlmaaße anwenden.

Es wird nämlich der bei der Eichung zulässige Fehler für *metallene* Maaße angegeben

bei	dem	Maaße	von	2 H.	durch	die Maaßgröße	von	0,4	L.
"	"	"	"	1 "	"	das Maaß	"	0,2	"
"	"	"	"	1/2 "	"	" "	"	0,1	"
"	"	"	"	1/4 "	"	" "	"	0,05	"
"	"	"	"	20 L.	"	" "	"	0,05	"

und für *hölzerne* Maaße

bei	dem	Maaße	von	2 H.	durch	die Maaßgröße	von	0,8	L.
"	"	"	"	1 "	"	das Maaß	"	0,4	"
"	"	"	"	1/2 "	"	" "	"	0,2	"
"	"	"	"	1/4 "	"	" "	"	0,1	"
"	"	"	"	20 L.	"	" "	"	0,1	"

Der im Verkehre nachgelassene Fehler beträgt in beiden Fällen das Doppelte der hier angegebenen Größe.

Es werden sich daher auch die Maaße von 0,5 L. bis 0,05 L. dazu anwenden lassen, um mit einmaliger oder bezüglich mehrmaliger Füllung bei einem mit Körnerfüllung geprüften Maaße von 2 H. bis 20 L., welches zu groß befunden wurde, die abgestrichene Körnermenge auszumessen, oder bei einem zu klein befundenen Maaße durch Nachfüllung von Körnern aus dem kleineren Maße zu bestimmen, ob der vorhandene leere Raum damit vollständig ausgefüllt wird.

12. Zweckmäßiger werden zur Fehlerbestimmung *gläserne Cylinder* Anwendung finden, von denen *einer* für die beim Eichen zulässigen größten Fehler der größeren hölzernen Hohlmaaße bestimmt ist, indem er für die einzelnen Fehler-Volumina Marken enthält.

Diese Fehler betragen

bei	2 H.	800	Kubikcentimeter
"	1 "	400	"
"	1/2 "	200	"

bei	1/4 H.	100	Kubikcentimeter
„	20 L.	100	„
„	10 „	50	„
„	5 „	25	„

Ein zweiter Cylinder enthält die Marken für die beim Eichen noch zulässigen Fehler der kleineren hölzernen Hohlmaaße.

Diese Fehler betragen

bei	2 L.	10	Kubikcentimeter
„	1 „	5	„
„	1/2 „	5	„
„	1/4 „	2,5	„
„	1/8 „	2,5	„
„	1/16 „	1,25	„
„	0,2 „	2	„
„	0,1 „	2	„

Zur Ermittelung des im Verkehre noch zulässigen Fehlers, welcher die doppelte Größe des vorher angegebenen hat, können dieselben Cylinder unter Berücksichtigung dieses Umstandes Anwendung finden.

Zur Beurtheilung der Fehler bei metallenen Hohlmaaßen, deren Prüfung durch Wasser erfolgt, finden Büretten ebenso Anwendung, wie dieß unter Nr. 8 der Instruktion II für Flüssigkeitsmaaße angegeben ist.

Die daselbst angeführten Büretten für die bei der Eichung und für die im Verkehr zulässigen Fehler an Maaßen von 10 L. bis 0,02 L. sind unmittelbar auch hier anwendbar, da die Fehlerbestimmungen für metallene Hohlmaaße zu Flüssigkeiten und trocknen Körpern gleich sind; nur ist zu bemerken, daß die beiden kleinsten Flüssigkeitsmaaße hier nicht vorkommen.

13. Bei den metallenen Maaßen von

2 H.	beträgt der zulässige Eichungsfehler	400 Kubikcentim.
1 H.	„ „ „ „	200 „
1/2 H.	„ „ „ „	100 „
1/4 H.	„ „ „ „	50 „
20 L,	„ „ „ „	50 „

es lassen sich also entweder die Maaße von 0,2 L., 0,1 L. und 0,05 L. zur Beurtheilung des Fehlers benutzen oder man kann eine diese drei Maaßgrößen enthaltende Bürette oder auch einen für diese Volumina eingerichteten Glascylinder derselben Art herstellen, wie unter Nr. 12 beschrieben wurde.

Wegen Beurtheilung des im Verkehr noch zulässigen Fehlers ist auf die Schlußbemerkung in Nr. 12 zu verweisen.

14. Bezüglich der Prüfung metallener Hohlmaaße zu trockenen Körpern durch Wasserwägung ist auf das zu verweisen, was über diesen Gegenstand in der Instruktion II Nr. 10 angeführt worden ist.

15. Die Prüfung der Gebrauchsnormale auf ihre Richtigkeit, welche von den Eichanstalten durch Vergleichung mit den Kontrol-Normalen vorzunehmen ist, erfolgt durch Wasserfüllung unter Anwendung von Glasplatten nach dem in der Instruktion II unter Nr. 6 beschriebenen Verfahren.

16. In Betreff der Berichtigungsarbeiten gilt für metallene Hohlmaaße die Bemerkung in Nr. 12 der Instruktion II; bei hölzernen Hohlmaaßen werden solche Arbeiten nur von den Eichanstalten vorgenommen werden können, welche mit den erforderlichen Einrichtungen zum Abhobeln des Randes versehen sind.

17. Bei dem Stempeln der Maaße sind die in §. 15 und 21 der Eichordnung enthaltenen Vorschriften zu befolgen; es wird hierbei darauf hingewiesen, daß nach §. 15 der Eichordnung den Eichanstalten auch die Bezeichnung der hölzernen Maaße in den Fällen vorbehalten ist, wo dieselbe noch nicht stattgefunden hat.

Das Stempeln der Streichhölzer erfolgt, sofern es gewünscht wird, wie das Stempeln der hölzernen Längenmaaße, und zwar an den beiden Enden der unteren ebenen Arbeitsfläche.

Zur erstmaligen Stempelung der hölzernen Maaße sind, soweit es der vorhandene Raum gestattet, Brennstempel zu benützen, im Uebrigen findet der größte erhaben geschnittene Stempel Anwendung, welcher mit Farbe aufzuschlagen ist.

Bei der periodischen Verification der Maaße aus Blech ist nur eine der am oberen Rande befindlichen Zinnwarzen mit dem die Jahreszahl enthaltenden Stempel zu versehen. Die hölzernen Maaße erhalten die weiteren Jahreszahlstempel nur auf der äußeren Wandfläche, und zwar von 10 L. aufwärts durch Einbrennen, die kleineren Maaße durch Aufschlagen des größten erhaben geschnittenen Stempels mit Farbe, wobei in beiden Fällen eine geordnete Reihenfolge zu beobachten ist.

V. Instruktion

für das Eichen der Hohlmaaße für Brennmaterialien, sowie für Kalk und andere Mineralprodukte, von Kastenform ꝛc.

Ausführungsbestimmungen zu §. 22—31 der Eichordnung.

1. Die Prüfung der im §. 22 der Eichordnung unter A und B aufgeführten Kasten- und Rahmen-Maaße bezüglich ihrer Richtigkeit hat in allen Fällen durch Berechnung nach den abgemessenen drei Dimensionen zu geschehen. Beim Messen einer solchen Dimension, z. B. der Länge, an verschiedenen Stellen des Maaßes werden sich fast stets Unterschiede zeigen. Ein auf Millimeter abzurundender Mittelwerth ist aus der gefundenen größten und kleinsten Abmessung abzuleiten.

Nach Bestimmung des §. 30 der Eichordnung beträgt der größte zuzulassende Fehler 1 Procent des Soll-Inhaltes, das ist:

für das Maaß von	½ H	½ L.	=	500 Kubikcent.
„ „ „ „	1 „	1 „	=	1000 „
„ „ „ „	½ Kub. Meter	5 „	=	5000 „
„ „ „ „	1 „ „	10 „	=	10000 „

Die durch Rechnung nach Kubikcentimetern gefundenen Inhalte dürfen demnach höchstens um die angegebenen Beträge von den den Maaßbezeichnungen entsprechenden Inhalten im Zuviel oder im Zuwenig abweichen.

2. Das vorstehend erörterte Verfahren findet auch auf Förder-, Lösch- und Lade-Gefäße, welche als Maaßgefäße dienen, Anwendung, wenn deren Wandungen ebene und rechtwinklich viereckige Form haben.

3. Bergkübel von länglichrunder Querschnittsform, ferner Lösch- und Ladegefäße von Cylinder- oder Tonnengestalt (§. 26 und 29 der Eichordnung) sind in gleicher Weise zu prüfen wie die Hohlmaaße von cylindrischer Form zu trockenen Körpern.

Das Verfahren der Inhaltsbestimmung durch trockene Füllung (mit Saamen, wozu hier auch Erbsen verwendbar sind) ist jedoch bei Anwendung eines Eichnormales von 1 H. und des zugehörigen Füllapparates nur bis zum Inhalt von 2 H. statthaft, — während anderseits die Inhaltsbestimmung durch Wasserfüllung nur vermittelst eines approbirten Kubicirapparates oder einer dergleichen Decimalwaage von hinlänglicher Tragfähigkeit bewerkstelligt werden darf.

4. Bei der Prüfung der Kummtmaaße ist nicht ein Mittelwerth aus den etwa abweichenden gleichartigen Dimensionen (z. B. den an vier Kanten zu messenden Längen, welche 2 Meter betragen sollen), zu bestimmen, sondern vielmehr festzustellen, daß keine der vorhandenen Abmessungen einen größeren Unterschied als 1 Procent von der Vorschrift (§. 27 d. Eichord.) ergiebt. (Im obigen Falle dürfte der größte Fehler 2 Centimeter betragen).

5. Bei der periodischen Verification erhalten die Kasten- und Rahmen-Maaße aus Eisen und die eisernen Förder-, Lösch- und Ladegefäße die Stempelung nur auf einer der am oberen Rande befindlichen Zinnwarzen. Für Maaße, welche der Verunreinigung ausgesetzt sind, ist stets der größte Jahreszahlstempel zu benützen.

Hölzerne Maaße erhalten die Stempelung durch Aufbrennen, im Wesentlichen in gleicher Weise wie die größeren cylindrischen Hohlmaaße. Bei den Kasten-, Rahmen- und Kummt-Maaßen sind die vier Wandungen auf dem oberen Rande und bei den Verbindungen derselben unter sich und beziehungsweise mit dem Boden zu stempeln.

Bei der periodischen Verification genügt in der Regel ein Jahreszahlstempel auf einer der Seitenwandungen. Diese Stempel sind in geordneter Reihenfolge aufzubrennen. Die übrigen Stempel bedürfen nur dann der Erneuerung, wenn sie undeutlich geworden oder durch Reparaturen beseitigt worden sind.

Bei den Kummtmaaßen mit Auffatzbrettern ist für jedes einzelne Stück der letzteren der Jahreszahlstempel erforderlich.

VI. Instruction

für das Eichen der Meßrahmen für Brennholz.

Ausführungsbestimmungen zu §. 32—37 der Eichordnung.

1. Die Prüfung eines Meßrahmens auf seine Richtigkeit erfolgt durch Anlegen eines Maaßstabes, welcher mindestens die Länge der größten vorkommenden Abmessung haben soll.

2. Hölzerne Meßrahmen erhalten die vorgeschriebenen Stempelungen (§. 37 d. Eichord.) durch Aufbrennen.

Bei einem eisernen Meßrahmen, dessen Stäbe untrennbar fest verbunden sind, genügt eine einzige Stempelung. Zu deren Anbringung ist einer der Stäbe an passender, beim Gebrauche des Maaßes sichtbarer Stelle mit einer, sich nach Innen etwas erweiternden, runden und mit Blei auszufüllenden Höhlung von 11 Millimeter Durchmesser zu versehen.

Bei der periodischen Verification erfordert jeder Theil eines Meßrahmens, welcher mit den übrigen Theilen desselben nicht in unwandelbar fester Verbindung steht, der besonderen Stempelung mit dem Jahresstempel.

Aus vier Stäben bestehende zerlegbare Meßrahmen, welche bei solider Herstellung und entsprechender Konstruction der Verbindungen ebenfalls zulässig sind, bedürfen sonach der Stempelung jedes Stabes, wozu, wenn die Stäbe aus Eisen bestehen, die vorstehend beschriebene Einrichtung an jedem derselben anzubringen ist.

VII. Instruktion

für das Eichen der Gewichte.

Ausführungsbestimmungen zu §. 38—46 und 67 der Eichordnung.

1. Unzulässig sind eiserne Gewichte mit einem solchen Ueberzuge, der dem Abstoßen ausgesetzt ist.

2. Bei der Prüfung eines Gewichtsstückes, welches nicht schon bei der Voruntersuchung als unzulässig erschien, ist in der in Abschnitt I. unter Nr. 3 angegebenen Art zu verfahren, und dabei das zu dem Gewichtsstück nach Größe und Art (ob Präcisions- oder Handelsgewicht) gehörende Normal zu benutzen. Eine Anwendung der Gebrauchsnormale für Präcisionsgewichte zur Prüfung von Handelsgewichten erscheint deshalb als unzulässig, weil diese Normale dann der Gefahr einer schnelleren Veränderung ausgesetzt werden.

3. Für den Fall, daß sich eine Uebereinstimmung in der Schwere des zu prüfenden Gewichtsstücks mit dem Normal nicht zeigt, ist zu der Ermittelung, wie sich die Größe der vorhandenen Abweichung zu der nach §. 44 der Eichordnung beim Eichen noch zulässigen verhält, das zu dieser Gewichtsgröße gehörende Fehlergewicht zu benutzen. Wird dasselbe auf der Seite hinzugefügt, wo die mindere Schwere sich zeigt, so ergiebt das Spiel der Waage deutlich ob die Abweichung größer als der zulässige Fehler, demselben gleich oder geringer als derselbe ist.

4. Beim Eichen neuer Gewichtsstücke aus Gußeisen mit Justirhöhlung wird zuerst das Gebrauchsnormal genau tarirt (Erster Abschnitt der Instruktionen Nr. 3.), und danach an Stelle des Normals das Gewichtsstück nebst zugehörigem Eichpfropf auf die Waagschale gebracht, und dessen richtige Schwere durch Zulegen oder Wegnehmen von Füllmaterial (Blei- Zinn- oder Eisenschrot), sofern dies erforderlich ist, hergestellt.

Hierauf wird der Pfropf in das Justirloch gesetzt und anfänglich mit leichten Hammerschlägen, dann aber mit Hülfe eines Aufsetzers so fest eingetrieben, daß er ohne gänzliche Zerstörung nicht herausgenommen werden kann.

Endlich wird das Gewichtsstück nochmals auf die Waagschale gebracht, der etwa verbliebene Ueberschuß an Schwere vom Kopfe des Pfropfes abgenommen und letzterer mit dem Stempel (vergl. §. 45 der Eichordnung) ein- oder mehrmal so gestempelt, daß jeder Versuch zum Ausheben des Pfropfes eine Zerstörung der Stempelzeichen zur Folge haben muß.

5. Beim Eichen neuer Gewichtsstücke aus Gußeisen in Scheibenform ohne Justirhöhlung, ist ein etwaiger Ueberschuß an Schwere durch möglichst gleichmäßiges Befeilen der Bodenfläche zu beseitigen; zu leichte Gewichtsstücke, die nicht durch den Eichpfropf zu berichtigen sind, werden zurückgewiesen.

6. Beim Eichen solcher neuer Gewichtsstücke aus Messing, Bronze u. dgl., welche eine Justirhöhlung nicht besitzen, erfolgt die Vergleichung nach den Vorschriften unter 4 und 5.

Berichtigungen an zu schwer befundenen Gewichtsstücken dieser Art sind durch Befeilen der Bodenfläche oder bei plattenförmigen eines Randes mit Erhaltung des ebenen Verlaufs der Flächen und unter Vermeidung grober Feilstriche zu bewirken.

Zu leicht befundene Gewichtsstücke dieser Art sind in der Regel zurückzugeben. Nur in geeigneten Fällen kann eine Berichtigung durch Anbohren, Einbringen eines spezifisch schwereren Metalles und Verschluß der Oeffnung durch einen mit der Oberfläche auszugleichenden Pfropf erfolgen, der mit dem berichtigten Stücke aus gleichem Metall besteht.

7. Einsatzgewichte, bei denen ein Stück nicht berichtigungsfähig erscheint, sind vollständig zurückzugeben.

Bei Bestimmung der Eichgebühren ist jedes einzelne Stück der Einsatzgewichte, wie jedes andere Gewichtsstück derselben Größe, in Ansatz zu bringen, da eine Verringerung der einzelnen Arbeit mit der Vermehrung der Zahl der Stücke beim Eichen von Einsatzgewichtsstücken nicht eintritt.

Bei Zurückweisung von Einsatzgewichten in Folge ungenügenden Befundes einzelner Stücke sind die Prüfungsgebühren nur für die wirklich geprüften Stücke in Ansatz zu bringen.

8. Die Stempelung erfolgt nach den in §. 45 der Eichordnung gegebenen Vorschriften.

9. Bei der Prüfung eines bereits im Gebrauche befindlichen Gewichtsstückes dient zur Ermittelung des Umstandes, ob bereits eine Ueberschreitung des im Verkehr noch zulässigen Fehlers vorhanden ist, die Anwendung des doppelten Fehlergewichtes in derselben Art, wie dieß bezüglich der Ermittelung des beim Eichen noch zulässigen Fehlers unter Nr. 5 angegeben ist.

10. Bei der Vergleichung der Gebrauchsnormale mit den Kontrolnormalen, die den Eichanstalten zur Pflicht gemacht ist, sind die Kontrolnormale mit der größten Schonung zu behandeln, namentlich nicht mit bloßer Hand,

sondern mit den dazu bestimmten Gabeln oder Pincetten oder durch Vermittlung eines weichen Tuches anzufassen.

Die Abweichung von dem Controlnormal darf höchstens betragen:

für das Gebrauchsnormal von:		für Präcisionsgewicht.	für Handelsgewicht.
50 K.		1 G.	2 G.
	50 ℔	8 D.	16 D.
20 „		8 „	16 „
10 „		5 „	10 „
5 „		25 C.	5 „
2 „		12 „	24 C.
1 „		8 „	16 „
500 G.		5 „	10 „
	$^1/_2$ ℔	25 M.	5 „
200 G.		20 „	4 „
100 „		12 „	24 M.
50 „		10 „	20 „
20 „		6 „	12 „
10 „		4 „	8 „
5 „		2,4 M.	
2 „		1,2 „	
1 „		0,8 „	

In den Fällen, wo die Waagen der Eichanstalten (wie dies bei Präcisionsgewichten möglich ist) es als unsicher erscheinen lassen, ob die Gebrauchsnormale noch die erforderliche Richtigkeit besitzen, haben die Eichanstalten sofort die betreffenden Gebrauchsnormale der kgl. Normal-Eichungs-Kommission einzusenden.

11. Die in §. 67 der Eichordnung erwähnten bisher im Verkehr gewesenen Gewichtsstücke, deren Größe und Größenbezeichnung nach den Vorschriften der neuen Maaß- und Gewichtsordnung zulässig sind, und die den Verificationsstempel bereits besitzen, dürfen ferner noch, wenn sie auch den Bestimmungen in §. 38, 39, 41 und 42 der Eichordnung nicht genau entsprechen, zur periodischen Verification zugelassen werden.

In §. 68 der Eichordnung wird aber der kgl. Normal-Eichungs-Kommission vorbehalten, diejenigen Gewichtsstücke der älteren jetzt gebräuchlichen Systeme zu bezeichnen, welche nach dem 1. Januar 1872 im öffentlichen Verkehr nicht mehr zugelassen werden dürfen.

Die Eichanstalten haben daher Fürsorge anzuwenden, daß von ihnen nicht etwa Gewichtsstücke auf Grund von §. 67 der Eichordnung mit dem Eichungsstempel beglaubigt werden, welche von der kgl. Normal-Eichungs-Kommission als fernerhin für den Verkehr nicht geeignet bezeichnet wurden, und etwaige Zweifelsfälle in den vorgeschriebenen Formen zur Entscheidung zu bringen.

12. Für den amtlichen Gebrauch der Postbehörden sind ausnahmsweise 15 G.- und 40 G.-Stücke als zulässig und stempelfähig erklärt worden.

Um den Uebergang dieser Gewichtsstücke in den öffentlichen Verkehr zu verhüten, ist bestimmt:

1) daß dieselben nur von der kgl. Normal-Eichungs-Kommission ausgegeben werden dürfen,

2) daß sie in Form eines vielseitigen Prisma mit etwas abgeschliffenen Kanten und Ecken, mit einem Knopf in der Mitte, aus Messing anzufertigen und als Postgewichte zu bezeichnen sind.

Die Eichanstalten haben daher, wenn ihnen von den Postbehörden derartige Gewichtsstücke zur Prüfung übergeben werden, dieselben als zulässig zu erachten und wie andere Gewichtsstücke zu behandeln.

Der bei dem

15 G.-Stücke	40 G.-Stücke

zulässige größte Fehler beim Eichen ist auf

15 Milligr.	25 Milligr.,

der im Verkehr zulässige größte Fehler auf das Doppelte dieser Größen bestimmt worden.

VIII. Instruktion

für das Eichen der Waagen.

Ausführungsbestimmungen zu den §§. 47—56 und 69 der Eichordnung.

Einleitung.

1. Zur Eichung nicht zuzulassende Waagen. Die Eichordnung enthält im §. 48 und 53 Bestimmungen über diejenigen Eigenschaften einer Waage, welche dieselbe von vornherein zur Eichung unzulässig machen.

Vor Beginn der Eichungsarbeit hat man sich daher zu überzeugen, daß die zur Eichung eingelieferte Waage solche Eigenschaften, welche ihre sofortige Zurückweisung zur Folge haben würden, nicht besitzt.

Die Waage muß zunächst einem der Konstruktionssysteme zugehören, welche im §. 48 der Eichordnung oder durch sonstige Erlasse der kgl. Normal-Eichungs-Kommission zugelassen sind.

Von Waagen solcher Systeme sind aber diejenigen zurückzuweisen, welche eine der im §. 53 der Eichordnung angegebenen Eigenschaften besitzen.

Waagen, welche die dort genannten fehlerhaften Eigenschaften nicht besitzen, sind zur eichamtlichen Prüfung zuzulassen und müssen alsdann, um gestempelt werden zu können, den besonderen Bedingungen genügen, welche für die verschiedenen Konstruktionssysteme vorgeschrieben sind.

1. Gleicharmige Balkenwaagen.

(zu §. 49 der Eichordnung).

Allgemeine Konstruktion.

2. Die gleicharmige Balkenwaage besteht aus einem gleicharmigen Hebel, dem Waagebalken, welcher mittelst der in seiner Mitte unwandelbar befestigten harten Schneide, Mittelachse, Mittelschneide, entweder in harten Pfannen, die in einer Aufhängungsvorrichtung — der Scheere — enthalten sind, oder, wie dieß bei feineren Waagen der Fall zu sein pflegt, auf horizontalen, an einer vertikal stehenden Säule befestigten Unterlagsplatten ruht.

Um die horizontale Lage des Waagebalkens, welche die Gleichheit des Gewichtes und Gegengewichtes angeben soll, zu erkennen, ist ein Zeiger — die Zunge — in der Mitte des Waagebalkens angebracht, welcher bei horizontaler Lage des Balkens vertikal nach oben oder unten gerichtet ist, und dessen genau vertikale Richtung an einer entweder in der Scheere oder an der Säule angebrachten Marke erkannt werden kann.

An beiden Enden des Waagebalkens, genau in gleichen Entfernungen von der Mittelachse, befinden sich ebenfalls harte Schneiden — Endachsen, Endschneiden —, die mit ihren nach oben gekehrten Schärfen zum Aufhängen der Waageschaalen bestimmt sind.

Das Aufhängen der Schalen wird durch die Gehänge vermittelt, die durch ihre Pfannen von den Endschneiden getragen werden und unterhalb mit Haken versehen sind, welche die Waageschalen mit den zu ihrer Aufhängung dienenden Ketten oder Schnüren aufnehmen.

Sind die Gehänge so eingerichtet, daß sie von den Endschneiden nicht leicht abgehoben werden können, so werden sie bei der Prüfung als zugehörige Theile des Waagebalkens betrachtet.

Konstruktionserfordernisse der Waage.

3. a. Festigkeit. Die Waage muß zunächst die nöthige Festigkeit besitzen, um in allen ihren Theilen dem Drucke bei der Wägung bis zu der höchsten für die Waage bestimmten Belastung (Tragfähigkeit) vollständigen Widerstand zu leisten.

Dies wird im Allgemeinen dadurch festgestellt, daß, wenn man die Waage bis zur Grenze ihrer Tragfähigkeit belastet, keine mit bloßem Auge erkennbare Formveränderung eintreten darf.

Ob nicht in solchem Falle dennoch eine Formveränderung eintritt, welche die Waage unbrauchbar macht, ergiebt die später anzuführende Prüfung der Empfindlichkeit.

4. b. Stabilität. Die Waage muß sich bis zur Grenze ihrer Tragfähigkeit von der erforderlichen Stabilität erweisen, d. h. sie muß bei einer nicht zu großen Ungleichheit der Belastung auf beiden Seiten eine schiefe Gleichgewichtsstellung einnehmen (einen mehr oder weniger großen Ausschlagswinkel, Ausschlag zeigen), darf aber nicht umschlagen.

Dieß hängt von der gegenseitigen Lage zweier Punkte ab, des Drehungspunktes, welcher unveränderlich in der Mittelschneide liegt, und des Schwerpunktes der Waage, welcher je nach der Größe der Belastung seine Lage verändert.

Die Stabilität der gleicharmigen Waage ist im Allgemeinen um so größer, je höher bei horizontalem Waagebalken die Mittelschneide über den Endschneiden liegt, und je größer die Belastung wird.

Mit der Zunahme der Stabilität nimmt aber die Empfindlichkeit der Waage ab; es muß daher geprüft werden, ob die Waage bei größter Empfindlichkeit, d. h. unbelastet, noch stabil genug und bei größter Stabilität, d. h. bis zur Grenze der Tragfähigkeit belastet, noch empfindlich genug ist.

5. c. Richtigkeit. Zur Richtigkeit einer gleicharmigen Waage gehört außer den nachher aufzuzählenden Eigenschaften der einzelnen Theile vor allen Dingen die möglichst vollständige Uebereinstimmung der Gestalt beider durch die Mittelebene der Zunge getrennten Hälften der Waage und die möglichst gleiche Länge der Abstände von jeder Endschneide zur Mittelschneide: die Waage soll symmetrisch und soll gleicharmig sein.

Die Symmetrie kann als genügend angesehen werden, wenn durch das bloße Auge eine Verschiedenheit der Gestalt beider Arme nicht erkannt werden kann, und wenn der Abstand der Spitze der Zunge bis zu jeder der beiden Endschneiden gleich groß ist.

Die Gleicharmigkeit wird zwar vorläufig auch durch Abmessung der Entfernungen zwischen jeder Endschneide und der Mittelschneide bestimmt, wodurch gröbere Abweichungen gefunden werden können, welche die Waage alsdann unzulässig machen. Die genaue Prüfung der Gleicharmigkeit ergiebt sich aber erst mittelst des später angegebenen Verfahrens.

6. d. Tragfähigkeit und Empfindlichkeit. Da die Waagen zur Abwägung sehr verschiedener Lasten gebraucht werden, und hiernach einerseits die Stärke in der Konstruktion der Theile, andererseits die Grenze, bis zu welcher eine bestimmte Genauigkeit in der Wägung erreichbar sein soll, sich richtet, so ist vorgeschrieben (§. 49 der Eichordnung), daß die Waagen auf ihre Tragfähigkeit, d. h. auf ihre Brauchbarkeit innerhalb der Grenzen der Belastung, für welche sie

bestimmt sind, geprüft werden sollen, und daß die Tragfähigkeit und zwar die größte einseitige Belastung (siehe Nr. 9) auf dem Waagebalken angegeben sein muß.

Wegen der großen Verschiedenheit der Waagebalken läßt sich eine allgemeine und einfache Regel nicht angeben, um aus dem Materiale und den Dimensionen derselben auf ihre Tragfähigkeit zu schließen. Es wird daher die Tragfähigkeit durch den Versuch bestimmt, welcher erstlich zeigen muß, daß der Waagebalken bei der stärksten Belastung, für welche er gebraucht werden soll, seine Form nicht verändert; zweitens muß der Versuch darauf gerichtet sein, festzustellen, daß die Waage bei allen Belastungen, für welche sie bestimmt ist auch die genügende Genauigkeit der Wägung gestattet (empfindlich genug ist, Empfindlichkeit besitzt), weil im Allgemeinen mit der Größe der Belastung die Empfindlichkeit der Waage abnimmt, mithin eine Waage für eine geringere Tragfähigkeit brauchbar, für eine größere unbrauchbar sein könnte.

Konstruktionserfordernisse für die einzelnen Theile der Waage.

7. a. Der Waagebalken. Der Waagebalken muß außer den schon erwähnten Eigenschaften der Festigkeit, Stabilität und Gleicharmigkeit, deren genaue Prüfung später angegeben ist, noch ein völlig freies Spiel in einer vertikalen Ebene haben und weder selbst, noch mit seiner Zunge seitwärts anstreifen.

b. Die Schneiden und Pfannen. Die Schneiden der Achsen müssen geradlinig sein, und ihre beiden Flächen einen um so kleineren Winkel mit einander bilden, je kleiner die größte Belastung der Waage ist.

Die Endschneiden müssen mit den Enden des Balkens so verbunden sein, daß sie unter sich und mit der Mittelschneide parallel sind.

Bei Aufhängung des Balkens und der Schalen in Punkten, wie dies namentlich bei feineren Waagen vorkommt, sollen die drei Aufhängungspunkte in derselben geraden Linie liegen.

Die gleiche Entfernung der Endschneiden von der Mittelschneide ist schon erwähnt unter Nr. 5.

Sämmtliche Unterstützungslager (Pfannen) für die Schneiden, dürfen nicht zu geringe Länge haben, sie müssen von angemessenem Krümmungshalbmesser und in der Berührungslinie der Schneiden möglichst glatt gearbeitet sein.

Die Pfannen und Schneiden müssen ohne alle Klemmung und seitliche Reibung frei spielen, und die Pfannen dürfen nur mit den äußersten Schärfen der Schneiden in Berührung kommen können.

Die Schneiden sowohl, wie die Unterstützungslager oder Auflagerungsflächen (Pfannen, Gehänge), kurz alle diejenigen Theile, welche bei den Schwingungen der Waage Drehungsachsen bilden (§. 47 der Eichordnung), müssen von genügender Härte sein, um gegen zu schnelle Abnutzung Sicherheit zu gewähren.

c. Die Schalen. Die zu einer Waage gehörenden Waageschalen, die übrigens nicht stempelfähig sind, sollen nebst den zu ihrer Aufhängung dienenden Ketten, Schnüren oder Stangen ohne loses Ausgleichungsmittel (Draht, Bleistücke u. s. f.) gleiches Gewicht haben.

Verfahren bei der eichamtlichen Prüfung.

8. Die in der vorigen Nummer aufgeführten Bedingungen für die Brauchbarkeit einer Waage werden bei der eichamtlichen Prüfung durch das folgende Verfahren ermittelt, welches a) die gute Konstruktion der Waage im Allgemeinen, b) die Empfindlichkeit, c) die Richtigkeit der Waage erkennen läßt.

a) Prüfung im Allgemeinen. Nachdem zuerst festgestellt ist, daß die Waage keinen der Fehler besitzt, welche (§. 47 und 53 der Eichordnung) die sofortige Zurückweisung derselben zur Folge haben, daß namentlich Pfannen und Schneiden genügend hart sind, wird zur Untersuchung der Festigkeit, Stabilität und der guten Ausführung der einzelnen Theile der Waage geschritten.

Man überzeugt sich zuerst durch Spannen eines feinen Fadens über die Endschneiden von der Lage der Mittelschneide zu diesem Faden. Hierauf bringt man auf die Waage die größte Belastung, welche für dieselbe angegeben ist, und untersucht mit dem Faden, ob eine Durchbiegung stattgefunden hat. Ist dieß nicht der Fall, so ist die genügende Festigkeit konstatirt, und man geht zur folgenden Prüfung über. Ergiebt sich aber eine merkliche Durchbiegung, so ist die Waage zurückzuweisen.

Zur Prüfung der Stabilität entfernt man die Schalen von der Waage und setzt den Waagebalken durch einen leichten Stoß in Schwingung. Die Dauer der Schwingungen (das Spiel der Waage) bestimmt den Grad der Stabilität. Je langsamer die Schwingungen sind (je größer die Trägheit der Waage ist), um so weniger Stabilität besitzt dieselbe. Kehrt der unbelastete Balken immer wieder in seine Gleichgewichtslage, wenn auch mit langsamen Schwingungen, zurück, so ist die Waage genügend stabil, und man geht zur folgenden Prüfung über. Schlägt aber der Balken um, so ist die Waage zurückzuweisen, wenn nicht durch Nachschleifen der Mittelschneide, wodurch deren Schärfe etwas höher gerückt wird, der Fehler beseitigt werden kann.

Hat sich die Waage als hinreichend fest und stabil erwiesen, so wird zur vorläufigen Prüfung ihrer Symmetrie und Gleicharmigkeit geschritten (Nr. 5), indem man nach dem Augenschein beurtheilt, ob der Waagebalken in seinen beiden Hälften gleichmäßig gearbeitet ist, und durch den Zirkel bestimmt, ob die Zungenspitze und die Mittelschneide von beiden Endschneiden gleich weit entfernt sind. Eine schon durch dies Verfahren ersichtliche Ungleichheit dieser Entfernungen hat die Zurückweisung der Waage zur Folge. Im entgegengesetzten Falle wird zur Prüfung der guten Ausführung der einzelnen Theile geschritten.

Man versetzt den mit seinen Schalen versehenen Waagebalken in Schwingungen und überzeugt sich, daß diese Bewegung ohne seitliche Reibung erfolgt, ebenso, daß die Schneiden und Pfannen ohne Klemmung und Reibung frei spielen.

9. b. Prüfung der Empfindlichkeit und Tragfähigkeit. Da die Empfindlichkeit einer Waage im Allgemeinen mit steigender Belastung abnimmt, so ist zunächst nachzuweisen, daß die Waage noch bei der höchsten Belastung, für welche sie angewendet werden soll, hinreichend empfindlich ist, man kann also die Prüfung der Empfindlichkeit und der Tragfähigkeit mit einander verbinden.

Hierzu setzt man auf die eine Waagschale so viel Gewicht, als die auf dem Waagebalken bezeichnete Tragfähigkeit angiebt, und bringt die Waage durch Gegengewichte in das Gleichgewicht. Hierauf legt man in die eine Schale dasjenige Gewicht, durch welches, je nach der Bestimmung der Waage, die Grenze ihrer Zulässigkeit vorschriftsmäßig bestimmt ist (§. 54 der Eichordnung). Hätte man z. B. eine gewöhnliche Balkenwaage deren Tragfähigkeit auf 100 K. angegeben wäre, so würde man die Waage auf jeder Schale mit 100 K belasten und ein auf eine Schale hinzugefügtes Gewicht von 50 G (nämlich 100 mal 5D) müßte einen deutlichen Ausschlag der Zunge geben. Dieser Ausschlag muß von gleicher Größe nach der entgegengesetzten Seite erfolgen, wenn die 50 G, statt in die erste, nunmehr in die zweite Schale gelegt werden.

Wäre die Waage als Präcisionswaage angemeldet worden, so hätte bereits ein Uebergewicht von 10 G einen deutlichen Ausschlag geben müssen.

Die Prüfung der Empfindlichkeit ist ferner in allen Fällen auch mit einer geringeren als der größten zulässigen Belastung vorzunehmen, nämlich:

bei größeren Lastwaagen (vergl. §. 47 der Eichordnung) mit der kleinsten zulässigen Belastung, wobei den Vorschriften des §. 54 der Eichordnung ebenfalls genügt werden muß;

dann bei allen anderen Waagen von 50 K. und geringerer Tragfähigkeit mit einer Belastung, welche den zehnten Theil der größten zulässigen Belastung beträgt. Bei letzterer Probe darf jedoch das Verhältniß der Zulage, welche noch einen deutlichen Ausschlag der Waage hervorbringen soll, zu der Belastung selbst das Doppelte des für die größte Belastung in §. 54 vorgeschriebenen Verhältnißwerthes betragen.

Eine Waage, welche bei solchen Prüfungen den vorschriftsmäßigen Grad der Empfindlichkeit nicht zeigt, ist zurückzuweisen. Genügt die Empfindlichkeit, so ist zur Prüfung der Richtigkeit der Waage zu schreiten.

10. c. Prüfung der Richtigkeit. Die Prüfung der Richtigkeit hat sich auf die gleiche Schwere der beiden Hälften des Waagebalkens, auf die Gleicharmigkeit und auf die gleiche Schwere der beiden Waageschalen nebst den dazu gehörenden Ketten, Stangen oder Schnüren zu erstrecken. Man kann diese Prüfungen durch Anwendung von zwei gleichen Hakengewichten, welche an den beiden Hebelarmen direkt angehangen werden, sowie durch Ablesung der Stellungen der Zunge an einer hinter der Waage anzubringenden eingetheilten Skale abkürzen. Das einfachste, wenngleich nicht kürzeste Verfahren ist das folgende:

aa) Man lasse zunächst den Waagebalken ohne Schalen und Zubehör frei spielen. Kehrt er nicht in die Gleichgewichtslage zurück, so bringe man es vorläufig durch Auflegen kleiner Metallstücke, oder durch Aufkleben von Wachs, Aufsetzen eines Papierreiters oder dergl. in der Nähe einer Endschneide dahin, daß die Zunge genau einspielt (Balkentarirung).

bb) Hierauf hänge man die Waageschalen an. Spielt die Zunge dann noch ein, so vertausche man die Schalen. Bleibt die Waage auch jetzt noch im Gleichgewichte, so sind die Schalen gleich schwer, und die Waage ist jedenfalls nahezu gleicharmig.

Um dies völlig sicher zu stellen, wird mit der Waage noch die unter dd. angegebene Prüfung bei Belastung mit Gewichten bis zur größten Tragfähigkeit vorgenommen.

cc) Spielte dagegen die Zunge bereits nach dem Anhängen der Schalen nicht mehr ein, so führt man durch Umhängen der letzteren den Fall herbei, wo der Ausschlag am größten ist.

Alsdann legt man in die eine Waageschale so lange kleine Gewichte, Schrotkorn, Papierschnitzel oder dergl., bis das Gleichgewicht hergestellt ist, und verwechselt hierauf die Waage-Schalen, wobei man die aufgelegte Tara in der betreffenden Schale läßt.

Wenn jetzt noch die Zunge von selbst einspielt, so ist die Waage gleicharmig, und nur die Waageschalen haben ein um die zugelegte Tara von einander verschiedenes Gewicht (Schalentara), welches später (siehe unter ff.) ausgeglichen wird.

Wird dagegen durch das Umhängen der Schalen das Gleichgewicht der Waage gestört, so weiß man, daß der niedergehende Hebelarm der längere ist, und es bleibt nur noch zu ermitteln übrig, welchen Antheil etwa das ungleiche Gewicht der Waageschalen an dem Ausschlage der Zunge hat.

Zu diesem Zwecke nimmt man von dem in der einen Waageschaale befindlichen Ausgleichungsmateriale so viel hinweg und bringt es in die noch leere Schale, bis die Zunge einspielt.

Geht hierbei die ganze Zulage aus der einen Waage-

Schale in die andere über, so haben die beiden Schalen für sich gleiches Gewicht, und die Waage ist nur ungleicharmig; bleibt aber ein Theil der Tara liegen, so ist diese Schale um das Gewicht des zurückbleibenden Theiles (Schalentara) leichter als die andere, und die Waage ist außerdem ungleicharmig.

Nimmt man hierauf den in die leere Schale übergeführten Theil des Ausgleichungsmateriales von derselben wieder hinweg, so haben diese leere Schale einerseits und die zweite Schale mit dem zurückgebliebenen Ausgleichungsmateriale andererseits genau gleiches Gewicht und können nun bei der jetzt vorzunehmenden Herstellung der Gleicharmigkeit gebraucht werden.

Man erfährt nämlich durch Anhängen dieser gleich schwer gemachten Schalen, die man beliebig vertauschen kann, ohne daß sich der Ausschlag ändert, sogleich, welcher Schenkel der Waage der längere ist, und kann nun durch Verstellen oder durch Abschleifen einer der drei Achsen die durch das Einspielen der Zunge angezeigte Gleicharmigkeit herbeiführen.

dd) Ist die Gleicharmigkeit mit Hülfe der leeren Schalen auf die angedeutete Weise soweit als thunlich hergestellt, so ist das beschriebene Verfahren mit Gewichten zu wiederholen, welche der größten Belastung (Tragfähigkeit) der Waage entsprechen und auf die tarirten Schalen aufgesetzt werden. In gleicher Weise, wie früher die Schalen, gleicht man jetzt die beiden Gewichte aus, wobei nur zu bemerken ist, daß man, anstatt die Schalen sammt den Gewichten umzuhängen, einfacher die Gewichte auf den Schalen umsetzt, und daß man die für die Gewichte etwa nothwendig werdende Tara (Gewichtstara) von der Schalentara gehörig getrennt hält.

War bei der Benutzung der unbelasteten Schalen eine kleine Ungleichheit in den Längen der Hebelarme verblieben, welche wegen der Kleinheit des Ausschlages nicht bemerkbar wurde, so wird dieselbe jetzt nach dem Aufsetzen der ausgeglichenen und der größten Tragfähigkeit der Waage entsprechenden Gewichte sich augenfälliger zeigen, weil der durch die Ungleichheit der Hebelarme hervorgerufene Ausschlag mit der Größe der Belastung wächst.

Die hiernach noch erforderliche Berichtigung der Hebelarme wird dann in derselben Weise, wie unter cc) bemerkt, durch Nachschleifen der Schneiden bewirkt, worauf man dieselbe Prüfung mittelst der gleichen Gewichte und nöthigenfalls die Berichtigung so lange wiederholt, bis das Einspielen der Zunge die Gleicharmigkeit der Waage anzeigt.

ee) Nach jedem Verstellen oder Nachschleifen der Schneiden muß die unter aa) erwähnte Balkentarirung erneut werden, ehe zur wiederholten Prüfung der Gleicharmigkeit geschritten werden kann, weil mit jeder Aenderung der Lage der Schneiden auch eine Aenderung der Balkentara eintreten kann. Dagegen können die tarirten Schalen und Gewichte ohne Weiteres bei allen ferneren Prüfungen der Waage angewendet werden.

ff) Sobald die Gleicharmigkeit der Waage erwiesen ist, sind die Schalen dergestalt zu berichtigen, daß man entweder die Schalentara, im Falle solche aus Metallstücken besteht, mit der leichteren Schale durch Festlöthen oder Festnieten verbindet, oder daß man von der schwereren Schale durch Befeilen u. s. w. so viel an Gewicht wegnimmt, bis sie mit der von der Schalentara befreiten leichteren Schale im Gleichgewichte sich befindet.

Endlich beseitigt man auch die etwa ermittelte Ungleichheit im Gewichte der Balken durch Befeilen des schwereren Armes.

Gestatteter Fehler der Waage.

11. Da es bei aller Sorgfalt immer sehr schwierig bleibt, einen Waagebalken genau gleicharmig herzustellen, so ist nach §. 49 der Eichordnung gestattet, denselben für richtig und stempelfähig anzusehen, wenn der Fehler nicht mehr beträgt als die in §. 54 derselben angegebene Grenze der Empfindlichkeit.

Für die gleicharmigen Waagen, die für den gewöhnlichen Handelsverkehr bestimmt sind, ist die Fehlergrenze auf $^1/_{2000}$ bei Waagen zum Wägen von über 5 K, auf $^1/_{1000}$ bei Waagen zum Wägen unter 5 K festgestellt, für die gleicharmigen Waagen, die als Präcisions- und Medicinalwaagen dienen sollen, sind die Fehlergrenzen: $^1/_{10000}$ für Waagen über 5 K, $^1/_{5000}$ für Waagen von 5 K bis 250 G, $^1/_{2000}$ für Waagen von 250 G bis 20 G, endlich $^1/_{1000}$ und $^1/_{500}$ für noch kleinere Waagen vorgeschrieben.

Für Hökerwaagen ist die Fehlergrenze $^1/_{250}$.

Hiernach darf also die Ungleichheit der Arme bei der Prüfung nicht mehr als beziehungsweise $^1/_{2000}$, $^1/_{1000}$, $^1/_{10000}$, $^1/_{5000}$, $^1/_{2000}$, $^1/_{1000}$ und $^1/_{500}$, dann $^1/_{250}$ der Länge des einen Hebelarmes betragen, wenn die Waage stempelfähig sein soll.

Den in Rede stehenden Verhältnißwerth der Ungleicharmigkeit einer Waage ermittelt man durch einen Wägungsversuch, indem man der Waage, welche, bis zu ihrer größten Tragfähigkeit mit genau gleichen Gewichten belastet, nicht völlig einspielte, ein Uebergewicht hinzufügt, welches das Einspielen herbeiführt. Das Verhältniß dieses Uebergewichtes zu der einseitigen Belastung gibt den gesuchten Werth der Ungleicharmigkeit der Waage.

Hätte man also z. B. eine Präcisionswaage von 50 K Tragfähigkeit, so müßte bei der einseitigen Belastung derselben mit 50 K die Hinzufügung von $^1/_{10000}$ des Gewichtes, also 5 G, erstlich einen merklichen Ausschlag geben (Empfindlichkeit) und zweitens die etwa nicht völlig im Gleichgewichte gewesene Waage durch Hinzufügung der 5 G zum Einspielen gebracht werden, da sich 5 G : 50 K wie 1 : 10000 verhalten. Würden schon 2 G genügen, um die Gleichgewichtslage herbeizuführen, so wäre der Verhältnißwerth der Unrichtigkeit der Waage $^1/_{25000}$.

Stempelung.

12. Die richtig befundenen Waagebalken sollen mit der Stempelplombe und, falls dieß nicht bereits vom Verfertiger geschehen ist, mit der Bezeichnung der Tragfähigkeit versehen werden.

Letztere Bezeichnung ist nach §. 49 der Eichordnung entweder unmittelbar auf dem Waagebalken oder auf einem in denselben eingetriebenen Kupfer- oder Messingpfropf anzubringen, indem die größte Tragfähigkeit nach Kilogrammen durch eine Zahl mit beigesetztem K ausgedrückt wird.

Da das Aufschlagen der Stempel eine Veränderung des Balkens nach sich zieht, die möglicherweise auf die Gleichgewichtslage desselben Einfluß hat, so ist die Bezeichnung der Tragfähigkeit stets vor der letzten Prüfung und der etwa erforderlichen feineren Justirung anzubringen.

Dasselbe gilt auch, wenn diese Bezeichnung etwa durch Gravirung hergestellt wird.

Die Eichanstalt wird sich natürlich vor der Stempelung die Ueberzeugung zu verschaffen haben, daß die vorgelegte Waage den an sie zu stellenden Anforderungen mittelst einer im Eichamt ausführbaren Justirung überhaupt zu genügen vermag.

Bei Präcisions- und Medicinalwaagen erhält die Plombe an Stelle der Jahreszahl den sechsstrahligen Stern.

Bei sehr feinen Präcisions- und Medicinalwaagen dürfen die Stempel, nämlich das kleinste Wappen mit der Nummer des Verifikationsbezirkes und der kleinere sechsstrahlige Stern, auch auf den Balken unmittelbar, wenn dieser von Messing ist, oder auf einen in denselben eingesetzten kupfernen oder messingenen Pfropf aufgeschlagen werden, — wobei jedoch äußerste Vorsicht anzuwenden ist.

Erfolgt übrigens bei regelrechtem Aufschlagen des Stempels eine Beschädigung der Waage, so leistet die Eichanstalt keinen Ersatz.

Stempelung der Hökerwaagen.

13. Hökerwaagen erhalten den Stempel auf Zinnwarzen, welche am Rande der Blechstreifen mit der Bezeichnung H. W. anzubringen sind.

Zurückzuweisende Waagen.

14. In den vorhergehenden Nummern ist schon angegeben, unter welchen Verhältnissen eine gleicharmige Waage nicht stempelfähig sein würde und daher zurückgegeben werden muß, bis die aufgefundenen Mängel vollständig beseitigt sind.

Indessen können von der Eichanstalt solche kleine Berichtigungsarbeiten vorgenommen werden, für welche sie die erforderlichen Einrichtungen besitzt, also ein geringes Nachschleifen der Schneiden, Herstellung der Balken- und Schalentarirung u. dgl. Die Eichanstalten sind zu Berichtigungsarbeiten dieser Art verpflichtet, wenn die bei der Waage noch zu beseitigenden Abweichungen sich innerhalb der für den Verkehr zulässigen Abweichungs-Grenzen halten.

Die Ausführung schwieriger und zeitraubender Verbesserungen ungenügender Waagen innerhalb der Eichanstalt selbst ist dagegen nicht statthaft.

Trägt eine als mangelhaft zurückzuweisende Waage von einer früheren Eichung die Stempelung an sich, so ist diese zu vernichten, und die Waage ist bei der abermaligen Vorlage wie eine neue zu behandeln.

2. Ungleicharmige Balkenwaagen.

A. Ungleicharmige Balkenwaagen mit unveränderlichem Verhältniß der Hebelarme.

(§. 50 A. der Eichordnung).

15. Bei einer Waage dieser Art soll das Verhältniß der beiden Hebelarme zu einander 1 : 10 sein.

Im Uebrigen unterscheidet sich dieselbe in der allgemeinen Konstruktion nicht wesentlich von der gleicharmigen Balkenwaage.

Es wird hiernach nur erforderlich sein, anzugeben, welche Abänderungen gemäß der ungleichen Länge der Hebelarme in den vorangehenden, für die gleicharmigen Balkenwaagen aufgestellten Erläuterungen und Vorschriften im Besonderen eintreten. An Stelle der Erläuterungen, betreffend die Symmetrie und Gleicharmigkeit der Waage und die gleiche Schwere der Schalen (Nr. 5 und 7), sowie an Stelle der Vorschriften über Balken- und Schalentarirung und Prüfung der Gleicharmigkeit der Waage (Nr. 8, 10 und 11) treten folgende Vorschriften:

Die beiden Schalen müssen ungleich schwer sein und zwar in einem Verhältniß, welches von dem Verhältniß der Hebelarme abhängig ist. — Eine besondere Prüfung des Gewichtsverhältnisses der Schalen findet nicht statt; jedoch muß von der Einrichtung einer zulässigen Waage verlangt werden, daß die Zugehörigkeit jeder Schale zu einem der beiden Hebelarme genügend gekennzeichnet und somit eine Vertauschung der Schalen unter einander hinreichend erschwert ist. —

Die Prüfung der Schalen und des Balkens verbindet sich bei dieser Waage mit der Untersuchung, in wie weit das vorgeschriebene Verhältniß der beiden Hebelarme innegehalten ist.

Die Waage ist hierbei als zulässig zu erachten, wenn sie

sowohl unbelastet, als bei der ihrer größten Tragfähigkeit entsprechenden Belastung mit Gewichten, deren Werth auf der Lastseite das Zehnfache von dem auf der Gewichtseite beträgt, einspielt oder zum Einspielen gebracht wird durch eine einseitige Gewichtszulage, die nicht mehr als $^1/_{1000}$ derjenigen Belastung beträgt, zu welcher die Zulage hinzugefügt wird.

Bezüglich der Empfindlichkeit finden die unter Nr. 9 für gleicharmige Waagen gegebenen Vorschriften Anwendung.

Im Uebrigen gilt Alles in den vorhergehenden Nummern Gesagte mit unbedeutenden, auf der Hand liegenden Abänderungen auch von der Prüfung, Berichtigung und Stempelung der ungleicharmigen Balkenwaage mit unveränderlichem Verhältniß der Hebelarme.

B. Ungleicharmige Balkenwaagen mit veränderlichem Verhältniß der Hebelarme.

(Schnellwaagen, römische Waagen, §. 50 B der Eichordnung.)

Allgemeine Konstruktion.

16. Die unter dem Namen der römischen Waage bekannte Balkenwaage besteht aus einem ungleicharmigen Waagebalken, der auf gleiche Weise wie bei der gleicharmigen Waage mittelst einer an beiden Seiten vortretenden Stahlschneide in stählernen Pfannen der Scheere ruht.

Eine eben solche Schneide, nur mit nach oben gekehrter Schärfe, ist am Ende des kurzen Armes angebracht und trägt vermittelst eines gabelförmigen, mit Stahlpfanne versehenen Gehänges einen Haken zum Aufhängen der Schale oder zur unmittelbaren Aufhängung der zu wägenden Körper.

Um das Gewicht der letzteren zu bestimmen, dient ein unveränderliches Gegengewicht, das sogenannte Laufgewicht, welches an dem langen Arme des Waagebalkens so aufgehängt ist, daß es hin und her geschoben werden kann, bis der Waagebalken in horizontaler Stellung zum Gleichgewichte kommt.

Diese Gleichgewichtsstellung wird ebenso wie bei der gleicharmigen Waage, durch eine auf dem Balken befestigte, in der Scheere frei spielende Zunge, angezeigt.

Endlich ist auf dem langen Arme des Waagebalkens eine

Theilung mit beigesetzten Zahlen angebracht, um für jede Stellung des Laufgewichtes das Gewicht der am kurzen Arme hängenden Last ohne Weiteres ablesen zu können.

Häufig ist die Waage so eingerichtet, daß zur Abwägung leichterer oder schwererer Lasten ein längerer oder kürzerer Hebelarm auf der Seite des kurzen Armes benutzt werden kann. Dann befindet sich an diesem Arme eine zweite Stahlschneide, welche ein dem oben erwähnten gleiches Gehänge trägt, und der lange Arm der Waage erhält eine zweite Theilung, welche das Gewicht einer an dem zweiten Aufhängepunkte wirkenden Last angiebt. Die verschiedenen Einrichtungen, welche in diesem Falle die Aufhängung des Waagebalkens und die Gehänge erhalten können, sind unter den besonderen Konstruktionsverhältnissen angeführt (s. Nr. 22).

Konstruktionserfordernisse der Waage.

17. a. Festigkeit. Der Waagebalken muß bei regelmäßiger Bearbeitung die nöthige Festigkeit besitzen, um bei der größten für die Waage beabsichtigten Belastung keine mit dem bloßen Auge erkennbare Biegung zu zeigen. Geringere Durchbiegungen ergeben sich, wie bei der gleicharmigen Waage (s. Nr. 3), gelegentlich der Prüfung auf die Empfindlichkeit.

b. Stabilität. Auch die Bedingung der Stabilität ist dieselbe wie bei der gleicharmigen Waage (s. Nr. 4).

c. Richtigkeit. Zur Richtigkeit gehört außer den nachher aufzuführenden Eigenschaften der einzelnen Theile die gleichmäßige und den Belastungen des kurzen Armes genau entsprechende Ausführung der Theilungen auf dem langen Arme. Die erste Prüfung wird genügend dadurch ausgeführt, daß man sich durch Augenmaaß und durch Abmessung der Entfernungen bei einigen Theilstrichen davon überzeugt, daß dieselben (die nach §. 50 der Eichordnung in nicht kleineren Abständen als 3 Millimeter von einander stehen sollen) gleichmäßig aufgetragen sind. Die Prüfung der Richtigkeit der Hebellängen geschieht durch das später anzugebende Prüfungsverfahren.

d. Tragfähigkeit und Empfindlichkeit. Einer besonderen Angabe der größten Tragfähigkeit bedarf es nach §. 50 der Eichordnung nicht, da sich dieselbe aus der Bezeichnung der Theilungen ergiebt. Daß die Waage die ihr zugemuthete Tragfähigkeit besitzt, wird vorläufig daran erkannt, daß eine mehrmals wiederholte Belastung bis zur Grenze der Tragfähigkeit eine durch den gespannten Faden zu erkennende Veränderung in der Lage der Schneiden nicht hervorbringt.

Die Prüfung der Empfindlichkeit erfolgt durch das weiter unten angegebene Verfahren.

Konstruktionserfordernisse für die einzelnen Theile der Waage.

18. a. Waagebalken. Derselbe muß außer den schon erwähnten Eigenschaften der Festigkeit, Stabilität u. s. w. auch noch ein völlig freies Spiel in einer vertikalen Ebene haben und darf weder selbst noch mit seiner Zunge seitwärts anstreifen, noch — was bei solchen Waagebalken mit zwei Lastpunkten vorkommen kann — in seinem freien Spiele durch das zweite Gehänge gestört werden.

Wenn zwar die Form des Waagebalkens nicht vorgeschrieben ist, so empfiehlt sich doch diejenige, bei welcher der vertikale Querschnitt ein Rechteck mit horizontalen und vertikalen Seiten bildet, diese Rechtecke am langen Arme gleiche Breite haben, während ihre Höhen nach dem Ende des Armes etwas abnehmen können.

Andere Formen, wie namentlich diejenigen mit Querschnitten in Gestalt eines über Eck gestellten Quadrates, eines Vollkreises, Halbkreises oder einer polygonalen Figur sind schon wegen ihrer geringeren Festigkeit bei gleichem Inhalt weniger empfehlenswerth und sollen jedenfalls die Veranlassung zu einer besonders sorgfältigen Prüfung der Festigkeit und Empfindlichkeit geben.

b. Die Schneiden und Pfannen. Alle Schneiden und Pfannen müssen (wie bei den gleicharmigen Waagen unter Nr. 7 angegeben) eine genügende Härte und die Schneiden eine solche Zuschärfung haben, daß sie die Pfannen nur mit der äußersten Kante berühren.

Die mit dem Waagebalken selbst verbundenen Schneiden des Aufhängepunktes und Lastpunktes, sowie die, in der Hülse des Laufgewichtes (s. unter d) angebrachten beiden Schneidehälften müssen auf der Seitenfläche des Balkens rechtwinkelig stehen, und eine durch ihre Schärfen gelegte gerade Linie muß mit der Zunge einen rechten Winkel bilden.

c. Waageschale. Wird eine solche zur Aufnahme der zu wägenden Gegenstände angewendet, so muß, wenn dieselbe abnehmbar ist, entweder ihr Gewicht mit Einschluß der zu ihrer Aufhängung dienenden Ketten, Oesen und des dazu gehörenden Gehänges eine ganze Zahl der Gewichtseinheiten der Skale betragen, und diese Zahl auf der vorderen Seitenfläche des Gehänges in vertiefter Schrift unter Beisetzung von K. oder ℔ angegeben werden; oder die Waage muß so eingerichtet sein, daß dieselbe nach Anhängung der unbelasteten Schale und bei Stellung des Laufgewichts auf den Nullpunkt der Skale gerade einspielt, wodurch das richtige Gewicht der Waagschale gesichert ist.

d. Das Laufgewicht. An der über dem längeren Balkenarme verschiebbaren Hülse treten an beiden Seiten die eine gerade Linie bildenden Stahlschneiden hervor, auf denen ein gabelförmiges Gehänge ruht, dessen unteres Verbindungsstück das Laufgewicht trägt.

Das Laufgewicht muß mit der Hülse unveränderlich verbunden sein. Ist die Hülse von dem Waagebalken abzuschieben (z. B. Behufs der Umlegung für eine zweite Skale), so muß ihr Gewicht nebst Gehänge und Laufgewicht unter Vermeidung jedes anderweitigen Ausgleichungsmateriales eine ganze Zahl der Gewichtseinheiten der Skale bilden, welche Zahl unter Beisetzung von K. oder ℔. auf der vorderen Seite der Hülse in vertiefter Schrift anzugeben ist.

Ist die Hülse nicht abnehmbar, sondern wird das Laufgewicht entweder durch Umschlagen des Gehänges oder durch Umdrehen des Waagebalkens für beide Skalen einer solchen Waage angewendet, so soll die Theilung jedenfalls von 0 anfangen, damit die Richtigkeit des Laufgewichtes durch Einstellung der Hülse auf den Nullpunkt, und das alsdann erfolgende Einspielen der Zunge geprüft werden kann.

Eine bestimmte Form ist für das Laufgewicht nicht vorgeschrieben. Doch empfiehlt sich die Form einer Kugel, und unter allen Umständen muß eine in das Gewicht fest eingegossene, nicht etwa eingeschraubte Oese die unveränderliche Verbindung mit der Hülse bilden.

Die Hülse trägt eine Marke, mittelst welcher für jede Stellung des Laufgewichtes an der Theilung des Balkenarmes das Gewicht der gewogenen Last abgelesen wird. Diese bei Verschiebung der Hülse über die Theilung hinweggleitende Marke muß scharf bestimmt sein (z. B. ein scharf eingerissener senkrechter Strich, ein scharfer Spalt, ein straffgespannter Visir-Draht u. s. w.), und den Werth der jedesmaligen Stellung an der Theilung deutlich erkennen lassen.

Ist die Hülse abnehmbar, um in umgekehrter Lage für eine zweite Theilung anwendbar zu sein, so darf sie nur eine, für beide Skalen dienende Marke besitzen. Bei nicht abnehmbarer Hülse ist natürlich, wenn die beiden Theilungen auf entgegengesetzten Seiten des Waagebalkens liegen, auf jeder Seite eine Marke erforderlich.

Verfahren bei der Prüfung.

19. Die in den vorigen Nummern aufgeführten Bedingungen für die Brauchbarkeit einer römischen Waage werden durch das folgende Verfahren bei der Prüfung ermittelt.

a. Prüfung im Allgemeinen. Wenn die Waage keinen der im §. 53 der Eichordnung genannten Fehler besitzt, wird zuerst untersucht, ob die Eintheilung regelmäßig ausgeführt ist, ob Schneiden und Pfannen gehörig gehärtet und geglättet sind und ob die Waage durchaus frei und ohne Reibung spielt.

Durch Spannen eines Fadens über die Schneiden wird die richtige Lage derselben geprüft, wobei die Mittelschneide nicht unter die gerade Verbindungslinie der beiden andern Schneiden fallen soll und möglichst alle drei Schneiden in einer Ebene liegen müssen. Bei Waagen mit zwei Theilungen wird diese Prüfung für die je drei Schneiden angestellt, die für die beiden Theilungen gültig sind.

Hierauf wird die Waage mit dem größten auf der Theilung angegebenen Gewichte belastet, in's Gleichgewicht gebracht und an der nunmehr durch den gespannten Faden ersichtlichen Lage der Schneiden untersucht, ob die Waage die nöthige Festigkeit hat. Bei erkennbarer Durchbiegung ist die Waage zurückzuweisen.

Die Stabilität der Waage wird daran erkannt, daß die ohne weitere Belastung in's Gleichgewicht gebrachte Waage, nachdem sie in Schwingungen versetzt wurde, wieder in die Gleichgewichtslage zurückkehrt.

20. b. Prüfung der Empfindlichkeit. Die Prüfung der Empfindlichkeit wird darauf gerichtet, ob die Waage sowohl bei ihrer geringsten als bei ihrer höchsten Belastung nach Hinzufügung des im §. 54 der Eichordnung festgestellten Zulagegewichtes von $^1/_{1000}$ der Belastung einen deutlichen Ausschlag giebt. Bei Waagen mit zwei Theilungen ist dasselbe Verfahren für beide Theilungen auszuführen.

Da die hier behandelten Waagen nicht als Präcisionswaagen zuzulassen sind, so kommt immer nur das eine Gewichtsverhältniß von $^1/_{1000}$ zwischen Belastung und Zulagegewicht zur Anwendung.

21. c. Richtigkeit. Die Prüfung der Richtigkeit muß ergeben, daß die in Schwingungen versetzte Waage in die Gleichgewichtslage zurückkehrt:

1) nachdem die Marke der Laufgewichtshülse auf den Anfangspunkt der Theilung geschoben worden ist;

2) nachdem die Hülse auf andere Theilpunkte der Theilung (oder der Theilungen) verschoben und das Gleichgewicht durch die Gewichte herbeigeführt worden ist, welche den Angaben der Theilung entsprechen.

Es ist zweckmäßig, diese Prüfung mindestens an zwei Theilstrichen (jeder Theilung) vorzunehmen, von denen der eine in der Nähe des ersten, der andere in der Nähe des letzten Theilstriches liegt.

Da Fehler der Theilung sich nicht völlig vermeiden lassen, so darf die Waage noch als richtig angesehen und gestempelt werden, wenn eine Aenderung von $^1/_{1000}$ der jedesmaligen Belastung das etwa nicht vorhandene Gleichgewicht wieder herstellt.

Gestattete Konstruktions-Verschiedenheiten.

22. Die römischen Waagen können, nach richtigen Grundsätzen konstruirt, verschiedene Formen erhalten, bei deren einigen noch anderweitige als die vorher benannten Prüfungen erforderlich sind. Zunächst sind folgende Arten der Konstruktion zulässig:

a. Die Waage hat bei zwei Theilungen zwei Aufhängepunkte und dem entsprechend zwei Zungen, die nach entgegengesetzten Seiten gerichtet sind, dagegen nur einen Lastpunkt. Beim Gebrauche wird die Waage so umgewendet, daß die vorher nach oben gerichtete Seite nunmehr nach unten gerichtet ist. Bei dieser Konstruktion kann

1. die Hülse mit dem Laufgewicht abzuschieben sein; ihre Schwere einschließlich des Laufgewichtes muß alsdann eine ganze Zahl der Gewichtseinheiten der Theilung betragen, und sie darf nur eine für beide Theilungen gültige Marke haben;

2. die Hülse mit dem Laufgewicht nicht abnehmbar, sondern dadurch auch zur Wägung auf der zweiten Seite anwendbar sein, daß sie bis zum Ende des Balkens geschoben, und dann das Laufgewicht herumgedreht wird, wobei das Gehänge hinreichend weit sein muß, um über den Balken gewendet werden zu können; die Hülse hat dann für jede Theilung ihre besondere Marke.

b. Die Waage hat nur einen Aufhängungspunkt, aber zwei Lastpunkte. Eine solche Waage muß zum Gebrauch der zweiten Theilung so umgewendet werden, daß der erst rechts liegende Arm nunmehr nach links kommt.

Auch hierbei kann die Hülse mit Laufgewicht entweder abnehmbar sein oder nicht, und muß im ersten Falle wieder die unter a erwähnte Bedingung des Gewichtes und der einen gültigen Marke erfüllt sein.

Eine Waage mit nicht abnehmbarer Hülse muß unter allen Umständen auf der einen Theilung mit Null beginnen, damit die Richtigkeit der unbelasteten Waage zur Kontrole der unveränderten Schwere des Laufgewichtes dient. (18. d)

Wegen des Gewichtes einer etwa abnehmbaren Waageschale ist schon oben unter 18. c. angeführt, daß dasselbe eine ganze Zahl von Gewichtseinheiten der Theilung betragen muß.

Stempelung.

23. Nach der Prüfung erfolgt die Stempelung durch Anlegung einer Plombe an die Scheere in gleicher Weise wie bei gleicharmigen Waagen. Bei Schnellwaagen mit zwei Scheeren ist die Plombe an diejenige Scheere anzubringen, welche sich im größeren Abstande von der Lastschneide befindet. (Vergl. §. 56 d. Eichord.)

24. Kleinere Berichtigungen fehlerhafter Waagen sind entsprechend den in Nr. 13 für die gleicharmigen Waagen gegebenen Anweisungen auch bei den römischen Waagen auszuführen.

3. Brückenwaagen

(zu §. 51 der Eichordnung).

Allgemeine Konstruktion.

25. Das Wesentliche der verschiedenen unter dem Namen Brückenwaagen bekannten Wägungsvorrichtungen besteht darin, daß die Lastwaageschale durch eine Brücke gebildet wird, welche auf Traghebeln ruht, deren Kraftarme entweder direkt oder durch Vermittelung eines anderweitigen Hebels mit dem Lastarm eines oberhalb angebrachten Waagebalkens in Verbindung stehen, an welchem andererseits die Gewichtswaageschale hängt.

Die Wägung der Last erfolgt durch ein im Verhältniß zu derselben kleines Gewicht (verjüngtes oder Proportionalgewicht), und sind nur solche Brückenwaagen stempelfähig, bei denen das Verhältniß der Verkleinerung des Gewichtes zur Last 1 : 10 oder 1 : 100 ist.

Von den verschiedenen Arten der Brückenwaagen sind außer der gebräuchlichsten, der sogenannten Straßburger Waage bis auf Weiteres nur die unter den folgenden Bezeichnungen bekannten Konstruktionen zuzulassen:

1) Pfitzer'sche Patent-Brückenwaage,
2) Pfitzer'sche Decimal-Brückenwaage,
3) Schönemann'sche Brückenwaage.

Alle Konstruktionen müssen gleichmäßig die Bedingungen erfüllen, daß die Waage:

a) dieselbe Angabe zeigt, auf welche Stelle der Brücke auch die zu wägende Last gesetzt wird;

b) für Herstellung einer horizontalen Aufstellung der Brücke, sowie

c) für die Regulirung des Gewichtes der einzelnen Theile Vorrichtungen besitzt;

d) im Falle sie eine Centesimalwaage ist, die Bezeichnung als solche an sich trägt;

e) mit der Bezeichnung ihrer größten Tragfähigkeit und wenn diese mehr als 50 K. beträgt, auch der geringsten zulässigen Belastung, versehen ist.

Werden andere Brückenwaagen als die genannten bei einer Eichanstalt eingeliefert und glaubt dieselbe, daß diese Waagen den Vorschriften der §§. 51 und 53 der Eichordnung Genüge leisten, oder ist die Eichanstalt unsicher, ob eine Brückenwaage zu den für jetzt gestatteten Arten gehört, so ist darüber an die kgl. Normal-Eichungs-Kommission zu berichten.

Allgemeine Konstruktion der Straßburger Brücken-Waage.

26. An der Straßburger Brückenwaage kommen folgende Theile bei der Prüfung besonders in Betracht:

a) Der ungleicharmige Waagebalken, dessen durch Schneiden gebildete Drehachse auf einer an dem Ständer befestigten Stahlpfanne ruht, und der am Ende seines längeren Armes die Schale zum Aufnehmen der Gewichte trägt. Am kürzeren Arme befinden sich zwei Aufhängepunkte (Schneiden): der am äußersten Ende zur Aufhängung des Traghebels, der dem Drehpunkt zunächst liegende zum Tragen der Brücke dienend.

b) Der unter der Brücke horizontal gelagerte Traghebel, in der Regel aus zwei auf der hohen Kante stehenden Eisenstangen von hinreichender Stärke, welche die Seiten eines gleichschenkligen Dreiecks bilden, zusammengesetzt. Die Basis dieses Dreiecks bildet das hintere Ende des Traghebels, und hier sind unter den Schenkeln desselben zwei eine gerade Linie bildende Stahlschneiden befestigt, welche in unbeweglichen Stahlpfannen ruhend, dem Hebel als Stützpunkte dienen. Mit dem vorderen Ende ist dieser Hebel durch ein senkrechtes Hängeeisen am äußersten Ende des kurzen Balken-Armes aufgehängt. Zuweilen bilden die Eisenstangen des Traghebels eine andere Figur als ein gleichschenkliges Dreieck, oder es sind auch zwei Paare solcher Eisenstangen zu einem Hebel verbunden. Die Wirkung des Hebels erfolgt aber immer so, als ob derselbe in einer Linie (der Basis eines Dreiecks) seine feste Unterstützung, in der Spitze eines, zu dieser Linie als Basis gehörenden, gleichschenkligen Dreiecks, den Endpunkt seines Armes habe.

c) Die waagerechte Brücke, zur Aufnahme der zu wägenden Last bestimmt. Vermittelst eines Hängeeisens ist sie einerseits mit dem kurzen Arme des Waagebalkens verbunden, während sie andererseits auf Stahlschneiden ruht, die auf den Schenkeln des Traghebels nach oben gekehrt und in eine gerade Linie fallend befestigt sind.

d) Ein Pendelzeiger, der zur richtigen Aufstellung des ganzen Apparates dient und an der vorderen Seite des den Waagebalken tragenden Ständers so angebracht ist, daß die Spitze desselben senkrecht über einer festen Marke steht, wenn die Brücke waagerecht ist.

e) Außerdem noch: die Zunge zur Anzeige des eingetretenen Gleichgewichtes und der Regulator (Tarireinrichtung), um Gewichte sämmtlicher Theile so auszugleichen, daß bei der unbelasteten Waage die Zunge richtig einsteht. Diese beiden Theile sind am langen Arme des Waagebalkens angebracht.

Konstruktionserfordernisse der Theile einer Straßburger Brückenwaage.

27. Alle vorgenannten Bestandtheile müssen sorgfältig gearbeitet und in solchen Abmessungen ausgeführt sein, wie sie der größten Tragfähigkeit der Brückenwaage entsprechen, ohne andererseits das Gewicht der beweglichen Theile unnöthig zu vermehren. Vornehmlich ist darauf zu sehen, daß alle Verbindungen zwischen den beweglichen Theilen und deren feste Unterstützungen mittelst gehärteter Schneiden und Pfannen so hergestellt sind, daß in denselben eine möglichst freie Drehbewegung ohne merkliche Reibung stattfinden kann, sowie daß diese Theile nirgend eine Seitenreibung erleiden, wodurch Uebelstände herbeigeführt werden würden.

Am Waagebalken müssen, wie bei der gleicharmigen Waage, die drei Aufhängepunkte mit dem Unterstützungspunkte des Balkens wo möglich genau, jedenfalls aber doch sehr nahe in einer geraden Linie liegen, welche Linie im Gleichgewichtsstande eine horizontale Lage hat. Auch an dem Traghebel müssen die Schärfen der an ihm befestigten Stahlschneiden in einer und derselben waagerechten Ebene liegen.

Außerdem ist darauf zu sehen, daß sowohl die beiden Stahlschneiden, auf welchen das hintere Ende der Brücke ruht, als auch die beiden zur Unterstützung des Hebels dienenden Schneiden jedesmal eine gerade Linie bilden, sowie daß jene Schneiden nach oben, diese dagegen nach unten gekehrt sind.

Zuweilen begegnet man auch der umgekehrten Anordnung, so daß beispielsweise die zum Auflager der Brücke dienenden Stahlschneiden an deren unterer Fläche, die zugehörenden Pfannen dagegen auf den Schenkeln des Tragehebels befestigt sind. Allein dieß ist eine fehlerhafte, zu falschen Resultaten Anlaß gebende Konstruktion, weshalb eine Brückenwaage, an welcher dieselbe vorkommt, nicht gestempelt werden darf.

Richtigkeit der Straßburger Brückenwaage und Prüfung derselben.

28. Eine Brückenwaage muß bei allen innerhalb ihrer Tragfähigkeit liegenden Belastungen hinreichend richtige Angaben zeigen, auf welche Stelle der Brücke die zu wägende Last auch gelegt wird (s. Nr. 25). Hierzu ist es erforderlich, daß der Hebelarm, an dem das äußere Hängeeisen wirkt, zu dem Hebelarm, an welchem das innere Hängeeisen wirkt, dasselbe Verhältniß habe, wie der Arm des Traghebels zu dem Abstande des Unterstützungspunktes der Brücke auf dem Traghebel von der Drehachse desselben. Findet diese Anordnung statt, so hat sie zur unmittelbaren Folge, daß die irgendwo auf der Brücke liegende Last ebenso auf den Waagebalken wirkt, als wäre sie an dem die Brücke mit dem kurzen Arme dieses Balkens verbindenden Hängeeisen angebracht.

Da sich das Vorhandensein jener Längenverhältnisse durch direkte Messungen nicht wohl nachweisen läßt, so wird folgendes Prüfungsverfahren vorgeschrieben.

Hat man es z. B. mit einer Decimalwaage von 1000 K. Tragfähigkeit zu thun, so muß dieselbe zuvörderst möglichst horizontal auf- und festgestellt werden, wobei der vorn am Ständer angebrachte kleine Pendelzeiger benutzt wird. Nächstdem bringt man mit Hülfe des Regulators die Zunge zum richtigen Einstehen, falls sie dies nicht von selbst thun sollte.

Nach dieser Vorbereitung läßt man etwa 100 K auf die Brücke möglichst weit nach vorn und 10 K als Gegengewicht auf die Waagschaale setzen; es muß dann die Zunge nach einigen Schwankungen des Waagebalkens richtig einspielen. Thut sie dies auch dann noch, nachdem man die aufgesetzten 100 K möglichst weit nach dem hinteren Ende der Brücke und nach jeder der beiden Seiten hat rücken lassen, und kehrt sie beharrlich in dieselbe Stellung zurück, wenn man in beiden Fällen durch absichtliches Anstoßen das Gleichgewicht gestört hat, so ist dies ein Zeichen, daß nicht allein die vorgenannte Bedingung erfüllt, sondern daß auch der Parallelismus sämmtlicher am Traghebel befestigten Achsen vorhanden ist.

Der Sicherheit wegen und als Beweis dafür, daß das Verhältniß der Last zu dem Gegengewichte für jede Belastung dasselbe bleibt, ist dann die oben erwähnte Prüfung noch unter einigen weiter gehenden Belastungen der Brücke mit etwa 500 K und 1000 K (wozu beziehungsweise 50 K und 100 K als Gegengewicht gehören) zu wiederholen, und erst wenn sich bei jeder dieser Prüfungen, ohne daß dabei der Regulator verschoben zu werden braucht, dasselbe Ergebniß herausstellt, sind die Konstruktionsverhältnisse der Brückenwaage als richtig zu erachten.

Prüfung der Empfindlichkeit.

29. Mit den oben erwähnten Proben ist zugleich die Prüfung der Empfindlichkeit der Brückenwaage zu verbinden. Dieselbe muß nämlich (nach §. 54 der Eichordnung) von der Art sein, daß ein der Last zugelegtes Uebergewicht von $^1/_{1667}$, also von 6 D für jedes K noch eine merkliche Störung des stattgehabten Gleichgewichts zur Folge hat. (Vergl. auch Nr. 9 der Vorschriften zur Prüfung der Empfindlichkeit gleicharmiger Balkenwaagen.)

Wenn also nach dem vorigen Beispiele die Brücke nach einander mit 100 K, 500 K, 1000 K belastet worden ist, hat man diesen Belastungen beziehungsweise 60 G, 300 G, 600 G zuzulegen, wonach sich die Zunge jedesmal merklich über ihren Gleichgewichtsstand erheben muß. Sie muß sich dagegen um eben so viel senken, wenn man die obigen Gewichtszulagen nicht den verschiedenen Belastungen der Brücke, sondern den Gegengewichten in der Waageschaale beziehungsweise 6 G, 30 G, 60 G hinzufügt.

Brückenwaagen, welche mit Laufgewicht und Skale versehen sind.

(vergl. §. 51 der Eichordnung.)

Beschreibung.

30. Mit dem Waagebalken der Gewichtsschale der Brückenwaage sind Nebenschienen mit Laufgewicht verbunden und mit einer Eintheilung versehen, mittelst welcher der veränderliche Gewichts-Werth, den das Laufgewicht in den verschiedenen Stellungen an der Skale hat, abgelesen und die Anwendung einer größeren Zahl kleiner Gewichte ersetzt wird.

Konstruktions-Bedingungen.

Die Laufschienen müssen parallel zu dem Gewichtswaagebalken liegen.

Die auf einer Schiene angebrachte Skale kann für Kilogramme oder Pfunde ausgeführt sein und darf nur decimale Unterabtheilungen enthalten, ihre Theilstriche müssen gleichen Abstand von einander haben, der mindestens 3 Millimeter betragen soll.

Das Laufgewicht muß untrennbar mit der Schiene, und die Preßschraube des Laufgewichts untrennbar mit diesem verbunden sein.

Prüfung.

Wenn das Laufgewicht auf den Nullpunkt der Skale gestellt wird, entspricht die Brückenwaage der gewöhnlichen Einrichtung, wie sie in der Eichordnung und Instruktion beschrieben ist; es muß daher auch, bevor zur Prüfung der Nebenvorrichtung geschritten werden kann, durch Ausführung der Prüfung nach Nr. 28 und 29 festgestellt sein, daß die Brückenwaage stempelfähig ist.

Ist bezüglich der angegebenen Konstruktions-Bedingungen ein Bedenken nicht vorhanden, so ist noch die Richtigkeit der Skalentheilung zu untersuchen, indem das Laufgewicht auf die erste und die letzte Marke der Theilung, und außerdem mindestens auf *eine* dazwischen liegende Marke eingestellt und jedesmal die entsprechende Last auf die Brücke gelegt wird.

Hierbei muß zunächst jedesmal der Gleichgewichtszustand sich durch richtiges Einspielen des Waagebalkens zu erkennen geben, und es muß ferner eine merkliche Störung des Gleichgewichts eintreten, wenn für jedes Kilogramm der gesammten, Brücken-Belastung 6 D. auf der Brücke zugelegt werden.

Stempelung.

31. Wenn die Waage den im Vorstehenden angegebenen Anforderungen entsprochen hat, wird die Stempelung ausgeführt.

Diese erfolgt durch Anhängung der Plombe an eine geeignete Stelle des den Waagbalken tragenden Ständers, wozu erforderlichen Falles in denselben ein Loch einzubohren ist.

Bei Brückenwaagen mit Laufgewicht ist auch dieses nach den für Schnellwaagen gegebenen Vorschriften zu stempeln.

Kleinere Berichtigungen fehlerhafter Waagen sind entsprechend den in Nr. 13 für die gleicharmigen Waagen gegebenen Anweisungen auch bei den Brückenwaagen auszuführen.

Centesimalbrückenwaagen.

32. Bei den als Centesimalwaagen konstruirten Brückenwaagen kommen auch andere Anordnungen der Hebel vor, als in dem Vorigen angegeben sind. Z. B. können 2 Traghebel von dreieckiger Form, welche die Brücke tragen, so verbunden werden, daß ihre Spitzen gegeneinander gewendet sind und ein Verbindungsstück tragen, auf welchem ein zweites ungleicharmiges Hebelsystem, der Uebertragungshebel, ruht. Letzterer wirkt dann mittelst Hängeeisen auf einen dritten Hebel, welcher an seinem andern Arme die Waageschale trägt.

Da sich die verschiedenen Konstruktionen der Centesimalwaagen nicht kurz darstellen lassen, und überdieß eine fehlerhafte Waage dieser Art bei den Eichanstalten doch nicht verbessert werden kann, so genügt es, daß durch die eichamtliche Prüfung die Richtigkeit und Empfindlichkeit durch ein Verfahren festgestellt wird, welches dem in Nr. 28 angegebenen entspricht, wobei nur selbstverständlich auf das Centesimal-Verhältniß zwischen Last und Gewicht Rücksicht zu nehmen ist.

Zulässige Brückenwaagen anderer Konstruktion.

33. a. Die Pfitzer'sche Patentwaage. (Fig. 4). Dieselbe besteht aus einem ungleicharmigen Hebel (a c b), dessen

Armlängen (ac:cb) nach dem Verhältniß der beabsichtigten Verjüngung, also für Decimalwaagen 1:10 gebildet werden. Der kurze Hebelarm (a c) ist gabelförmig verdoppelt. Zur Aufnahme der Last (Q) dient eine Brücke (d e f), welche mit einer vertikalen Wand (e g) ein Winkelstück bildet. Dieser vertikale Theil der Brücke hat zu beiden Seiten Schneiden (h), durch welche die Brücke in Verbindung mit den am kurzen Hebelarme angebrachten Hängestangen (a h) tritt.

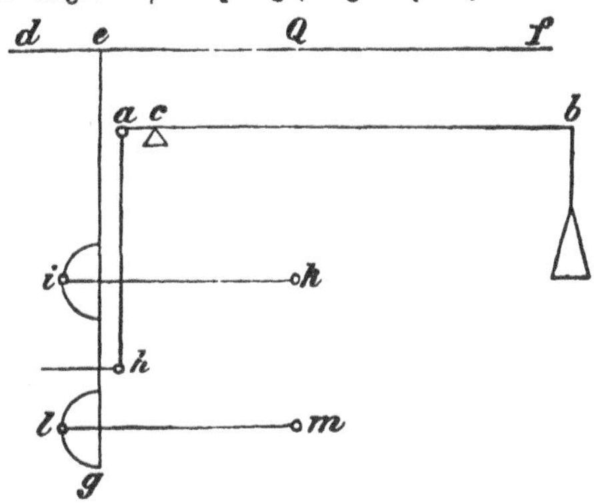

Fig. 4.

Eine auf die Brücke gestellte Last wird am untern Ende (g) des Winkelarmes einen Zug nach der einen Seite, dagegen an einem höher gelegenen Punkte (i) einen Schub nach der andern Seite erzeugen, und würde dadurch ein Schiefstellen der Hängestangen veranlassen, was aber mittelst einer Parallelführung durch drei gleich lange Streben und Klammern (i k [doppelt] und l m) verhindert wird, deren Endpunkte (k und m) einerseits an festen Punkten des Gestelles, andrerseits an festen Punkten des vertikalen Brückenwinkelstücks angebracht sind.

Eine wichtige Bedingung für die Richtigkeit dieser Waage ist der sorgfältig ausgeführte Parallelismus der sämmtlichen Schneiden (des Hebels und der Parallelführungen), bei dessen Mangel die Last an verschiedenen Stellen der Brücke ungleiche Werthe ergiebt. Es ist daher auf die Prüfung dieses Umstandes besonderes Gewicht zu legen.

34. b. Die Pfitzer'sche Decimal-Brückenwaage. Dieselbe gleicht in ihrer äußern Form der Straßburger Waage, unterscheidet sich aber von derselben dadurch, daß die Brücke vier Auflagerungspunkte hat und mit diesen auf vier Traghebeln ruht, bei denen durchgehends die Länge des Krafthebelarmes 10 mal so groß ist, als die Länge des Lasthebelarmes. Die Krafthebelarme greifen sämmtlich in eine einzige Zugstange, welche oberhalb an einem gleicharmigen Waagebalken aufgehangen ist, der auf der andern Seite die Gewichtswaageschale trägt.

35. c. Die Schönemann'sche Waage. Dieselbe gleicht der unter Nr. 33 beschriebenen Pfitzer'schen Waage darin, daß die Parallelführung der Brücke durch Streben und Klammern herbeigeführt und besondere Traghebel vermieden werden.

Es kommen aber bei Waagen des Schönemann'schen Systems sehr verschiedene Konstruktionen vor, sowohl was die Lage der Brücke, als die Zahl und Anordnung der Streben betrifft, und ist daher eine genaue Beschreibung nicht füglich zu geben.

Da indessen wie bei der Pfitzer'schen Patentwaage, so auch bei der Schönemann'schen Waage, der sorgfältig ausgeführte Parallelismus der sämmtlichen Schneiden (vergl. Nr. 33) eine Hauptbedingung für die Richtigkeit ist, und ein mangelhafter Parallelismus von der Eichungsstelle nicht füglich verbessert werden kann, so genügt es, auch bei der Schönemann'schen Waage, wenn die Prüfung derselben bei verschiedener Stellung des Gewichts auf der Brücke mit besonderer Sorgfalt ausgeführt wird.

Bei den unter Nr. 33 und 35 genannten Arten von Brückenwaagen erfolgt die Prüfung der allgemeinen Konstruktionserfordernisse (Festigkeit, freies Spiel, Härte der Schneiden und Pfannen u. s. w.) sowie der Richtigkeit und Empfindlichkeit in derselben Art wie bei der Straßburger Waage.

Jedoch sollen, wegen der Schwierigkeit der Berichtigung, an fehlerhaft befundenen Waagen dieser Art die Eichanstalten eine Berichtigung nicht übernehmen.

4. Oberschalige oder Tafel-Waagen

(zu §. 52 der Eichordnung).

Allgemeine Konstruktion.

36. Die oberschaligen oder Tafelwaagen sind Waagen mit gleicharmigen Hebeln, bei denen also die Last mittelst eines gleich schweren Gegengewichtes abgewogen wird, die sich aber dadurch von den gewöhnlichen gleicharmigen Balkenwaagen unterscheiden, daß die Lastschale oberhalb des Hebelmechanismus liegt, meistens auch die Gewichtsschale, in welchem Falle beide Schalen sich horizontal nebeneinander befinden.

Da die hohe Lage der Last bei dieser Art von Waagen leicht zu Reibungen in den Drehpunkten und zu veränderlichen Angaben bei verschiedener Lage der Last auf ihrer Schale Veranlassung geben, so schreibt die Eichordnung vor, daß diese Waagen überhaupt nur zulässig sein sollen, wenn:

a) trotz einer Verschiebung des Gewichtes oder der Last auf verschiedene Stellen ihrer Waageschale eine verschiedene Angabe nicht erfolgt,

b) sie bei der ungünstigsten Stellung von Gewicht und Last auf den Waageschalen noch eine innerhalb der vorgeschriebenen Grenzen liegende Empfindlichkeit zeigen,

c) eine nicht ganz horizontale Aufstellung eine unrichtige Angabe nicht zur Folge hat.

Für jetzt sind nur die folgenden Systeme stempelfähig (vgl. Nr. 25 am Schluß):

1) die Schickert'sche Tafelwaage;
2) die Pfitzer'sche oberschalige Waage;

welche in Folgendem beschrieben werden.

Konstruktion einzelner Waagen.

37. a. Die Schickert'sche Tafelwaage (Fig. 5). Das Princip dieser Waage ist das der gleicharmigen Balkenwaage, von welcher sie sich nur in der Art der Aufhängung der Schalen auf den Endschneiden unterscheidet.

Die Balkenenden sind nämlich gabelförmig und beide Aeste a c und b d dieser Gabel G tragen Schneiden S S, welche genau in einer geraden Linie liegen. Auf diesen Schneiden ruht

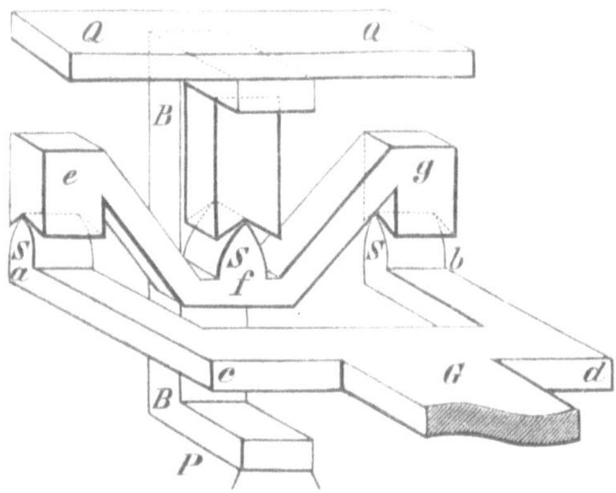

Fig. 5.

zunächst mittelst seiner Pfannen ein Vförmiges Verbindungsstück cfg, in dessen Mitte sich eine nach oben gekehrte in die Verlängerung des Waagebalkens fallende, mithin zu den Endschneiden senkrecht stehende Schneide S befindet. Auf dieser Letzteren ruht vermittelst einer Pfanne die nach oben freie Waageschale Q, und zwar ist die Pfanne in einem bügelförmigen Stücke B angebracht, an dessen unteren Ende sich ein schweres Gewicht P befindet. Der Schwerpunkt dieses Gewichtes liegt genau senkrecht unter der Schneide des Verbindungsstückes und dient dazu, die Schalen gegen das Umschlagen, und überhaupt die Stabilität der Waage zu sichern.

38. b. Die Pfitzer'sche Tafelwaage (Fig. 6 und 7). Dem Prinzipe nach besteht diese Waage in einem gleicharmigen Waagebalken ACB, mit dem gleichzeitig in derselben Vertikalebene zwei gleicharmige Führungsbalken DEF und GHI von der ungefähr halben Länge des Hauptbalkens schwingen. Auf jeder der beiden Endachsen des gabelförmig endigenden und daher mit je zweien in einer geraden Linie liegenden Endschneiden versehenen Hauptbalkens ruht eine Schale (Brücke mit darauf befestigter Schale), S und S_1, welche also durch die betreffende Endachse zwei Stützpunkte erhält. Jede Endachse des Hauptbalkens ist überdieß mit der vertikal darunter liegenden Endachse des einen Führungsbalkens in geeigneter Weise durch Schneiden und Pfannen in Verbindung gesetzt, und es bietet die innere Endachse jedes Führungsbalkens der auf die entgegengesetzte Endachse des Hauptbalkens wirkenden Schale den dritten Stützungspunkt. Diese dreifache Unterstützung und Verbindung jeder Schale mit dem Hebelmechanismus ist eine unerläßliche Bedingung für die Zulässigkeit dieser Waage zur Eichung.

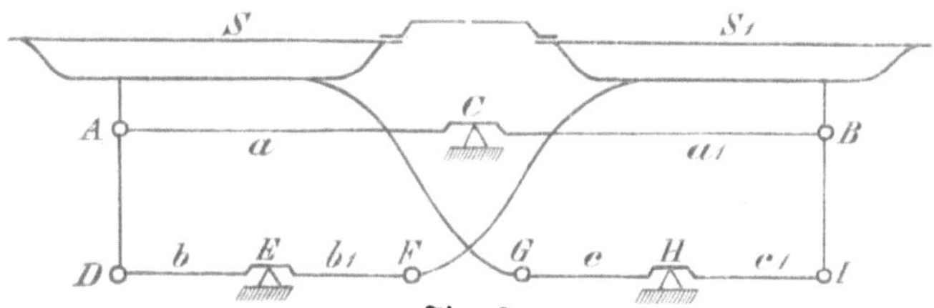

Fig. 6.

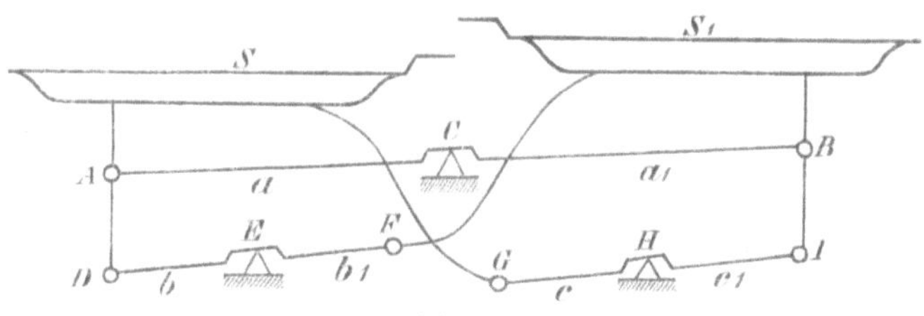

Fig. 7.

Sobald alle drei Waagebalken gleicharmig, ($a = a^1$, $b = b^1$, $c = c^1$) und überdieß auch noch die beiden Führungsbalken unter sich gleich lang sind, bewegt sich jede Brücke in stets paralleler Lage mit sich selbst, und die in irgend einem beliebigen Punkte derselben angebrachte Last wirkt dann ebenso als drücke sie direkt auf die betreffende Endachse des Hauptbalkens.

Prüfung der Tafelwaagen.

39. Bei dem zusammengesetzten Mechanismus der Tafelwaagen wird eine Prüfung darauf, in welchen Theilen Fehler vorhanden sind, um etwa eine Verbesserung derselben herbeizuführen, nicht vorgenommen, sondern die Prüfung sofort auf die Solidität der Konstruktion, Richtigkeit und Empfindlichkeit der Waage gerichtet. Im Falle sich hierbei Mängel heraus stellen, ist die Waage unberichtigt zurückzugeben und dem Besitzer zu überlassen, dieselbe anderweitig berichtigen zu lassen.

Allgemeine Prüfung der Konstruktion.

40. Zunächst wird die Waage bis zur Grenze der Tragfähigkeit (welche an der Waage angegeben sein muß) belastet und durch Tarirung zum Einspielen gebracht, dann wieder entlastet und dieß mehrmals wiederholt, wobei sich zeigen muß, daß die Waage stets wieder genau einspielt. Die belastete Waage muß hierbei, nachdem sie in Schwingungen versetzt worden ist, wieder in der genauen Gleichgewichtslage zur Ruhe kommen. Endlich muß ein kleines Uebergewicht, welches einmal der Last, das andere Mal dem Gegengewichte hinzugefügt wird, einen gleich großen Ausschlag nach entgegengesetzten Seiten bewirken.

Diese Proben werden wiederholt, indem man die Waage etwas abweichend von der horizontalen Lage aufstellt.

Richtigkeit und Empfindlichkeit.

41. Zur Prüfung der Richtigkeit werden, wie bei den gleicharmigen Waagen, Tarawägungen gemacht, indem man eine Last durch Gegengewicht in's Gleichgewicht bringt und untersucht ob durch Vertauschen von Last und Gewicht die Gleichgewichtslage nicht gestört wird.

Diese Prüfung wird einmal mit der größen Belastung der Waage ausgeführt, und hiermit die Prüfung der Empfindlichkeit verbunden, welche nach §. 54 der Eichordnung so groß sein muß, daß bei Waagen bis 5 K. Tragfähigkeit ein Uebergewicht von 5 D (= $^1/_{2000}$ der Last), bei Waagen unter 5 K. Tragfähigkeit ein Uebergewicht von 1 G. (= $^1/_{1000}$ der Last) noch einen deutlichen Ausschlag giebt. Ferner ist diese Prüfung wie bei den gleicharmigen Waagen (vergl. Nr. 9) auch mit der kleinsten zulässigen Belastung, beziehungsweise mit $^1/_{10}$ der größen Belastung anzustellen. Endlich müssen die Angaben der Waage dieselben bleiben, wie auch der Ort der Last oder des Gewichtes auf ihren Schalen geändert werden möge.

Stempelung.

42. Eine bei den vorstehenden Prüfungen zulässig befundene Waage wird durch Anlegung der Plombe an einem passenden Theile des Statives gestempelt.

IX. Instruktion
für das Eichen der Alkoholometer und dazu gehörigen Thermometer.

Ausführungsbestimmungen zu §. 57—59 u. 70 der Eichordnung.

a) Alkoholometer.

1. Die vollständige Procentskale nach Tralles hat 2 Hauptpunkte, von welchen der untere oder Nullpunkt dem destillirten Wasser ohne Beimischung von Alkohol, der obere mit 100 bezeichnete Punkt dem absoluten (d. h. wasserfreien) Alkohol entspricht.

Die Procentskale muß, wenn ein Instrument zulässig sein soll, mindestens eine Länge von 165 Millimeter zwischen den angegebenen Hauptpunkten haben, bei theilweisen Skalen dürfen die einzelnen Theile nicht kleiner sein, als die entsprechenden für eine zulässige vollständige Procentskale.

2. Die zur Eichung vorgelegten Instrumente, soweit sie übrigens den Vorschriften im §. 57 der Eichordnung entsprechen, mögen sie mit vollständiger oder theilweiser Skale versehen sein, müssen an ihrem oberen Ende noch offen (nicht zugeblasen) sein. Die Skale muß zwar an die gehörige Stelle vorläufig eingeschoben, darf jedoch noch nicht befestigt sein, damit sie wegen der Stempelung herausgenommen werden kann. Außerdem muß dieselbe als Skale nach Tralles bezeichnet sein, und Namen und Wohnort des Verfertigers des Instrumentes enthalten.

3. Zur Prüfung sind gläserne Cylinder mit Fuß für destillirtes Wasser und für verschiedene, mindestens fünf Weingeistmischungen erforderlich; die Mischungen müssen in ungefähr gleichen Intervallen von der geringsten Grädigkeit, die das zu prüfende Instrument anzeigt, bis zu etwa 96 Procent liegen. Es empfiehlt sich größere Cylinder zu wählen, um den Einfluß einer Temperaturänderung möglichst zu vermindern.

4. Bei der Prüfung werden das zu prüfende Alkoholometer und das Normalinstrument, nachdem dieselben mit einem reinen Läppchen sorgfältig abgewischt worden sind, in die Probemischungen behutsam eingesenkt und die Procentangabe beider Instrumente verglichen. Hierbei sind die Angaben der Instrumente durch Beobachtung unter der Oberfläche der Flüssigkeit abzulesen, weil sich der Flüssigkeitsspiegel vermöge der Attraktion an der äußeren Oberfläche der Spindel in die Höhe zieht.

Es ist nicht erforderlich, daß die Mischungen bestimmte Alkoholprocente bilden, wenn nur in jeder Mischung die Angabe des zu prüfenden Instrumentes mit der des Normal-Instrumentes übereinstimmt.

Unterschiede, welche höchstens $1/4$ Procent betragen, werden hierbei außer Acht gelassen.

5. Ist durch diese Prüfung die Skale eines Alkoholometers zulässig befunden worden, so wird das absolute Gewicht des Instrumentes in Milligrammen ermittelt, die Skale herausgenommen, mit dem Stempel sowie mit der Angabe dieses Gewichtes versehen, wieder eingeschoben, und das Instrument dem Betheiligten zur Vollendung übergeben.

6. Die Vollendung besteht in der definitiven Befestigung der papiernen Skale innerhalb der Glasröhre, was am Besten mit gutem Fischleim (Hausenblase) erfolgt, und im luftdichten Zuschmelzen des oberen Rohrendes. Die Befestigung der Skale mit Siegellack oder Schellack ist unzweckmäßig, weil bei höheren Temperaturgraden eine Erweichung des Lacks und Verschiebung der Skale eintreten kann, und wird daher untersagt.

7. Das so vollendete Instrument ist nochmals zur Prüfung vorzulegen; bei dieser wird nur untersucht, ob das Gewicht noch dem auf der Skale aufgetragenen entspricht, und ob die Skale an richtiger Stelle steht, was durch Einsenkung desselben und des Normalinstrumentes in eine Probemischung ermittelt wird.

Erst wenn sich in beiderlei Beziehung, sowie gegen die Befestigung der Skale ein Bedenken nicht ergiebt, kann die

Abgabe des Eichscheines erfolgen, welchem ein Exemplar der Reduktionstabellen und der mit denselben verbundenen Gebrauchsanweisung beigefügt wird.

b) Thermometer.

8. Nur solche Thermometer, die den Vorschriften der Eichordnung in §. 57 entsprechen, bei denen die Umhüllungsröhre oben offen ist, und deren Skale den Namen des Verfertigers trägt, sind zur Eichung anzunehmen.

9. Die Prüfung eines Thermometers erfolgt dadurch, daß man

1) dasselbe nebst dem Normalthermometer in ein Gefäß mit heißem Wasser stellt und unter öfterem Umrühren des Wassers den Gang beider Instrumente während der Abkühlung sorgfältig beobachtet. Hierbei ist besonders auch die durch einen rothen Strich angegebene Temperatur von 12⁴/₉ ° R., auf welche die Eintheilung der Alkoholometer basirt ist, zu beachten;

2) die Richtigkeit des Nullpunktes der Skale dadurch prüft, daß man die Kugel des Instrumentes in eine angemessene Menge klein gestoßenen Eises oder auch in Schnee stellt, welche im Schmelzen begriffen sind.

10. Zu dieser Prüfung werden gläserne Cylinder, wie sie in Nr. 3 erwähnt sind, angewendet, doch sind diese Gefäße auf einem mit Filz oder einem anderen die Wärme schlecht leitenden Stoff belegten hölzernen Fußgestelle, welches auf seiner unteren Seite mit 3 Holzknöpfen versehen ist, und auf denselben hohl steht, aufzustellen.

11. Werden bei der Vergleichung mit dem Normalthermometer nur Abweichungen von höchstens $^1/_4$ ° gefunden und ist das untersuchte Thermometer auch sonst für zulässig zu erachten, so erfolgt die Stempelung in der Art, wie sie §. 58 der Eichordnung angiebt, und es ist dasselbe hierauf zur Vollendung, d. h. zur definitiven Befestigung der Skale und zum Zuschmelzen der Umhüllungsröhre an den Betheiligten zurückzugeben.

12. Erst wenn diese Vollendung bewirkt ist, und sich bei

einer nochmaligen kurzen Vergleichung mit dem Normalthermometer ein Bedenken nicht ergeben hat, kann die Aushändigung des Eichscheines, auf welchem auch der Umfang der Skale und ihre Länge in Millimetern anzugeben ist, erfolgen.

c) Thermo-Alkoholometer.

13. Bei der Eichung eines Thermo-Alkoholometers, welches den im §. 57 der Eichordnung angegebenen Bedingungen entspricht, gelten die vorher unter a) und b) angegebenen Vorschriften, es bedarf aber einer dreimaligen Vorlegung bei der Eichanstalt, wie sich dieß aus den nachfolgenden Bemerkungen ergiebt.

14. Bei der ersten Vorlegung erfolgt die Prüfung und beziehentlich Stempelung des Thermometers nach der unter b) angegebenen Art.

Bei der zweiten Vorlegung muß die definitive Befestigung der Thermometerskale bewirkt, die gläserne Umhüllungsröhre an dem oberen Ende mit einer dünnen Spindel versehen und in dieselbe die Alkoholometerskale vorläufig eingesetzt sein. Es wird nun die Nachprüfung des Thermometers nach Nr. 12 und die Prüfung der Alkoholometerskale nach den Vorschriften unter a) vorgenommen, auch die letztere eventuell gestempelt und mit der Bezeichnung des Gewichtes versehen.

Bei der dritten Vorlegung, welche die vorausgegangene definitive Befestigung der Alkoholometerskale und die Zuschmelzung des ganzen Instrumentes voraussetzt, ist die unter Nr. 7 erwähnte Nachprüfung vorzunehmen, und erst wenn bei dieser ein Bedenken nicht stattfindet, kann die Auslieferung des Eichscheines und der Reduktionstabellen nebst Gebrauchsanweisung erfolgen.

d) Eichscheine.

15. Zu den Eichscheinen sind nach Maßgabe des Falles zwei verschiedene Formulare zu benutzen.

Eichschein I. a) Nr. . . . . für ein Alkoholometer.
c) Nr. . . . . für ein Thermo-Alkoholometer.

Für Herrn . . . . zu . . . . . .

wurde ein . . . . { Alkoholometer / Thermo-Alkoholometer } mit

Skale nach Tralles, nachdem es für zulässig erachtet worden ist, geeicht, und sind die beibemerkten taxmässigen Gebühren berechnet worden.

Bei	reicht			betragen			
	die Prozentskale		die Thermometerskale	die Länge der letztern.	das Gewicht in Milligrammen.	die taxmäßigen Eichgebühren	
	von %	bis %	von °R bis °R			fl.	kr.
Spindel 1							
Spindel 2							
Spindel 3							
					für 1 Exemplar der Reduktionstabellen	—	—
(Datum).					Zusammen	—	—

Alle Skalen sind mit der Nummer . . . . bezeichnet.

(Stempel.) Die kgl. Normal-Eichungs-Kommission.

Für die Eichscheine unter a) und für die unter c) werden besonders fortlaufende Nummern geführt.

Bei einem für Alkoholometer ausgefertigten Eichschein wird das auf Thermo-Alkoholometer bezügliche durchstrichen und umgekehrt.

Eichschein II. b) Nr. . . . . für Thermometer.

Für Herrn . . . . . zu . . . . .
wurde ein von . . . . gefertigtes Thermometer geprüft, nachdem es für zulässig erachtet worden ist, gestempelt, und am oberen Ende der Skale mit der Nr. . . . . versehen. Die Skale reicht von °R. bis °R. und hat eine Länge von . . . . . . Millim.

An Eichgebühren sind zu berechnen: fl. kr.

(Datum) . . . .

(Stempel.) Die kgl. Normal-Eichungs-Kommission.

X. Instruktion

für das Eichen der Gasmesser.

(Ausführungsbestimmungen zu §. 60–65 und 70 der Eichordnung.)

1. Die Eichanstalten haben nur solche neue Gasmesser zur Prüfung anzunehmen, welche den in §. 60—63 der Eichordnung angegebenen Bedingungen entsprechen, und bei denen das das Zählwerk umschließende Gehäuse noch nicht fest verschlossen ist.

2. Das Zählwerk muß außer den für die eigentliche Registrirung nach Kubikmetern dienenden Zifferblättern zum Zwecke der Eichung noch eine Einrichtung besitzen, durch welche *kleinere Raumtheile* des durchgegangenen Gases bis zu der Größe herab angegeben werden, wie sie zu genauer Bestimmung des etwa vorhandenen Fehlers erforderlich ist.

3. Die Prüfung hat sich zunächst auf die Untersuchung der *richtigen Anordnung des Zählwerks* zu erstrecken, d. h. darauf, daß die von den Zifferblättern markirten Zahlenangaben den wirklich vollführten Umdrehungen der einzelnen Theile des Mechanismus entsprechen, sowie, daß die letzteren zweckentsprechend ausgeführt sind, auch nach bewirktem Verschluß des Gehäuses eine Verstellung von außen nicht erfahren können.

4. Die *weitere Prüfung* erfolgt entweder durch Anwendung eines *Kubicirapparats*, von dem aus eine abgemessene Quantität atmosphärischer Luft durch den Gasmesser getrieben und mit den Angaben des Zählwerkes verglichen wird, oder auch, bei größeren Gasmessern, wo die Benutzung des vorher erwähnten Apparates nicht ausführbar ist, durch Vergleichung der Angaben des zu prüfenden mit denen eines *Kontrolgasmessers*, während beide in demselben Zeitraum von gleich großen Gasmengen durchströmt werden.

Von beiden Arten der Prüfungsapparate gilt die Bestimmung, daß sie nur dann von den Eichanstalten benutzt werden dürfen, wenn sie von der kgl. Normal-Eichungs-Kommission vorher geprüft und geeignet befunden worden sind. Diese Bestimmung gilt auch für die eichamtliche Benutzung von Kubicirapparaten und Kontrolgasmessern, welche außerhalb der Eichungslokale aufgestellt sind.

Bei den jetzt im Gebrauche befindlichen Apparaten ersterer Art bedarf es im Wesentlichen nur einer Umänderung der jetzt angewendeten Skalen nach Maßgabe der Veränderung der Registrirungseinheit.

Bei der Benutzung von Kubicirapparaten oder Kontrolgasmessern, welche außerhalb des Eichungslokales aufgestellt sind, ist die Eichanstalt verpflichtet, sich von dem vorschriftsmäßigen Zustande der Apparate und von der Erfüllung aller durch die Instruktion vorgeschriebenen Bedingungen richtiger Eichung in jedem Falle zu überzeugen, und die Vornahme der Eichung zu verweigern, sobald eine der Vorschriften nicht erfüllt ist.

Behufs weiterer Kontrole hat die Eichanstalt bei fortlaufender Benutzung der außeramtlichen Apparate von Zeit zu Zeit einzelne mittelst derselben geeichte Gasmesser einer Nachprüfung mit Anwendung ihrer eigenen Apparate zu unterwerfen. Ueber die Resultate dieser Prüfung ist ein Protokoll aufzunehmen, und, sobald sich irgendwelche Unzuträglichkeiten ergeben haben, sofort an die kgl. Normal-Eichungs-Kommission zu berichten. Die letztgenannte kgl. Kommission wird die außerhalb der Eichungslokale bestehenden Kontrolapparate für Gasmesser zeitweilig einer direkten Prüfung unterziehen, dieselben nach Umständen richtig stellen, oder auch deren fernere Anwendung untersagen.

5. Die in neuerer Zeit angewendeten Kubicirapparate für Gasmesser sind im Wesentlichen in folgender Art eingerichtet.

In einem cylindrischen Wasserbehälter befindet sich eine cylindrische Glocke von Zinkblech, verzinntem Eisenblech oder Kupferblech, welche oberhalb an einem Gurt aufgehangen ist; sie enthält unterhalb und oberhalb einen verstärkten Rand und an dem unteren Rande zwei diametral gegenüberliegende Leitrollen, welche an vertikalen Schienen laufen, die im Innern des Wasserbehälters angebracht sind, an dem oberen Rande aber, um 90° gegen die unteren versetzt, zwei Leitrollen, deren vertikale Führungsschienen auf den Rand des Wasserbehälters aufgesetzt und oberhalb entsprechend befestigt sind. Hierdurch wird die Parallelbewegung der Glocke gesichert.

Der die Glocke haltende Gurt geht vertikal nach einer Leitrolle, hierauf horizontal nach einer zweiten und von hier vertikal hinab nach dem Gewichtsträger, auf welchen Gegengewichte aufgelegt werden, um die Glocke aufzuziehen oder ihr während der Prüfung gerade ein solches Uebergewicht zu belassen, daß die in ihr eingeschlossene Luft die vorgeschriebene Spannung von 40mm. Wassermanometer-Höhe erhält. Um diese Spannung von den Gewichtsverminderungen unabhängig zu machen, welche die Glocke durch den wachsenden hydrostatischen Auftrieb bei tieferem Eintauchen erleidet, sind an dem Gurte kleine Bleigewichte in solcher Anordnung befestigt, daß sie beim Sinken der Glocke über die erste Leitrolle hinweggehend die jedesmal erforderliche Ausgleichung durch Verminderung der Wirkung der Gegengewichte hervorbringen.

An der Glocke ist eine Skale angebracht, welche durch einen an dem Rande des Wasserbehälters befindlichen Zeiger die Einsenkungstiefe der Glocke und dadurch das Volumen der aus derselben verdrängten Luft erkennen läßt.

Der Wasserbehälter enthält am Boden einen Auslaßhahn, um von Zeit zu Zeit das Wasser ablassen und erneuern zu können.

In der Mitte des Wasserbehälters befindet sich das Luftabführungsrohr, dessen obere Oeffnung in der Ebene der äußeren Randfläche liegt, das durch den Boden hindurchgeht, an einer Seite des Behälters in die Höhe steigt, und sich in angemessener Höhe horizontal umbiegt; dasselbe enthält einen Dreiwegehahn, welcher in seinen verschiedenen Stellungen zur Gestattung der Luftansaugung behufs Füllung der Glocke, dann zur Herstellung der Verbindung der Glocke mit dem zu prüfenden Gasmesser, endlich auch zur Absperrung des Luftaustrittes dienen kann.

Zur Absperrung ist jedoch meistens noch am horizontalen Ende des Rohrs ein besonderer Absperrhahn, sowie vor demselben ein Wassermanometer zur Ermittelung der in der Glocke vorhandenen Luftspannung angebracht.

Der Dreiwegehahn oder der besondere Absperrhahn wird vortheilhaft mit einer Auslösevorrichtung versehen, welche bewirkt, daß plötzlich der Hahn geschlossen und der Luftaustritt abgesperrt wird, sobald die Glocke sich bis zum Endpunkte der Skale gesenkt hat. Diese Auslösung wird durch eine am oberen Rande der Glocke angebrachte Schraube, welche die Arretirung des beschwerten Hahnschlüssels auslöst, bewirkt und durch ihre Stellung regulirt.

Das Ende des Luftrohrs steht in einer solchen Höhe über dem neben dem Wasserbehälter befindlichen Arbeitstische, daß eine leichte Verbindung desselben mit den auf dem Arbeitstische aufgestellten Gasmessern durch Gummischläuche erfolgen kann.

Am Ende des Arbeitstisches ist ein Rohrstück (Ausblasrohr) angebracht, welches einerseits mit dem Austrittsrohre der Gasmesser durch einen Gummischlauch verbunden werden kann, andererseits einen Ausblashahn enthält, durch welchen die Ausflußgeschwindigkeit der Luft regulirt werden kann, und außerdem mit einem Wassermanometer zur Ermittelung der Spannung der austretenden Luft verbunden ist.

6. Die an der Glocke angebrachte Skale ist durch Kubicirung der Glocke mit eingefülltem Wasser zu bestimmen und so zu theilen, daß man jedenfalls noch einzelne Liter abzulesen im Stande ist. Ein Liter wird aber bei einem Glocken-

durchmesser von	7 Decim.	8 Decim.
einer Glockenbewegung von etwa	2,61 Millim.	1,99 Millim.
entsprechen; es wird daher auch, wenn man die Glocke zur Abmessung von 500 L. oder $1/2$ Kubikmeter benutzen will, der messende Theil ihrer Höhe ungefähr	1,3 Meter,	1 Meter
werden, oder wenn der Inhalt 600 L. werden soll, ungefähr	1,57 Meter,	1,2 Meter.

7. Das Verfahren bei Anwendung des Apparates ist folgendes:

Man hebt die als Luftbehälter dienende Glocke in die Höhe und regelt bei geschlossenem Absperrhahn durch Zulegen oder Wegnehmen von Gewichten die Spannung der eingeschlossenen Luft so, daß das Manometer 40 Millimeter Wassersäule zeigt.

Der zu untersuchende Gasmesser wird auf die horizontale Platte des Arbeitstisches gestellt (wenn derselbe mit einem Pendelzeiger versehen ist, so, daß die Spitze des Pendels genau über der Marke einspielt), der Zählapparat auf 0 gebracht, und das Eingangsrohr mit dem Rohrende an der Glocke, das Ausgangsrohr aber mit dem Ausblasrohre luftdicht verbunden. Hierauf wird der Gasmesser so lange mit Wasser angefüllt, bis dasselbe am Abflußrohre auszufließen anfängt, der Absperrhahn der Glocke geöffnet und so lange eine Durchströmung der Luft gestattet, bis sich die Trommel des Gasmessers wenigstens einmal umgedreht hat (vergl. Nr. 8), und nun der Ausblashahn geschlossen.

Hierauf wird Wasser in den Gasmesser nachgefüllt, um den Wasserstand in demselben auf die Höhe zu bringen, welche er bei gewöhnlichem Gebrauche einnehmen soll, und nun die ganze Vorrichtung einige Zeit stehen gelassen, um zu sehen, ob sich eine Veränderung im Stande der Glocke zeigt oder nicht, und daraus auf die Dichtigkeit zu schließen.

Findet ein Niedersinken der Glocke statt, so ist zunächst zu untersuchen, ob die angebrachten Verbindungsröhren dicht schließen, und erst in dem Falle eine Undichtheit des Gasmessers anzunehmen, wenn hier ein Fehler nicht vorhanden war.

Haben sich die Verbindungsröhren und die zu prüfenden Gasmesser dicht erwiesen, so öffnet man den Ausblashahn allmählig so, daß ein Abströmen der Luft ungefähr mit der für den zu untersuchenden Gasmesser gehörenden Geschwindigkeit statt findet (vergl Nr. 8).

Wenn diese Geschwindigkeit erreicht ist, kann zur eigentlichen Beobachtung geschritten werden.

Man schließt dann den Ausblashahn und den Absperrhahn, füllt die Glocke, wenn dies erforderlich ist, ihrem ganzen Inhalte nach mit Luft, und zeichnet sowohl den Stand der Skale an der Luftglocke, als auch den Stand des Zählwerks an dem Gasmesser (auf letzterem natürlich einschließlich der Angaben, durch welche die kleineren Raumtheile nach Nr. 2 gemessen werden). Hierauf wird sowohl der Absperrhahn als der Ausblashahn geöffnet, und eine angemessene Luftmenge durch den Gasmesser hindurch gelassen.

Während des Luftaustrittes wird sowohl der Stand des Manometers vor dem Absperrhahn als des Manometers am Ausblashahn beobachtet und notirt, beim Ende der Beobachtung aber sowohl der Stand des Zeigers an der Skale der Luftglocke, als auch die Angabe des Zählwerks am Gasmesser aufgezeichnet. Die Differenz der Ablesung an der Glockenskale zu Anfang und Ende der eigentlichen Beobachtung ergiebt das durch den Gasmesser hindurch getriebene Luftvolumen und die Differenz der Ablesungen an dem Zählwerke das von dem Gasmesser registrirte Luftvolumen. Die letztere Zahl darf um nicht mehr als zwei Procent von der ersteren abweichen (vergl. §. 64 der Eichordnung), wenn der Gasmesser als stempelfähig zu erachten sein soll.

8. Ist für einen Gasmesser

$J = 4$ L und

$V = 0{,}48$ Kub. Met. ($= 480$ L)

angegeben, so macht die Trommel $^{480}/_{4} = 120$ Umdrehungen in der Stunde, also 2 Umdrehungen in der Minute; es ist daher auch ein längerer Zeitraum als etwa eine Minute zu der in Nr. 7, Absatz 3 angegebenen vorläufigen Umdrehung der Trommel nicht erforderlich, die den Zweck hat, alle Abtheilungen der Trommel mit Luft von derjenigen Spannung anzufüllen, wie sie in der Luftglocke vorhanden ist.

Um den Ausblashahn für die Prüfung dieses Gasmessers entsprechend zu reguliren, ist zu beachten, daß das Volumen der durchgehenden Luft in der Stunde 480 L und in der Minute 8 L beträgt, es ist daher die Oeffnung des Hahnes so lange zu verändern, bis sich in der Minute die Luftglocke um etwa 8 L senkt oder der gleiche Betrag am Zählwerk abgelesen wird.

9. Die Beobachtung des Zeigerstandes an der Skale und des Zählwerkstandes hat mit einer solchen Genauigkeit zu erfolgen, daß Fehler vermieden werden, die sonst leicht in Vereinigung mit unvermeidlichen Fehlerquellen, wie den in Folge des Widerstandes der Trommeldrehung eintretenden Verminderungen der Luftspannung, der Temperaturveränderung u. s. w. Abweichungen hervorbringen können, die einen in der That zulässigen Gasmesser als unzulässig erscheinen lassen würden.

Kleine Abweichungen der Manometerhöhe sind zu vernachlässigen, da ein Luftvolumen von der Größe $= 1000$, in der Luftglocke bei 40 Millimeter Wassermanometer-Höhe abgemessen, unter dem gewöhnlichen Luftdrucke in ein Volumen von etwa 1004 übergeht, also die hierdurch hervorgebrachte Differenz nur etwa $^1/_{10}$ Prozent für je 10 Millimeter Veränderung in der Manometerdruckhöhe beträgt.

Ein Fehler von 1 Millimeter in der Ablesung an der Glockenskale bei einer Glocke von 8 Decimeter Durchmesser (s. Nr. 5.) beträgt bereits $^1/_2$ Liter Luftvolumen, d. h. für 100 hindurchgegangene Liter $^1/_2$ Prozent. Es muß daher darauf Rücksicht genommen werden, daß die Menge der durch den Gasmesser geführten Luft eine solche Größe erhält, daß dieser Fehler auf das Resultat einflußlos bleibt.

Ein Fehler in der Ablesung des Zählwerkes von gleicher Größe mit dem vorhergehenden hat natürlich denselben Einfluß, es muß daher auch darauf gesehen werden, daß zu Ende der eigentlichen Beobachtung die aufeinander wirkenden, die Bewegung übertragenden Theile des Zählwerkes einander in demselben Sinne, wie zu Anfang der Beobachtung berühren, was am sichersten dann erfolgt, wenn die auf die Gastrommel wirkende Luft dauernd gleiche Spannung hat.

Endlich kann bezüglich der Angabe des Zählwerks ein Fehler dadurch entstehen, daß die Uebertragung der Bewegung von der Trommelwelle aus durch nicht vollkommen gleichmäßig getheilte Räder erfolgt, oder die zur Registrirung der kleinsten Volumentheile bestimmte Scheibe nicht gleichmäßig getheilt ist; dieser Fehler wird durch eine größere Anzahl der Umdrehungen der Trommelwelle zu einem verschwindend kleinen Betrage gebracht, und der zuletzt bezeichnete Ausführungsfehler dadurch einflußlos gemacht, daß man die Beobachtung schließt, wenn der Zeiger an der die kleinsten Volumentheile registrirenden Scheibe auf derselben Stelle steht, wie zu Anfang der Beobachtung.

10. Nach Maßgabe des in Nr. 9 Angeführten ist bei kleineren Gasmessern nicht in allen Fällen erforderlich, den vollen Luftinhalt der Glocke durch die Trommel zu treiben und namentlich dann nicht, wenn die Beobachtung regelmäßig verläuft.

Ergibt sich aber bei der nach Nr. 7 vorgenommenen Vergleichung des durchgeströmten und des durch das Zählwerk registrirten Luftvolumens eine dem zulässigen Fehler nahestehende oder denselben übersteigende Abweichung, so ist die

Beobachtung, mit einem größeren durchströmenden Luftvolumen zu wiederholen.

Bei größeren Gasmessern genügt die einmalige Entleerung der Trommel nicht, es muß dann nach vorher erfolgter gleichzeitiger Absperrung des Ausblas- und Absperrhahnes die Glocke von neuem gefüllt und ihr Luftinhalt unter den vorher in Nr. 7 angegebenen Bedingungen durch den Gasmesser getrieben, dieß Verfahren aber so oft wiederholt werden, bis das Gesammtvolumen der durchgedrückten Luft der im letzten Absatz von Nr. 7 angegebenen Bedingung entspricht.

11. Obgleich es zweckmäßiger ist, jeden Gasmesser einzeln zu prüfen, so kann doch zur Abkürzung des Eichgeschäfts die gemeinschaftliche Prüfung mehrerer Gasmesser gleicher Größe, die von derselben Fabrik angefertigt sind, in der Art vorgenommen werden, daß die zur Messung benutzte Luftmenge aus einem dieser Gasmesser in den andern überströmt und erst von dem letzten durch das Ausblasrohr in die Atmosphäre entweicht.

Die Anzahl der gleichzeitig zu prüfenden Gasmesser darf bei den kleineren Gattungen 5 nicht übersteigen und ist bei größeren auf eine geringere Zahl zu beschränken.

Da hierbei die Spannung der Luft vom ersten bis zum letzten Gasmesser abnimmt, wird der letzte eine etwas größere Umdrehungszahl zeigen müssen, als der erste; es bildet aber diese Differenz nur einen geringen Theil der als zulässig erklärten Abweichung, wie sich dieß aus Nr. 9 ergiebt.

Zeigen sich bei der Beobachtung Unregelmäßigkeiten, so ist der Versuch mit den Gasmessern einzeln zu wiederholen. Gleiches hat mit denjenigen Gasmessern stattzufinden, die bei einer solchen Prüfung einen der zulässigen Abweichung nahe stehenden Fehler zeigten.

12. Die im Vorstehenden angegebenen Vorschriften über die Prüfung erstrecken sich sowohl auf die nassen als auf die trockenen Gasmesser, mit der selbstverständlichen Ausnahme, daß bei den letzteren das über die Regulirung des Wasserstandes Gesagte in Wegfall kommt.

Außerdem sind aber die trockenen Gasmesser noch einer zweiten Prüfung zu unterwerfen, bei welcher ein wesentlich langsameres Durchströmen der Luft stattfindet, in der

Art, daß für die gleich große Luftmenge etwa die dreifache Zeit verwendet wird.

Erst wenn beide mit einem solchen Gasmesser vorgenommene Beobachtungen ein angenähert gleiches Resultat geben, und die etwaige Abweichung in der Registrirung innerhalb der zulässigen Fehlergrenze liegt, ist ein trockener Gasmesser als stempelfähig zu erachten.

Durch diese doppelte Prüfung soll ermittelt werden, ob die angewendeten Membranen die erforderliche Undurchlässigkeit besitzen.

13. Die Anwendung eines Kontrolgasmessers zur Eichung eines größeren Gasmessers darf nur ausnahmsweise und in dem Falle stattfinden, wenn die Benutzung eines Kubicirapparates unthunlich ist.

Der hierbei anzuwendende Kontrolgasmesser muß in Bezug auf die Richtigkeit seiner Registrirung durch die königl. Normal-Eichungs-Kommission untersucht, und der etwa bei demselben vorhandene Fehler angegeben sein, so daß er bei der späteren Vergleichung mit dem zu prüfenden Gasmesser Berücksichtigung finden kann.

Bei der mittelst eines Kontrolgasmessers anzustellenden Prüfung eines Gebrauchsgasmessers empfiehlt es sich, zwei länger andauernde Beobachtungen in der Art vorzunehmen, daß bei der einen das Gas zuerst durch den Kontrolgasmesser und dann durch den zu prüfenden, und bei der anderen zuerst durch den zu prüfenden und dann durch den Kontrolgasmesser geht. Es werden dann die Mittel der so erhaltenen Resultate mit einander verglichen, und aus der sich etwa ergebenden Differenz auf die Zulässigkeit geschlossen.

14. Berichtigungsarbeiten haben die Eichanstalten an Gasmessern nicht auszuführen.

15. Bei der Stempelung der Gasmesser sind die in §. 65 der Eichordnung angegebenen Vorschriften zu befolgen.

Das Aufdrücken des Stempels hat in Zinnloth zu erfolgen.

16. Bei Gasmessern, für welche die Größe von V zu bestimmen ist (vergl. Nr. 17), wird dieselbe auf einen Zinntropfen aufgestempelt.

Nach Maaßgabe des Falles (vergl. Nr. 17) sind zu den Eichscheinen folgende Formulare zu benutzen.

1) Für Gasmesser, welche nach metrischem Maaße registriren:

Eichschein III. a. Nr. . . . für einen nassen Gasmesser.
b. Nr. . . . für einen trockenen Gasmesser.

Für Herrn . . . . . . zu . . . .

ist ein nasser / trockener Gasmesser,
angefertigt von . . . . zu . . . .
mit der Fabriknummer . . . . versehen,
bei dem angeblich der Inhalt des messenden Raumes

J = ... L

und das größte Gasvolumen, welches derselbe pro Stunde durchzulassen bestimmt ist, V = ... Kub. Met. beträgt, und welcher nach Kubikmeter registrirt, nachdem die Angabe des Zählwerkes bei der Prüfung sich innerhalb der zugelassenen Abweichung von höchstens zwei Procent als richtig erwiesen hat, gestempelt, und als taxmäßige Gebühren für die Eichung sind berechnet worden

fl. kr.

(Datum) . . . .

(Stempel.) Unterschrift des Eichmeisters.

2) für Gasmesser, bei denen die frühere Registrirung nicht verändert worden ist:

Eichschein IV. c. Nr. . . . für einen nassen Gasmesser.
d. Nr. . . . für einen trockenen Gasmesser.

Für Herrn . . . . . . zu . . . . . .

ist ein nasser / trockener Gasmesser, dessen Zählwerk noch nach . . . . Kubikfuß registrirt und welcher mit folgender Bezeichnung versehen ist:

(Einsetzung der Bezeichnung)

nachdem die Angabe seines Zählwerks bei der Prüfung sich innerhalb der zugelassenen Abweichung von höchstens zwei Procent als richtig erwiesen hat, nach §. 70 der Eichordnung gestempelt und als taxmäßige Gebühren für die Eichung sind berechnet worden:

fl. kr.

Für denselben ist J = ... L.
und V = ... Kub. Met. . . . .
zu nehmen.

(Datum) . . . .
(Stempel.) Unterschrift des Eichmeisters.

17. Die unter a. und b. aufgestellte Form der Eichscheine bezieht sich auf neue mit metrischer Registrirung versehene sowie auf solche bereits früher gebrauchte Gasmesser anderer Konstruktion, deren Zählwerk auf metrische Registrirung eingerichtet worden ist.

Die unter c. und d. angegebene Form wird durch die in §. 70 der Eichordnung getroffene Bestimmung nothwendig, nach welcher Gasmesser, die bereits vor dem 1. Januar 1872 gehörig gestempelt und in Gebrauch waren, und welche wegen unwesentlicher Reparaturen nach diesem Zeitpunkt einer neuen Stempelung bedürfen, auch ohne den neueren Vorschriften zu genügen, gestempelt werden können.

Auf letzteren Eichscheinen ist J und V nach dem metrischen Maaße aufzutragen, letztere Größe namentlich auch deshalb, um nach derselben den Gebührensatz der Eichtaxe zu bestimmen; es dient hierzu theils die frühere Angabe des Trommelinhaltes, theils die Zahl der Flammen, für welche der Gasmesser bestimmt ist, wobei für jede Flamme im Durchschnitt ein stündliches Gasvolumen von 142 Liter angenommen werden kann.

18. Als wesentliche Reparaturen, bei deren Ausführung die nach andern Maaßen registrirenden Gasmesser auf metrische Registrirung in Folge von §. 70 der Eichordnung eingerichtet werden müssen, sind zu erachten: Erneuerung der Welle, der Trommel, des Gehäuses, des Zählwerkes und Veränderung des Meßraumes.

19. Um die bedeutenden durch die Eichung der nach älteren Maaßen registrirenden Gasmesser entstehenden Eichungsarbeiten, welche zum Theil an Orten vorzunehmen sein werden, an denen sich eine Eichanstalt nicht befindet, übersehen und ohne zu große Belästigung der Gasanstalten und Konsumenten durchführen zu können, wird bestimmt, daß an solchen Orten, wo ein Kubicirapparat für Gasmesser nicht vorhanden ist, ausnahmsweise auch die Prüfung kleinerer Gasmesser durch Kontrolgasmesser vorgenommen werden kann.

Bezüglich der Orte zur Anmeldung und der zweckentsprechenden Einrichtung der Eichungsarbeiten wird das Erforderliche verordnet werden.

München, den 14. Dezember 1871.

Königliche Normal-Eichungs-Kommission.

Ries,
kgl. Oberregierungsrath.

VIII.

Bekanntmachung,

betreffend die vom 1. Januar 1872 ab im Königreich Bayern unzulässigen älteren Gewichte.

In Gemäßheit des §. 68 der Eichordnung vom 12. December 1871 werden im Nachfolgenden diejenigen Gewichtsstücke der in Bayern bis zum Ende des Jahres 1871 geltenden Gewichtssysteme bezeichnet, welche nach ihrer Größe und Größenbezeichnung den Vorschriften der Maaß- und Gewichts-Ordnung vom 17. August 1868 nicht entsprechen, und deshalb vom 1. Januar 1872 im öffentlichen Verkehr nicht mehr zugelassen werden können.

I. Unzulässig werden vom 1. Januar 1872 ab alle diejenigen Gewichtsstücke, deren Gewichts-Größe in der Reihe der folgenden Größen nicht vorkommt:

50	Kilogramm	=	100	Pfund	=	1 Centner
			50	„	=	½ „
20	„	=	40	„		
10	„	=	20	„		
5	„	=	10	„		
			5	„		
2	„	=	4	„		
1	„	=	2	„		
500	Gramm	=	1	„		
			½	„		

200 Gramm
100 "
50 "
20 "
10 "
5 "
2 "
1 "
5, 2, 1 Decigramm.
5, 2, 1 Centigramm.
5, 2, 1 Milligramm.

Danach werden im besonderen unzulässig alle 1/4 Centner-Stücke, alle 3 Pfund-Stücke, und in den verschiedenen Arten der Eintheilung des Pfundes:

a. in der Decimal-Eintheilung die Stücke von
0,05 Pfund oder 5 Quint.
0,005 " " 5 Halbgramm
0,0005 " " 0,5 "
0,00005 " " 0,05 "

b. In der 30 Loth-Eintheilung alle Stücke, mit Ausnahme des 1/2 Pfund- oder 15 Loth-Stückes, so wie der 3 Loth-, 3 Quentchen-, 3 Cent- und 3 Korn-Stücke.

c. In der 32 Loth-Eintheilung alle Stücke mit Ausnahme des 1/2 Pfund- oder 16 Loth-Stückes.

II. Unzulässig werden ferner vom 1. Januar 1872 ab diejenigen Gewichts-Stücke, welche, obwohl nach ihrer Größe zu Folge der Bestimmungen unter I. zulässig, doch der Größen-Bezeichnung nach entweder den Bestimmungen der Maaß- und Gewichts-Ordnung direkt zuwider laufen, oder doch gegenüber den Vorschriften derselben zu technischen Bedenken Veranlassung geben, nämlich:

A. Alle diejenigen Stücke, welche Namen oder abgekürzte Bezeichnungen von Namen enthalten, die in der Maaß- und Gewichts-Ordnung entweder gar nicht, oder nicht in dem bisherigen Sinne gebraucht werden, also alle nach Lothen, Neu-lothen, Quinten, Halbgrammen, Quentchen, Cent oder Korn bezeichneten Stücke.

Bei der Mehrzahl der Gewichtsstücke, welche durch diese Bestimmung getroffen werden, sonst aber nach der Bestimmung unter I. zulässig bleiben würden, wird sich die alte Bezeichnung tilgen und die neue aufschlagen lassen, ohne daß das Gewicht der Stücke dadurch eine Veränderung erleidet. Bei den $\frac{1}{2}$ Pfund-Stücken und den nach der Bestimmung unter I. zulässig bleibenden anderen Stücken der bisherigen Decimal-Unterabtheilungen des Pfundes ist auch die neben der zu duldenden Bezeichnung nach Bruchtheilen des Pfundes etwa noch vorhandene Bezeichnung nach Lothen, Neu-Lothen, Halbgrammen ꝛc. unkenntlich zu machen, wenn diese Stücke künftig zulässig bleiben sollen;

B. Alle diejenigen Stücke, welche nur mit Zahlen ohne Angabe des Einheits-Namens bezeichnet sind.

Alle durch die Vorschriften unter I. nicht ausgeschlossenen Stücke der Pfundreihe, welche außer der Zahl irgend eine auf Pfund, Zoll-Pfund, Centner, Zoll-Centner zu beziehende, überhaupt von K abweichende Bezeichnung enthalten, bleiben, auch wenn die Bezeichnung den Vorschriften der Eichordnung vom 12. Dezember 1871 nicht entspricht, ohne Beschränkung zulässig und können, nachdem ihre genügende Richtigkeit konstatirt worden ist, den Eichungsstempel unter der Bedingung empfangen, daß sie auch den anderweitigen Vorschriften der Eichordnung genügen.

III. Die Einsatzgewichte, deren bisherige Zusammensetzung zufolge der durch die Bestimmungen unter I. bedingten Unzulässigkeit einzelner ihrer Theilstücke nicht zulässig bleiben kann, sind im öffentlichen Verkehr nicht mehr zu dulden, da gegen die Gestattung eines Fortgebrauches einzelner ihrer durch die Bestimmung unter I. nicht getroffenen Theilstücke oder unvollständiger Zusammensetzungen derselben entscheidende Bedenken obwalten.

IV. Die vorstehenden Bestimmungen haben zwar nach Artikel 8 der Maaß- und Gewichts-Ordnung vom 17. August 1868 keine Geltung bezüglich der Münzgewicht-Stücke, welche sich nach Artikel 1 des Münzvertrages vom 24. Januar 1857 im Gebrauche der Münzstätten befinden, dagegen finden sie Anwendung auf diejenigen Münzgewichts-Stücke, welche zum Zuwägen von Münzmetallen im öffentlichen Verkehr dienen.

München, den 14. December 1871.

Königliche Normal-Eichungskommission.

Ries,
kgl. Oberregierungsrath.

IX.

Tabellen.

Tabellen zur Bestimmung des in Liter auszudrückenden Rauminhalts von Gefäßen mittelst des in Kilogramm ausgedrückten Gewichtes ihrer Wasserfüllung.

Vorbemerkungen und Gebrauchsanweisung.

1. Die nachfolgenden Tafeln haben eine einfachere und bequemere Form erhalten können, als die in dem bisherigen Zustande des deutschen Maaß- und Gewichts-Wesens bei der Bestimmung des Rauminhaltes durch Wasserwägung üblichen Tabellen, und zwar in Folge des großen Vortheils, welchen die einfache Beziehung zwischen der Gewichts-Einheit und der Wasserfüllung der Raum-Einheit innerhalb des metrischen Systems darbietet.

2. Das Gewicht eines Liter oder Kubikdecimeter Wassers beträgt zwar nur unter ganz besonderen, in der Praxis kaum zu verwirklichenden und nur durch Verbindung von Experiment und Rechnung herzustellenden Bedingungen, genau ein Kilogramm, — nämlich:

1) wenn das Liter mit völlig reinem und luftfreiem destillirten Wasser gefüllt ist,
2) wenn dieses Wasser sich in der Temperatur seiner größten Dichtigkeit (4^{0} Celsius) befindet,
3) wenn das Kilogrammstück und das Liter Wassers das Gewicht der von ihnen verdrängten Luft genau gleichen Gewichts-Verlust erleiden, also wenn beide entweder genau gleiches Volumen haben oder in leerem Raum gegeneinander abgewogen werden.

3. Indessen, so erheblich auch für die wissenschaftlich strenge Fixirung der Raum-Einheit die von der Temperatur und der Dichtigkeit des Wassers und der Luft abhängigen Schwankungen der Beziehung zwischen dem Kilogramm und der Wasserfüllung eines Liter sind, so bleiben sie doch glücklicherweise an sich so gering, daß die Raumgröße einer Wasserfüllung, deren Gewicht durch ein Kilogrammstück aus einem der üblichen Stoffe aufgewogen wird, unter den im Verkehr vorkommenden Verhältnissen die Größe eines Liter nur um wenige Tausendtheile dieser Einheit übersteigen kann.

Den nachfolgenden Tafeln, welche hauptsächlich bei der Ausmessung größerer Gefäße durch Wägung des Füllwassers Anwendung finden werden, ist eine solche Form gegeben, daß daraus für jede vorkommende Anzahl von Kilogramm Wassergewichtes und für jede vorkommende Temperatur des Füllwassers ein in Decimaltheilen des Liter ausgedrückter Zuschlag entnommen werden kann, durch dessen Hinzufügung zu dem Kilogramm-Ausdruck des Wassergewichtes man unmittelbar den genügend richtigen Liter-Ausdruck des Rauminhaltes findet.

4. Bei der Berechnung dieser Tafeln ist die Dichtigkeits-Veränderung des Wassers mit der Temperatur nach den verläßlichsten Angaben berücksichtigt und der bei der Wägung in der Luft eintretende Unterschied der Gewichts-Verminderung des gefüllten Gefäßes und des metallenen Wägungs-Materials unter den Voraussetzungen berechnet worden, daß die bei der Wägung benutzten Gewichtsstücke von Gußeisen (specifisches Gewicht 7,0) sind, und daß das Gewicht eines Liter Luft durchschnittlich 1200 Milligramm beträgt. Die vorkommenden Abweichungen von beiden Annahmen, z. B. die Anwendung von Messing-Gewichten bei der Wägung und die nach Barometer- und Thermometerständen verschiedenen Dichtigkeiten der Luft können innerhalb der Genauigkeitsgrenzen, welche den Angaben der Tafeln gesetzt werden mußten, keinen merklichen Einfluß äußern.

5. Diese Genauigkeitsgrenzen der Angaben der Tafeln sind zunächst bedingt durch die Schwierigkeit, die Temperatur einer größeren Wassermasse zur Zeit der Wägung ganz richtig anzugeben, und zwar sind erfahrungsmäßig die aus dieser Schwierigkeit hervorgehenden Unsicherheiten des gesuchten Raum-

inhaltes in Temperaturen zwischen 10° und 20° Celsius auf mindestens $^1/_{10000}$ des Inhalts zu schätzen. Noch größer sind in den meisten Fällen, besonders bei größeren Gefäßen die Fehler der Wägungs-Resultate selbst. Aber auch die Gefäße sind meistens so starken Veränderungen mit der Temperatur oder der Feuchtigkeit ausgesetzt, daß es, wenn man diese Veränderungen nicht genau genug kennt, von keinem Werth ist, den augenblicklichen Rauminhalt mit einer Schärfe, die im nächsten Moment schon ganz illusorisch sein kann, zu ermitteln.

6. In Folge aller dieser Erwägungen ist den nachfolgenden Tafeln nur eine solche Genauigkeit gegeben worden, daß die Unsicherheiten der mit ihrer Hülfe anzustellenden Berechnungen der Wasserwägungen nirgends $^1/_{2000}$ des gesuchten Rauminhaltes übersteigen können. Zugleich ist die Eintheilung der Tafeln so bemessen worden, daß man nirgends einer mühsamern Zwischenrechnung oder einer Abkürzung von Decimal-Stellen bedürfen wird, sondern ohne erheblichen Zahlen-Luxus alle Angaben der Tafel unmittelbar benutzen kann.

7. Für die Anwendung ist noch der Umstand zu berücksichtigen, daß man bei der Inhaltsbestimmung größerer Gefäße meistens nicht in der Lage ist, mit destillirtem Wasser zu wägen, sondern gewöhnlich Fluß- und Teichwasser oder sogar das merklich dichtere Brunnenwasser dabei benutzt. Streng genommen müßte, da sich die Angaben der Tafel auf destillirtes Wasser beziehen, das specifische Gewicht solchen nicht destillirten Füllwassers jedesmal besonders ermittelt und in Rechnung gebracht werden. Man kann jedoch in Anbetracht der andern Fehlerquellen, welche ohnehin zu der oben angegebenen Beschränkung der Genauigkeit zwingen, das Fluß- und Teichwasser mit hinreichender Genauigkeit als ungefähr gleichdicht mit destillirtem Wasser ansehen und bei Anwendung von Brunnenwasser eine genügende Verbesserung einfach dadurch erreichen, daß man von dem Endresultat, welches die Tafeln ergeben, noch den tausendsten Theil desselben abzieht.

8. Will man statt dieses Verfahrens, welches jedenfalls die für die Eichung der Fässer vorgeschriebene Genauigkeit von $^1/_{300}$ vollauf verbürgt, ein etwas genaueres einschlagen, so muß man das angewandte Fluß- oder Brunnenwasser wenigstens in kleinerer Menge direkt mit destillirtem Wasser

vergleichen. Man wägt zu diesem Zwecke ein Normalmaaß von 1 Liter Inhalt, dessen gut geebneter Rand mit Hülfe einer Glasplatte eine genaue Füllung gestatten muß, zuerst mit destillirtem Wasser, sodann mit dem zur Ausmessung der größeren Gefäße benutzten Wasser angefüllt, welches möglichst gleiche Temperatur mit dem destillirten Wasser haben muß. Soviel Gramm das Gewicht der letzteren Füllung das der ersteren übersteigt, soviel Tausendtheile desjenigen Raum-Inhaltes, welche man aus dem Gewichte des nicht destillirten Füllwassers mit der Hülfe der Tafeln gefunden hat, muß man von demselben abziehen, um den genaueren Inhalt zu finden. Solche Ermittelungen des specifischen Gewichtes des Füllwassers müssen jedoch, wenn sie wirklich genauere Bestimmungen des Inhaltes ergeben sollen, als die obigen genäherten Annahmen (Nr. 7), jedenfalls auf einer sehr zuverlässigen Waage mit großer Sorgfalt angestellt werden.

9. Die Tafeln sind in zwei Haupt-Abtheilungen A. und B. und jede der letzteren in 3 Abtheilungen 1., 2., 3. zerlegt.

Die erste Haupt-Abtheilung enthält die gesuchte Uebertragung des Wassergewichtes in den Ausdruck des Raum-Inhaltes für jede vorkommende Wassertemperatur nach Graden der Celsius'schen Skale (oder „Centigraden"); die zweite Haupt-Abtheilung enthält dieselben Angaben für die Wassertemperaturen nach Graden der Réaumur'schen Skale.

Tafel 1. jeder Haupt-Abtheilung gibt den gesuchten Zuschlag für Wassergewichte von 1 bis 20 Kilogramm,
Tafel 2. jeder Haupt-Abtheilung gibt den gesuchten Zuschlag für Wassergewichte von 20 bis 200 Kilogramm,
Tafel 3. jeder Haupt-Abtheilung gibt den gesuchten Zuschlag für Wassergewichte von 200 bis 1000 Kilogramm.

10. Der Umfang und die Intervalle jeder dieser Tafeln sind so bemessen, daß man bei einem Wassergewichte zwischen 1 und 200 Kilogramm (bei Anwendung der Tafeln 1. und 2.) nur die nächste ganze Zahl der Kilogramm, also bei einem Ueberschuß von weniger als 500 Gramm nur die Zahl der vollen Kilogramm, bei einem Ueberschuß von 500 Gramm und mehr die um eine volle Einheit vermehrte Zahl der

Kilogramm zur Aufsuchung des Zuschlags anzuwenden braucht. Bei Wassergewichten über 200 Kilogr. (in Tafel 3.) braucht man nur die nächstliegende Zahl der Zehner von Kilogramm zur Berechnung des Zuschlages anzuwenden. Ferner wird es nirgends erforderlich sein, Bruchtheile der Wärmegrade anders zu berücksichtigen, als dadurch, daß man bei Bruchtheilen unter 5 Zehntheilen nur die Zahl der ganzen Grade, bei Bruchtheilen von 5 Zehntheilen und mehr die nächsthöhere Zahl der Grade zur Berechnung des Zuschlags anwendet. Genauere Zwischenrechnungen könnten überall nur Verbesserungen hervorbringen, die gegenüber den anderweitigen bei Berechnung und Anwendung der Tafeln statthaften Abkürzungen (siehe Nr. 5 bis 8) vollkommen werthlos sein würden.

Rechnungs-Beispiele.

11. a) Die Füllung eines Gefäßes mit destillirtem Wasser (oder Fluß- und Teichwasser) von 17°,2 Celsius Wärme wiegt 13 Kilogr. 233 Gr. oder 13,233 Kilogramm, man will den Rauminhalt kennen:

Nach Nr. 9 hat man hierzu in Tafel A. 1. einzugehen, und zwar nach Nr. 10 mit der Kilogrammzahl 13 und der Gradzahl 17.

Geht man von der Zahl 13, welche sich in der „Kilogr." überschriebenen Spalte findet, in derselben Zeile fort bis zu der mit 17° überschriebenen Spalte, so findet man die Zahl 29. Nach der Ueberschrift der Tafel bedeutet dies 29 Tausendtheile des Liter oder 0,029 Liter. Ohne Einfluß von Wassertemperatur und Luftgewicht würden 13,233 Kilogr. Wasser einen Rauminhalt haben von 13,233 Liter

Zuschlag für Wassertemperatur und Luftgewicht	0,029 Liter.
Wahrer Rauminhalt	13,262 Liter.

b. Die Füllung eines Gefässes mit Brunnenwasser von 14°,5 Réaumur Wärme wiegt 375,0 Kilogramm. Man will den Rauminhalt kennen:

Nach Nr. 9 hat man hierzu in Tafel B. 3 einzugehen, und zwar nach Nr. 10 mit der Kilogrammzahl 380 und der Gradzahl 15.

Man findet danach in derselben Weise, wie in Beispiel a) angegeben, für den Zuschlag die Zahl 10, und zwar sind dies, wie die Ueberschrift der Tafel besagt, 10 Zehntheile des Liter.

Es ist also der Rauminhalt = . 375,0 Liter,
plus Zuschlag von 10 Zehntheilen des Liter . . . . . 376,0 Liter.

Hiervon ist jedoch nach Nr. 7, um die durchschnittliche Dichtigkeit des Brunnenwassers zu berücksichtigen, noch ein Tausendtheil des ganzen Resultates oder 0,376 abgekürzt 0,4 Liter abzuziehen, so daß man als Endresultat erhält: einen Rauminhalt von 375,6 Liter.

c. Die Füllung eines Gefässes mit Wasser von ganz unbekanntem specifischem Gewicht und 11°,8 Celsius Wärme wiegt 187 Kilogramm 720 Gramm oder 187,72 Kilogramm. Man will den Rauminhalt kennen und hat noch zu diesem Zwecke eine Vergleichung des Gewichtes von einem Liter dieses Füllwassers mit dem Gewichte eines Liter destillirten Wassers derselben Temperatur gemacht, wobei sich ergeben hat, daß das Litermaaß mit letzterem Wasser gefüllt, 11 Decigramm oder 1,1 Gramm leichter ist als das Litermaaß mit dem ersteren Wasser gefüllt.

Nach Nr. 9 hat man in Tafel A. 2. einzugehen und zwar nach Nr. 10 mit der Kilogrammzahl 188 und der Gradzahl 12.

Man findet danach in derselben Weise, wie in Beispiel a angegeben, für den Zuschlag die Zahl 28, und zwar sind dies, wie die Ueberschrift der Tafel besagt, 28 Hunderttheile des Liter.

Es ist also der Rauminhalt = . 187,72 Liter
plus Zuschlag von 28 Hunderttheilen des Liter = ... 188,00 Liter.

Hiervon sind jedoch nach Nr. 8 mit Berücksichtigung der oben angegebenen genaueren Wägung eines kleine-

ren Volumens des Füllwassers gegen dasselbe Volumen destillirten Wassers abzuziehen
1,1 Tausendtheil des nach der Tafel gefundenen Rauminhaltes oder 0,2068, abgekürzt 0,21 Liter,
so daß man als Endresultat erhält:
einen Rauminhalt von . . . 187,79 Liter.

München, den 14. December 1871.

Königliche Normal-Eichungs-Kommission.

Nies,

kgl. Oberregierungsrath.

Tafel A1.

zur Berechnung des Zuschlages, welchen man zu dem in Kilogramm und Decimaltheilen des Kilogramm ausgedrückten Gewicht der Wasserfüllung eines Gefäßes hinzuzufügen hat, um seinen in Liter und Decimaltheilen des Liter ausgedrückten Rauminhalt zu finden.

Berechnet für Wasser-Temperaturen von 0° bis 22° Celsius.

Kilogr.	0°	1°	2°	3°	4°	5°	6°	7°	8°	9°	10°	11°	12°	13°	14°	15°	16°	17°	18°	19°	20°	21°	22°
	Tausendtheile des Liter.																						
1	1	1	1	1	1	1	1	1	1	1	1	1	1	2	2	2	2	2	2	2	3	3	3
2	2	2	2	2	2	2	2	2	2	2	3	3	3	3	3	4	4	4	5	5	6	6	6
3	3	3	3	3	3	3	3	3	3	4	4	4	4	5	5	6	6	7	7	8	8	9	10
4	5	4	4	4	4	4	4	4	5	5	5	6	6	6	7	8	8	9	10	10	11	12	13
5	6	6	5	5	5	5	5	6	6	6	6	7	7	8	9	9	10	11	12	13	14	15	16
6	7	7	6	6	6	6	6	7	7	7	8	8	9	10	10	11	12	13	14	15	17	18	19
7	8	8	7	7	7	7	7	8	8	9	9	10	10	11	12	13	14	15	17	18	19	21	22
8	9	9	8	8	8	8	8	9	9	10	10	11	12	13	14	15	16	18	19	21	22	24	26
9	10	10	10	9	9	9	10	10	10	11	12	13	13	15	16	17	18	20	21	23	25	27	29
10	12	11	11	10	10	10	11	11	12	12	13	14	15	16	17	19	20	22	24	26	28	30	32
11	13	12	12	11	11	11	12	12	13	13	14	15	16	18	19	21	22	24	26	28	30	33	35
12	14	13	13	12	12	12	13	13	14	15	16	17	18	19	21	23	24	27	29	31	33	36	38
13	15	14	14	14	13	14	14	14	15	16	17	18	19	21	23	25	27	29	31	33	36	39	42
14	16	16	15	15	14	15	15	15	16	17	18	19	21	23	24	26	29	31	33	36	39	42	45
15	17	17	16	16	15	16	16	17	17	18	19	21	22	24	26	28	31	33	36	39	42	45	48
16	18	18	17	17	16	17	17	18	18	20	21	22	24	26	28	30	33	35	38	41	44	48	51
17	20	19	18	18	18	18	18	19	20	21	22	24	25	27	30	32	35	38	41	44	47	51	54
18	21	20	19	19	19	19	19	20	21	22	23	25	27	29	31	34	37	40	43	46	50	54	58
19	22	21	20	20	20	20	20	21	22	23	25	26	28	31	33	36	39	42	45	49	53	57	61
20	23	22	21	21	21	21	21	22	23	24	26	28	30	32	35	38	41	44	48	52	56	60	64

Tafel A2.

zur Berechnung des Zuschlages, welchen man zu dem in Kilogramm und Decimaltheilen des Kilogramm ausgedrückten Gewicht der Wasserfüllung eines Gefäßes hinzuzufügen hat, um seinen in Liter und Decimaltheilen des Liter ausgedrückten Rauminhalt zu finden.

Berechnet für Wasser-Temperaturen von 0° bis 22° Celsius.

Kilogr.	0°	1°	2°	3°	4°	5°	6°	7°	8°	9°	10°	11°	12°	13°	14°	15°	16°	17°	18°	19°	20°	21°	22°
	Hunderttheile des Liter.																						
20	2	2	2	2	2	2	2	2	2	2	3	3	3	3	3	4	4	4	5	5	6	6	6
21	2	2	2	2	2	2	2	2	2	3	3	3	3	3	4	4	4	5	5	5	6	6	7
22	3	2	2	2	2	2	2	2	3	3	3	3	3	4	4	4	4	5	5	6	6	7	7
23	3	3	2	2	2	2	2	3	3	3	3	3	4	4	4	4	5	5	5	6	6	7	7
24	3	3	3	2	2	2	3	3	3	3	3	3	4	4	4	5	5	5	6	6	7	7	8
25	3	3	3	3	3	3	3	3	3	3	3	3	4	4	4	5	5	6	6	6	7	7	8
26	3	3	3	3	3	3	3	3	3	3	3	4	4	4	5	5	5	6	6	7	7	8	8
27	3	3	3	3	3	3	3	3	3	3	3	4	4	4	5	5	6	6	6	7	7	8	9
28	3	3	3	3	3	3	3	3	3	3	4	4	4	5	5	5	6	6	7	7	8	8	9
29	3	3	3	3	3	3	3	3	3	4	4	4	4	5	5	5	6	6	7	7	8	9	9
30	3	3	3	3	3	3	3	3	3	4	4	4	4	5	5	6	6	7	7	8	8	9	10
31	4	3	3	3	3	3	3	3	4	4	4	4	5	5	5	6	6	7	7	8	9	9	10
32	4	4	3	3	3	3	3	4	4	4	4	4	5	5	6	6	7	7	8	8	9	10	10
33	4	4	3	3	3	3	4	4	4	4	4	5	5	5	6	6	7	7	8	8	9	10	11
34	4	4	4	4	4	4	4	4	4	4	4	5	5	5	6	6	7	8	8	9	9	10	11
35	4	4	4	4	4	4	4	4	4	4	5	5	5	6	6	7	7	8	8	9	10	10	11
36	4	4	4	4	4	4	4	4	4	4	5	5	5	6	6	7	7	8	9	9	10	11	12
37	4	4	4	4	4	4	4	4	4	5	5	5	6	6	6	7	8	8	9	10	10	11	12
38	4	4	4	4	4	4	4	4	4	5	5	5	6	6	7	7	8	8	9	10	11	11	12
39	4	4	4	4	4	4	4	4	4	5	5	5	6	6	7	7	8	9	9	10	11	12	12
40	5	4	4	4	4	4	4	4	5	5	5	6	6	6	7	8	8	9	10	10	11	12	13
41	5	5	4	4	4	4	4	5	5	5	5	6	6	7	7	8	8	9	10	11	11	12	13
42	5	5	4	4	4	4	4	5	5	5	5	6	6	7	7	8	9	9	10	11	12	13	13
43	5	5	5	4	4	4	5	5	5	5	6	6	6	7	7	8	9	9	10	11	12	13	14
44	5	5	5	5	5	5	5	5	5	5	6	6	7	7	8	8	9	10	10	11	12	13	14
45	5	5	5	5	5	5	5	5	5	5	6	6	7	7	8	8	9	10	11	12	12	13	14
46	5	5	5	5	5	5	5	5	5	6	6	6	7	7	8	9	9	10	11	12	13	14	15
47	5	5	5	5	5	5	5	5	5	6	6	7	7	8	8	9	10	10	11	12	13	14	15
48	6	5	5	5	5	5	5	5	6	6	6	7	7	8	8	9	10	11	11	12	13	14	15
49	6	5	5	5	5	5	5	5	6	6	6	7	7	8	9	9	10	11	12	13	14	15	16

Tafel A2.

Kilogr.	0°	1°	2°	3°	4°	5°	6°	7°	8°	9°	10°	11°	12°	13°	14°	15°	16°	17°	18°	19°	20°	21°	22°
	Hundertheile des Liter.																						
50	6	6	5	5	5	5	5	6	6	6	6	7	7	8	9	9	10	11	12	13	14	15	16
51	6	6	5	5	5	5	5	6	6	6	7	7	8	8	9	10	10	11	12	13	14	15	16
52	6	6	6	5	5	5	6	6	6	6	7	7	8	8	9	10	11	11	12	13	14	16	17
53	6	6	6	6	5	6	6	6	6	6	7	7	8	9	9	10	11	12	13	14	15	16	17
54	6	6	6	6	6	6	6	6	6	7	7	7	8	9	9	10	11	12	13	14	15	16	17
55	6	6	6	6	6	6	6	6	6	7	7	8	8	9	10	10	11	12	13	14	15	16	18
56	6	6	6	6	6	6	6	6	6	7	7	8	8	9	10	11	11	12	13	14	16	17	18
57	7	6	6	6	6	6	6	6	7	7	7	8	9	9	10	11	12	13	14	15	16	17	18
58	7	6	6	6	6	6	6	6	7	7	8	8	9	9	10	11	12	13	14	15	16	17	19
59	7	7	6	6	6	6	6	6	7	7	8	8	9	10	10	11	12	13	14	15	16	18	19
60	7	7	6	6	6	6	6	7	7	7	8	8	9	10	10	11	12	13	14	15	17	18	19
61	7	7	6	6	6	6	6	7	7	7	8	8	9	10	11	11	12	13	15	16	17	18	20
62	7	7	7	6	6	6	7	7	7	8	8	9	9	10	11	12	13	14	15	16	17	18	20
63	7	7	7	7	6	7	7	7	7	8	8	9	9	10	11	12	13	14	15	16	17	19	20
64	7	7	7	7	7	7	7	7	7	8	8	9	10	10	11	12	13	14	15	16	18	19	20
65	7	7	7	7	7	7	7	7	7	8	8	9	10	10	11	12	13	14	16	17	18	19	21
66	8	7	7	7	7	7	7	7	8	8	9	9	10	11	12	12	13	15	16	17	18	20	21
67	8	7	7	7	7	7	7	7	8	8	9	9	10	11	12	13	14	15	16	17	19	20	21
68	8	8	7	7	7	7	7	7	8	8	9	9	10	11	12	13	14	15	16	18	19	20	22
69	8	8	7	7	7	7	7	8	8	8	9	10	10	11	12	13	14	15	16	18	19	21	22
70	8	8	7	7	7	7	7	8	8	9	9	10	11	11	12	13	14	15	17	18	19	21	22
71	8	8	8	7	7	7	8	8	8	9	9	10	11	11	12	13	14	16	17	18	20	21	23
72	8	8	8	7	7	7	8	8	8	9	9	10	11	12	13	14	15	16	17	19	20	21	23
73	8	8	8	8	8	8	8	8	8	9	9	10	11	12	13	14	15	16	17	19	20	22	23
74	9	8	8	8	8	8	8	8	9	9	10	10	11	12	13	14	15	16	18	19	21	22	24
75	9	8	8	8	8	8	8	8	9	9	10	10	11	12	13	14	15	16	18	19	21	22	24
76	9	8	8	8	8	8	8	8	9	9	10	11	11	12	13	14	16	17	18	20	21	23	24
77	9	9	8	8	8	8	8	8	9	9	10	11	12	12	13	15	16	17	18	20	21	23	25
78	9	9	8	8	8	8	8	9	9	9	10	11	12	13	14	15	16	17	19	20	22	23	25
79	9	9	8	8	8	8	8	9	9	10	10	11	12	13	14	15	16	17	19	20	22	24	25
80	9	9	8	8	8	8	8	9	9	10	10	11	12	13	14	15	16	18	19	21	22	24	26
81	9	9	9	8	8	8	9	9	9	10	11	11	12	13	14	15	17	18	19	21	22	24	26
82	9	9	9	9	8	9	9	9	9	10	11	11	12	13	14	15	17	18	20	21	23	24	26
83	10	9	9	9	9	9	9	9	10	10	11	12	12	13	14	16	17	18	20	21	23	25	27
84	10	9	9	9	9	9	9	9	10	10	11	12	13	14	15	16	17	19	20	22	23	25	27
85	10	9	9	9	9	9	9	9	10	10	11	12	13	14	15	16	17	19	20	22	24	25	27
86	10	10	9	9	9	9	9	9	10	10	11	12	13	14	15	16	18	19	21	22	24	26	28
87	10	10	9	9	9	9	9	10	10	11	11	12	13	14	15	16	18	19	21	22	24	26	28
88	10	10	9	9	9	9	9	10	10	11	11	12	13	14	15	17	18	19	21	23	24	26	28
89	10	10	9	9	9	9	9	10	10	11	12	12	13	14	16	17	18	20	21	23	25	27	28

Tafel A2

Kilogr.	0°	1°	2°	3°	4°	5°	6°	7°	8°	9°	10°	11°	12°	13°	14°	15°	16°	17°	18°	19°	20°	21°	22°
										Hunderttheile des Liter.													
90	10	10	10	9	9	9	10	10	10	11	12	13	13	15	16	17	18	20	21	23	25	27	29
91	10	10	10	9	9	9	10	10	10	11	12	13	14	15	16	17	19	20	22	23	25	27	29
92	11	10	10	10	9	10	10	10	11	11	12	13	14	15	16	17	19	20	22	24	26	27	29
93	11	10	10	10	10	10	10	10	11	11	12	13	14	15	16	18	19	21	22	24	26	28	30
94	11	10	10	10	10	10	10	10	11	11	12	13	14	15	16	18	19	21	22	24	26	28	30
95	11	11	10	10	10	10	10	10	11	12	12	13	14	15	17	18	19	21	23	24	26	28	30
96	11	11	10	10	10	10	10	11	11	12	12	13	14	15	17	18	20	21	23	25	27	29	31
97	11	11	10	10	10	10	10	11	11	12	13	13	14	16	17	18	20	21	23	25	27	29	31
98	11	11	10	10	10	10	10	11	11	12	13	14	15	16	17	18	20	22	23	25	27	29	31
99	11	11	11	10	10	10	11	11	11	12	13	14	15	16	17	19	20	22	24	25	27	30	32
100	12	11	11	10	10	10	11	11	12	12	13	14	15	16	17	19	20	22	24	26	28	30	32
101	12	11	11	11	10	11	11	11	12	12	13	14	15	16	18	19	21	22	24	26	28	30	32
102	12	11	11	11	11	11	11	11	12	12	13	14	15	16	18	19	21	23	24	26	28	30	33
103	12	11	11	11	11	11	11	11	12	13	13	14	15	17	18	19	21	23	25	26	29	31	33
104	12	12	11	11	11	11	11	11	12	13	14	14	15	17	18	20	21	23	25	27	29	31	33
105	12	12	11	11	11	11	11	12	12	13	14	15	16	17	18	20	21	23	25	27	29	31	34
106	12	12	11	11	11	11	11	12	12	13	14	15	16	17	18	20	22	23	25	27	29	32	34
107	12	12	11	11	11	11	11	12	12	13	14	15	16	17	19	20	22	24	26	28	30	32	34
108	12	12	11	11	11	11	11	12	12	13	14	15	16	17	19	20	22	24	26	28	30	32	35
109	13	12	12	11	11	11	12	12	13	13	14	15	16	18	19	21	22	24	26	28	30	32	35
110	13	12	12	11	11	11	12	12	13	13	14	15	16	18	19	21	22	24	26	28	30	33	35
111	13	12	12	11	11	12	12	12	13	14	14	15	17	18	19	21	23	25	26	29	31	33	36
112	13	12	12	12	12	12	12	12	13	14	15	16	17	18	20	21	23	25	27	29	31	33	36
113	13	12	12	12	12	12	12	12	13	14	15	16	17	18	20	21	23	25	27	29	31	34	36
114	13	13	12	12	12	12	12	13	13	14	15	16	17	18	20	21	23	25	27	29	32	34	36
115	13	13	12	12	12	12	12	13	13	14	15	16	17	19	20	22	23	25	27	30	32	34	37
116	13	13	12	12	12	12	12	13	13	14	15	16	17	19	20	22	24	26	28	30	32	35	37
117	13	13	12	12	12	12	12	13	13	14	15	16	17	19	20	22	24	26	28	30	32	35	37
118	14	13	13	12	12	12	13	13	14	14	15	16	18	19	21	22	24	26	28	30	33	35	38
119	14	13	13	12	12	12	13	13	14	14	15	17	18	19	21	22	24	26	28	31	33	35	38
120	14	13	13	12	12	12	13	13	14	15	16	17	18	19	21	23	24	26	29	31	33	36	38
121	14	13	13	13	12	13	13	13	14	15	16	17	18	20	21	23	25	27	29	31	34	36	39
122	14	13	13	13	13	13	13	13	14	15	16	17	18	20	21	23	25	27	29	31	34	36	39
123	14	14	13	13	13	13	13	14	14	15	16	17	18	20	21	23	25	27	29	32	34	37	39
124	14	14	13	13	13	13	13	14	14	15	16	17	19	20	22	23	25	27	30	32	34	37	40
125	14	14	13	13	13	13	13	14	14	15	16	17	19	20	22	24	26	28	30	32	35	37	40
126	15	14	13	13	13	13	13	14	15	15	16	17	19	20	22	24	26	28	30	32	35	38	40
127	15	14	13	13	13	13	13	14	15	15	16	18	19	20	22	24	26	28	30	33	35	38	41
128	15	14	14	13	13	13	14	14	15	16	17	18	19	21	22	24	26	28	31	33	36	38	41
129	15	14	14	13	13	13	14	14	15	16	17	18	19	21	22	24	26	28	31	33	36	38	41

Tafel A2.

Kilogr.	0°	1°	2°	3°	4°	5°	6°	7°	8°	9°	10°	11°	12°	13°	14°	15°	16°	17°	18°	19°	20°	21°	22°
	Hunderttheile des Liter.																						
130	15	14	14	13	13	13	14	14	15	16	17	18	19	21	23	25	27	29	31	33	36	39	42
131	15	14	14	14	13	14	14	14	15	16	17	18	20	21	23	25	27	29	31	34	36	39	42
132	15	15	14	14	14	14	14	15	15	16	17	18	20	21	23	25	27	29	31	34	37	39	42
133	15	15	14	14	14	14	14	15	15	16	17	18	20	21	23	25	27	29	32	34	37	40	43
134	15	15	14	14	14	14	14	15	15	16	17	19	20	22	23	25	27	30	32	34	37	40	43
135	16	15	14	14	14	14	14	15	16	16	17	19	20	22	24	25	28	30	32	35	37	40	43
136	16	15	14	14	14	14	14	15	16	17	18	19	20	22	24	26	28	30	32	35	38	41	44
137	16	15	15	14	14	14	15	15	16	17	18	19	20	22	24	26	28	30	33	35	38	41	44
138	16	15	15	14	14	14	15	15	16	17	18	19	21	22	24	26	28	30	33	36	38	41	44
139	16	15	15	14	14	14	15	15	16	17	18	19	21	22	24	26	28	31	33	36	39	41	45
140	16	15	15	15	14	15	15	15	16	17	18	19	21	23	24	26	29	31	33	36	39	42	45
141	16	16	15	15	15	15	15	16	16	17	18	20	21	23	25	27	29	31	34	36	39	42	45
142	16	16	15	15	15	15	15	16	16	17	18	20	21	23	25	27	29	31	34	37	39	42	45
143	16	16	15	15	15	15	15	16	16	17	19	20	21	23	25	27	29	32	34	37	40	43	46
144	17	16	15	15	15	15	15	16	17	18	19	20	22	23	25	27	29	52	34	37	40	43	46
145	17	16	15	15	15	15	15	16	17	18	19	20	22	23	25	27	30	32	35	37	40	43	46
146	17	16	15	15	15	15	16	16	17	18	19	20	22	24	25	28	30	32	35	38	40	44	47
147	17	16	16	15	15	15	16	16	17	18	19	20	22	24	26	28	30	32	35	38	41	44	47
148	17	16	16	15	15	15	16	16	17	18	19	21	22	24	26	28	30	33	35	38	41	44	47
149	17	16	16	15	15	15	16	16	17	18	19	21	22	24	26	28	30	33	36	38	41	44	48
150	17	17	16	16	15	16	16	17	17	18	20	21	22	24	26	28	31	33	36	39	42	45	48
151	17	17	16	16	16	16	16	17	17	18	20	21	23	24	26	28	31	33	36	39	42	45	48
152	18	17	16	16	16	16	16	17	18	18	20	21	23	25	27	29	31	34	36	39	42	45	49
153	18	17	16	16	16	16	16	17	18	19	20	21	23	25	27	29	31	34	36	39	42	46	49
154	18	17	16	16	16	16	16	17	18	19	20	21	23	25	27	29	31	34	37	40	43	46	49
155	18	17	16	16	16	16	16	17	18	19	20	22	23	25	27	29	32	34	37	40	43	46	50
156	18	17	17	16	16	16	17	17	18	19	20	22	23	25	27	29	32	34	37	40	43	47	50
157	18	17	17	16	16	16	17	17	18	19	20	22	23	25	27	30	32	35	37	40	44	47	50
158	18	17	17	16	16	16	17	17	18	19	20	22	24	25	28	30	32	35	38	41	44	47	51
159	18	18	17	16	16	17	17	17	18	19	20	22	24	26	28	30	32	35	38	41	44	47	51
160	18	18	17	17	16	17	17	18	18	19	21	22	24	26	28	30	33	35	38	41	44	48	51
161	19	18	17	17	17	17	17	18	19	20	21	22	24	26	28	30	33	36	38	41	45	48	52
162	19	18	17	17	17	17	17	18	19	20	21	22	24	26	28	31	33	36	39	42	45	48	52
163	19	18	17	17	17	17	17	18	19	20	21	23	24	26	28	31	33	36	39	42	45	49	52
164	19	18	17	17	17	17	17	18	19	20	21	23	25	26	29	31	33	36	39	42	45	49	53
165	19	18	18	17	17	17	18	18	19	20	21	23	25	27	29	31	34	36	39	42	46	49	53
166	19	18	18	17	17	17	18	18	19	20	22	23	25	27	29	31	34	37	40	43	46	50	53
167	19	18	18	17	17	17	18	18	19	20	22	23	25	27	29	31	34	37	40	43	46	50	53
168	19	19	18	17	17	17	18	18	19	20	22	23	25	27	29	32	34	37	40	43	47	50	54
169	19	19	18	18	17	18	18	19	19	21	22	23	25	27	29	32	35	37	40	44	47	50	54

Tafel A2.

Kilogr.	0°	1°	2°	3°	4°	5°	6°	7°	8°	9°	10°	11°	12°	13°	14°	15°	16°	17°	18°	19°	20°	21°	22°
	Hunderttheile des Liter.																						
170	20	19	18	18	18	18	18	19	20	21	22	24	25	27	30	32	35	38	41	44	47	51	54
171	20	19	18	18	18	18	18	19	20	21	22	24	26	28	30	32	35	38	41	44	47	51	55
172	20	19	18	18	18	18	18	19	20	21	22	24	26	28	30	32	35	38	41	44	48	51	55
173	20	19	18	18	18	18	18	19	20	21	22	24	26	28	30	33	35	38	41	45	48	52	55
174	20	19	18	18	18	18	18	19	20	21	23	24	26	28	30	33	36	38	42	45	48	52	56
175	20	19	19	18	18	18	19	19	20	21	23	24	26	28	31	33	36	39	42	45	49	52	56
176	20	19	19	18	18	18	19	19	20	21	23	24	26	28	31	33	36	39	42	45	49	52	56
177	20	20	19	18	18	18	19	19	20	22	23	25	26	29	31	33	36	39	42	46	49	53	57
178	21	20	19	18	18	18	19	20	21	22	23	25	27	29	31	34	36	39	42	46	49	53	57
179	21	20	19	19	18	19	19	20	21	22	23	25	27	29	31	34	37	40	43	46	50	53	57
180	21	20	19	19	19	19	19	20	21	22	23	25	27	29	31	34	37	40	43	46	50	54	58
181	21	20	19	19	19	19	19	20	21	22	23	25	27	29	32	34	37	40	43	47	50	54	58
182	21	20	19	19	19	19	19	20	21	22	24	25	27	29	32	34	37	40	43	47	50	51	58
183	21	20	19	19	19	19	19	20	21	22	24	25	27	30	32	35	37	40	44	47	51	55	59
184	21	20	20	19	19	19	20	20	21	22	24	26	27	30	32	35	38	41	44	47	51	55	59
185	21	20	20	19	19	19	20	20	21	23	24	26	28	30	32	35	38	41	44	48	51	55	59
186	21	21	20	19	19	19	20	20	21	23	24	26	28	30	32	35	38	41	44	48	52	55	60
187	22	21	20	19	19	19	20	21	22	23	24	26	28	30	33	35	38	41	45	48	52	56	60
188	22	21	20	20	19	20	20	21	22	23	24	26	28	30	33	35	38	42	45	48	52	56	60
189	22	21	20	20	19	20	20	21	22	23	24	26	28	30	33	36	39	42	45	49	52	56	61
190	22	21	20	20	20	20	20	21	22	23	25	26	28	31	33	36	39	42	45	49	53	57	61
191	22	21	20	20	20	20	20	21	22	23	25	27	29	31	33	36	39	42	46	49	53	57	61
192	22	21	20	20	20	20	20	21	22	23	25	27	29	31	33	36	39	42	46	49	53	57	61
193	22	21	20	20	20	20	20	21	22	23	25	27	29	31	34	36	39	43	46	50	54	58	62
194	22	21	21	20	20	20	21	21	22	24	25	27	29	31	34	37	40	43	46	50	54	58	62
195	22	22	21	20	20	20	21	21	22	24	25	27	29	31	34	37	40	43	47	50	54	58	62
196	23	22	21	20	20	20	21	22	23	24	25	27	29	32	34	37	40	43	47	50	54	58	63
197	23	22	21	20	20	20	21	22	23	24	26	27	29	32	34	37	40	43	47	51	55	59	63
198	23	22	21	21	20	21	21	22	23	24	26	27	30	32	35	37	40	44	47	51	55	59	63
199	23	22	21	21	20	21	21	22	23	24	26	28	30	32	35	38	41	44	47	51	55	59	64
200	23	22	21	21	21	21	21	22	23	24	26	28	30	32	35	38	41	44	48	51	55	60	64

Tafel A3.

zur Berechnung des Zuschlages, welchen man zu dem in Kilogramm und Decimaltheilen des Kilogramm ausgedrückten Gewicht der Wasserfüllung eines Gefäßes hinzuzufügen hat, um seinen in Liter und Decimaltheilen des Liter ausgedrückten Rauminhalt zu finden.

Berechnet für Wasser-Temperaturen von 0° bis 22° Celsius.

Kilogr.	0°	1°	2°	3°	4°	5°	6°	7°	8°	9°	10°	11°	12°	13°	14°	15°	16°	17°	18°	19°	20°	21°	22°
	Zehntheile des Liter.																						
200	2	2	2	2	2	2	2	2	2	2	3	3	3	3	3	4	4	4	5	5	6	6	6
10	2	2	2	2	2	2	2	2	2	3	3	3	3	3	4	4	4	5	5	5	6	6	7
20	3	2	2	2	2	2	2	2	3	3	3	3	3	4	4	4	4	5	5	6	6	7	7
30	3	3	2	2	2	2	2	3	3	3	3	3	3	4	4	4	5	5	5	6	6	7	7
40	3	3	3	2	2	2	3	3	3	3	3	3	4	4	4	5	5	5	6	6	7	7	8
50	3	3	3	3	3	3	3	3	3	3	3	3	4	4	4	5	5	6	6	6	7	7	8
60	3	3	3	3	3	3	3	3	3	3	3	4	4	4	5	5	5	6	6	7	7	8	8
70	3	3	3	3	3	3	3	3	3	3	3	4	4	4	5	5	6	6	6	7	7	8	9
80	3	3	3	3	3	3	3	3	3	3	4	4	4	5	5	5	6	6	7	7	8	8	9
90	3	3	3	3	3	3	3	3	3	4	4	4	4	5	5	5	6	6	7	7	8	9	9
300	3	3	3	3	3	3	3	3	3	4	4	4	4	5	5	6	6	7	7	8	8	9	10
10	4	3	3	3	3	3	3	3	4	4	4	4	5	5	5	6	6	7	7	8	9	9	10
20	4	4	3	3	3	3	3	4	4	4	4	4	5	5	6	6	7	7	8	8	9	10	10
30	4	4	4	3	3	3	4	4	4	4	4	5	5	5	6	6	7	7	8	8	9	10	11
40	4	4	4	4	4	4	4	4	4	4	4	5	5	5	6	6	7	8	8	9	9	10	11
50	4	4	4	4	4	4	4	4	4	4	5	5	5	6	6	7	7	8	8	9	10	10	11
60	4	4	4	4	4	4	4	4	4	4	5	5	5	6	6	7	7	8	9	9	10	11	12
70	4	4	4	4	4	4	4	4	4	5	5	5	6	6	6	7	8	8	9	10	10	11	12
80	4	4	4	4	4	4	4	4	4	5	5	5	6	6	7	7	8	8	9	10	11	11	12
90	4	4	4	4	4	4	4	4	4	5	5	5	6	6	7	7	8	9	9	10	11	12	12
400	5	4	4	4	4	4	4	4	5	5	5	6	6	6	7	8	8	9	10	10	11	12	13
10	5	5	4	4	4	4	4	5	5	5	5	6	6	7	7	8	8	9	10	11	11	12	13
20	5	5	4	4	4	4	4	5	5	5	5	6	6	7	7	8	9	9	10	11	12	13	13
30	5	5	5	4	4	4	5	5	5	5	6	6	6	7	7	8	9	9	10	11	12	13	14
40	5	5	5	5	5	5	5	5	5	5	6	6	7	7	8	8	9	10	10	11	12	13	14
50	5	5	5	5	5	5	5	5	5	5	6	6	7	7	8	8	9	10	11	12	12	13	14
60	5	5	5	5	5	5	5	5	5	6	6	6	7	7	8	9	9	10	11	12	13	14	15
70	5	5	5	5	5	5	5	5	5	6	6	7	7	8	8	9	10	10	11	12	13	14	15
80	6	5	5	5	5	5	5	5	6	6	6	7	7	8	8	9	10	11	11	12	13	14	15
90	6	5	5	5	5	5	5	5	6	6	6	7	7	8	9	9	10	11	12	13	14	15	16

Tafel A3.

Kilogr.	0°	1°	2°	3°	4°	5°	6°	7°	8°	9°	10°	11°	12°	13°	14°	15°	16°	17°	18°	19°	20°	21°	22°
											Zehntheile des Liter.												
500	6	6	5	5	5	5	5	6	6	6	6	7	7	8	9	9	10	11	12	13	14	15	16
10	6	6	5	5	5	5	5	6	6	6	7	7	8	8	9	10	10	11	12	13	14	15	16
20	6	6	6	5	5	5	6	6	6	6	7	7	8	8	9	10	11	11	12	13	14	16	17
30	6	6	6	5	5	6	6	6	6	6	7	7	8	9	9	10	11	12	13	14	15	16	17
40	6	6	6	6	6	6	6	6	6	7	7	7	8	9	9	10	11	12	13	14	15	16	17
50	6	6	6	6	6	6	6	6	6	7	7	8	8	9	10	10	11	12	13	14	15	16	18
60	6	6	6	6	6	6	6	6	6	7	7	8	8	9	10	11	11	12	13	14	16	17	18
70	7	6	6	6	6	6	6	6	7	7	7	8	9	9	10	11	12	13	14	15	16	17	18
80	7	6	6	6	6	6	6	6	7	7	8	8	9	9	10	11	12	13	14	15	16	17	19
90	7	7	6	6	6	6	6	6	7	7	8	8	9	10	10	11	12	13	14	15	16	18	19
600	7	7	6	6	6	6	6	7	7	7	8	8	9	10	10	11	12	13	14	15	17	18	19
10	7	7	6	6	6	6	6	7	7	7	8	8	9	10	11	12	12	13	15	16	17	18	20
20	7	7	7	6	6	6	7	7	7	8	8	9	9	10	11	12	13	14	15	16	17	18	20
30	7	7	7	7	6	7	7	7	7	8	8	9	9	10	11	12	13	14	15	16	17	19	20
40	7	7	7	7	7	7	7	7	7	8	8	9	10	10	11	12	13	14	15	16	18	19	20
50	7	7	7	7	7	7	7	7	7	8	8	9	10	10	11	12	13	14	16	17	18	19	21
60	8	7	7	7	7	7	7	7	8	8	9	9	10	11	12	12	13	15	16	17	18	20	21
70	8	7	7	7	7	7	7	7	8	8	9	9	10	11	12	13	14	15	16	17	19	20	21
80	8	8	7	7	7	7	7	7	8	8	9	9	10	11	12	13	14	15	16	18	19	20	22
90	8	8	7	7	7	7	7	8	8	8	9	10	10	11	12	13	14	15	16	18	19	21	22
700	8	8	7	7	7	7	7	8	8	9	9	10	10	11	12	13	14	15	17	18	19	21	22
10	8	8	8	7	7	7	8	8	8	9	9	10	11	11	12	13	14	16	17	18	20	21	23
20	8	8	8	7	7	7	8	8	8	9	9	10	11	12	13	14	15	16	17	19	20	21	23
30	8	8	8	8	8	8	8	8	8	9	9	10	11	12	13	14	15	16	17	19	20	22	23
40	9	8	8	8	8	8	8	8	9	9	10	10	11	12	13	14	15	16	18	19	21	22	24
50	9	8	8	8	8	8	8	8	9	9	10	10	11	12	13	14	15	17	18	19	21	22	24
60	9	8	8	8	8	8	8	8	9	9	10	11	11	12	13	14	16	17	18	20	21	23	24
70	9	9	8	8	8	8	8	8	9	9	10	11	12	12	13	15	16	17	18	20	21	23	25
80	9	9	8	8	8	8	8	9	9	9	10	11	12	13	14	15	16	17	19	20	22	23	25
90	9	9	8	8	8	8	8	9	9	10	10	11	12	13	14	15	16	17	19	20	22	24	25
800	9	9	8	8	8	8	8	9	9	10	10	11	12	13	14	15	16	18	19	21	22	24	26
10	9	9	9	8	8	8	9	9	9	10	10	11	12	13	14	15	17	18	19	21	22	24	26
20	9	9	9	9	8	9	9	9	9	10	11	11	12	13	14	15	17	18	20	21	23	24	26
30	10	9	9	9	9	9	9	9	10	10	11	12	12	13	14	16	17	18	20	21	23	25	27
40	10	9	9	9	9	9	9	9	10	10	11	12	13	14	15	16	17	19	20	22	23	25	27
50	10	9	9	9	9	9	9	9	10	10	11	12	13	14	15	16	17	19	20	22	24	25	27
60	10	10	9	9	9	9	9	9	10	10	11	12	13	14	15	16	18	19	21	22	24	26	28
70	10	10	9	9	9	9	9	10	10	11	11	12	13	14	15	16	18	19	21	22	24	26	28
80	10	10	9	9	9	9	9	10	10	11	11	12	13	14	15	17	18	19	21	23	24	26	28
90	10	10	9	9	9	9	9	10	10	11	12	12	13	14	16	17	18	20	21	23	25	27	28

Tafel A3.

Kilogr.	0°	1°	2°	3°	4°	5°	6°	7°	8°	9°	10°	11°	12°	13°	14°	15°	16°	17°	18°	19°	20°	21°	22
	Zehntheile des Liter.																						
900	10	10	10	9	9	9	10	10	10	11	12	12	13	15	16	17	18	20	21	23	25	27	29
10	10	10	10	9	9	9	10	10	10	11	12	13	14	15	16	17	19	20	22	23	25	27	29
20	11	10	10	10	9	10	10	10	11	11	12	13	14	15	16	17	19	20	22	24	26	27	29
30	11	10	10	10	10	10	10	10	11	11	12	13	14	15	16	18	19	21	22	24	26	28	30
40	11	10	10	10	10	10	10	10	11	11	12	13	14	15	16	18	19	21	22	24	26	28	30
50	11	11	10	10	10	10	10	10	11	12	12	13	14	15	17	18	19	21	23	24	26	28	30
60	11	11	10	10	10	10	10	11	11	12	12	13	14	15	17	18	20	21	23	25	27	29	31
70	11	11	10	10	10	10	10	11	11	12	13	13	14	16	17	18	20	21	23	25	27	29	31
80	11	11	10	10	10	10	10	11	11	12	13	14	15	16	17	18	20	22	23	25	27	29	31
90	11	11	11	10	10	10	11	11	11	12	13	14	15	16	17	19	20	22	24	25	27	30	32
1000	11	11	11	10	10	10	11	11	12	12	13	14	15	16	17	19	20	22	24	26	28	30	32

Tafel B1.

zur Berechnung des Zuschlages, welchen man zu dem in Kilogramm und Decimaltheilen des Kilogramm ausgedrückten Gewicht der Wasserfüllung eines Gefäßes hinzuzufügen hat, um seinen in Liter und Decimaltheilen des Liter ausgedrückten Rauminhalt zu finden.

Berechnet für Wasser-Temperaturen von 0° bis 18° Réaumur.

Kilogr.	0°	1°	2°	3°	4°	5°	6°	7°	8°	9°	10°	11°	12°	13°	14°	15°	16°	17°	18°
	Tausendtheile des Liter.																		
1	1	1	1	1	1	1	1	1	1	1	2	2	2	2	2	3	3	3	3
2	2	2	2	2	2	2	2	2	3	3	3	3	4	4	5	5	6	6	7
3	3	3	3	3	3	3	3	4	4	4	5	5	6	6	7	7	8	9	10
4	5	4	4	4	4	4	5	5	5	6	6	7	8	8	9	10	11	12	13
5	6	5	5	5	5	5	6	6	6	7	8	9	9	10	11	13	14	15	17
6	7	7	6	6	6	6	7	7	8	8	9	10	11	12	14	15	17	18	20
7	8	8	7	7	7	7	8	8	9	10	11	12	13	15	16	18	19	21	23
8	9	9	8	8	8	9	9	10	10	11	12	14	15	17	18	20	22	24	27
9	10	10	9	9	9	10	10	11	12	13	14	15	17	19	21	23	25	27	30
10	12	11	10	10	10	11	11	12	13	14	16	17	19	21	23	25	28	30	33
11	13	12	12	11	11	12	12	13	14	16	17	19	21	23	25	28	30	33	37
12	14	13	13	12	12	13	13	14	16	17	19	21	23	25	28	30	33	36	40
13	15	14	14	13	14	14	15	16	17	18	20	22	25	27	30	33	36	40	43
14	16	15	15	14	15	15	16	17	18	20	22	24	26	29	32	35	39	43	46
15	17	16	16	15	16	16	17	18	19	21	23	26	28	31	34	38	42	46	50
16	18	18	17	17	17	17	18	19	21	23	25	27	30	33	37	40	44	49	53
17	20	19	18	18	18	18	19	20	22	24	26	29	32	35	39	43	47	52	56
18	21	20	19	19	19	19	20	22	23	25	28	31	34	37	41	45	50	55	60
19	22	21	20	20	20	20	21	23	25	27	29	32	36	40	44	48	53	58	63
20	23	22	21	21	21	21	23	24	26	28	31	34	38	42	46	50	56	61	66

Tafel B2.

zur Berechnung des Zuschlages, welchen man zu dem in Kilogramm und Decimaltheilen des Kilogramm ausgedrückten Gewicht der Wasserfüllung eines Gefäßes hinzuzufügen hat, um seinen in Liter und Decimaltheilen des Liter ausgedrückten Rauminhalt zu finden.

Berechnet für Wasser-Temperaturen von 0° bis 18° Réaumur.

Kilogr.	0°	1°	2°	3°	4°	5°	6°	7°	8°	9°	10°	11°	12°	13°	14°	15°	16°	17°	18°
	Hunderttheile des Liter.																		
20	2	2	2	2	2	2	2	2	3	3	3	3	4	4	5	5	6	6	7
21	2	2	2	2	2	2	2	3	3	3	3	4	4	4	5	5	6	6	7
22	3	2	2	2	2	2	2	3	3	3	3	4	4	5	5	6	6	7	7
23	3	3	2	2	2	2	3	3	3	3	4	4	4	5	5	6	6	7	8
24	3	3	3	2	2	3	3	3	3	3	4	4	5	5	6	6	7	7	8
25	3	3	3	3	3	3	3	3	3	4	4	4	5	5	6	6	7	8	8
26	3	3	3	3	3	3	3	3	3	4	4	4	5	5	6	7	7	8	9
27	3	3	3	3	3	3	3	3	3	4	4	5	5	6	6	7	7	8	9
28	3	3	3	3	3	3	3	3	4	4	4	5	5	6	6	7	8	9	9
29	3	3	3	3	3	3	3	3	4	4	5	5	5	6	7	7	8	9	10
30	3	3	3	3	3	3	3	4	4	4	5	5	6	6	7	8	8	9	10
31	4	3	3	3	3	3	3	4	4	4	5	5	6	6	7	8	9	9	10
32	4	4	3	3	3	3	4	4	4	5	5	5	6	7	7	8	9	10	11
33	4	4	3	3	3	4	4	4	4	5	5	6	6	7	8	8	9	10	11
34	4	4	4	4	4	4	4	4	4	5	5	6	6	7	8	9	9	10	11
35	4	4	4	4	4	4	4	4	5	5	5	6	7	7	8	9	10	11	12
36	4	4	4	4	4	4	4	4	5	5	6	6	7	7	8	9	10	11	12
37	4	4	4	4	4	4	4	4	5	5	6	6	7	8	8	9	10	11	12
38	4	4	4	4	4	4	4	5	5	5	6	6	7	8	9	10	11	12	13
39	4	4	4	4	4	4	4	5	5	6	6	7	7	8	9	10	11	12	13
40	5	4	4	4	4	4	4	5	5	6	6	7	8	8	9	10	11	12	13
41	5	4	4	4	4	4	5	5	5	6	6	7	8	9	9	10	11	12	14
42	5	5	4	4	4	5	5	5	5	6	7	7	8	9	10	11	12	13	14
43	5	5	5	4	4	5	5	5	6	6	7	7	8	9	10	11	12	13	14
44	5	5	5	5	5	5	5	5	6	6	7	8	8	9	10	11	12	13	15
45	5	5	5	5	5	5	5	5	6	6	7	8	8	9	10	11	12	14	15
46	5	5	5	5	5	5	5	6	6	7	7	8	9	10	11	12	13	14	15
47	5	5	5	5	5	5	5	6	6	7	7	8	9	10	11	12	13	14	16
48	6	5	5	5	5	5	5	6	6	7	7	8	9	10	11	12	13	15	16
49	6	5	5	5	5	5	6	6	6	7	8	8	9	10	11	12	14	15	16

Tafel B2.

Kilogr.	0°	1°	2°	3°	4°	5°	6°	7°	8°	9°	10°	11°	12°	13°	14°	15°	16°	17°	18°
	Hunderttheile des Liter.																		
50	6	5	5	5	5	5	6	6	6	7	8	9	9	10	11	13	14	15	17
51	6	6	5	5	5	5	6	6	7	7	8	9	10	11	12	13	14	15	17
52	6	6	5	5	5	6	6	6	7	7	8	9	10	11	12	13	14	16	17
53	6	6	6	5	6	6	6	6	7	7	8	9	10	11	12	13	15	16	18
54	6	6	6	6	6	6	6	6	7	8	8	9	10	11	12	14	15	16	18
55	6	6	6	6	6	6	6	7	7	8	9	9	10	11	13	14	15	17	18
56	6	6	6	6	6	6	6	7	7	8	9	10	11	12	13	14	16	17	19
57	7	6	6	6	6	6	6	7	7	8	9	10	11	12	13	14	16	17	19
58	7	6	6	6	6	6	7	7	7	8	9	10	11	12	13	15	16	18	19
59	7	6	6	6	6	6	7	7	7	8	9	10	11	12	14	15	16	18	20
60	7	7	6	6	6	6	7	7	8	8	9	10	11	12	14	15	17	18	20
61	7	7	6	6	6	7	7	7	8	9	9	10	12	13	14	15	17	19	20
62	7	7	7	6	6	7	7	7	8	9	10	11	12	13	14	16	17	19	21
63	7	7	7	7	7	7	7	8	8	9	10	11	12	13	14	16	17	19	21
64	7	7	7	7	7	7	7	8	8	9	10	11	12	13	15	16	18	19	21
65	7	7	7	7	7	7	7	8	8	9	10	11	12	14	15	16	18	20	22
66	8	7	7	7	7	7	7	8	9	9	10	11	12	14	15	17	18	20	22
67	8	7	7	7	7	7	8	8	9	9	10	11	13	14	15	17	19	20	22
68	8	7	7	7	7	7	8	8	9	10	11	12	13	14	16	17	19	21	23
69	8	8	7	7	7	7	8	8	9	10	11	12	13	14	16	17	19	21	23
70	8	8	7	7	7	8	8	8	9	10	11	12	13	15	16	18	19	21	23
71	8	8	7	7	7	8	8	9	9	10	11	12	13	15	16	18	20	22	24
72	8	8	8	7	7	8	8	9	9	10	11	12	14	15	17	18	20	22	24
73	8	8	8	8	8	8	8	9	9	10	11	12	14	15	17	18	20	22	24
74	9	8	8	8	8	8	8	9	10	10	11	13	14	15	17	19	21	22	25
75	9	8	8	8	8	8	8	9	10	11	12	13	14	16	17	19	21	23	25
76	9	8	8	8	8	8	9	9	10	11	12	13	15	16	17	19	21	23	25
77	9	8	8	8	8	8	9	9	10	11	12	13	15	16	18	19	21	23	26
78	9	9	8	8	8	8	9	9	10	11	12	13	15	16	18	20	22	24	26
79	9	9	8	8	8	8	9	9	10	11	12	13	15	16	18	20	22	24	26
80	9	9	8	8	8	9	9	10	10	11	12	14	15	17	18	20	22	24	27
81	9	9	8	8	8	9	9	10	10	11	13	14	15	17	19	20	22	25	27
82	9	9	9	8	9	9	9	10	11	12	13	14	15	17	19	21	23	25	27
83	10	9	9	9	9	9	9	10	11	12	13	14	16	17	19	21	23	25	28
84	10	9	9	9	9	9	9	10	11	12	13	14	16	17	19	21	23	26	28
85	10	9	9	9	9	9	10	10	11	12	13	15	16	18	20	21	24	26	28
86	10	9	9	9	9	9	10	10	11	12	13	15	16	18	20	22	24	26	29
87	10	10	9	9	9	9	10	10	11	12	14	15	16	18	20	22	24	26	29
88	10	10	9	9	9	9	10	11	11	12	14	15	17	18	20	22	24	27	29
89	10	10	9	9	9	10	10	11	12	13	14	15	17	19	20	22	25	27	30

Tafel B2.

Kilogr.	0°	1°	2°	3°	4°	5°	6°	7°	8°	9°	10°	11°	12°	13°	14°	15°	16°	17°	18°
									Hunderttheile des Liter.										
90	10	10	9	9	9	10	10	11	12	13	14	15	17	19	21	23	25	27	30
91	10	10	10	9	9	10	10	11	12	13	14	16	17	19	21	23	25	28	30
92	11	10	10	9	10	10	10	11	12	13	14	16	17	19	21	23	26	28	31
93	11	10	10	10	10	10	10	11	12	13	14	16	18	19	21	23	26	28	31
94	11	10	10	10	10	10	11	11	12	13	15	16	18	20	22	24	26	29	31
95	11	10	10	10	10	10	11	11	12	13	15	16	18	20	22	24	26	29	31
96	11	11	10	10	10	10	11	12	12	14	15	16	18	20	22	24	27	29	32
97	11	11	10	10	10	10	11	12	13	14	15	17	18	20	22	24	27	29	32
98	11	11	10	10	10	11	11	12	13	14	15	17	18	20	22	25	27	30	32
99	11	11	10	10	10	11	11	12	13	14	15	17	19	21	23	25	27	30	33
100	12	11	10	10	10	11	11	12	13	14	16	17	19	21	23	25	28	30	33
101	12	11	11	10	10	11	11	12	13	14	16	17	19	21	23	26	28	31	33
102	12	11	11	10	10	11	11	12	13	14	16	17	19	21	23	26	28	31	34
103	12	11	11	11	11	11	12	12	13	15	16	18	19	21	24	26	29	31	34
104	12	11	11	11	11	11	12	12	13	15	16	18	20	22	24	26	29	32	34
105	12	11	11	11	11	11	12	13	14	15	16	18	20	22	24	27	29	32	35
106	12	12	11	11	11	11	12	13	14	15	16	18	20	22	24	27	29	32	35
107	12	12	11	11	11	11	12	13	14	15	17	18	20	22	25	27	30	33	35
108	12	12	11	11	11	12	12	13	14	15	17	18	20	22	25	27	30	33	36
109	13	12	11	11	11	12	12	13	14	15	17	19	21	23	25	28	30	33	36
110	13	12	12	11	11	12	12	13	14	16	17	19	21	23	25	28	31	33	36
111	13	12	12	11	12	12	12	13	14	16	17	19	21	23	25	28	31	34	37
112	13	12	12	11	12	12	13	13	15	16	17	19	21	23	26	28	31	34	37
113	13	12	12	12	12	12	13	14	15	16	18	19	21	24	26	29	31	34	37
114	13	12	12	12	12	12	13	14	15	16	18	19	21	24	26	29	32	35	38
115	13	13	12	12	12	12	13	14	15	16	18	20	22	24	26	29	32	35	38
116	13	13	12	12	12	12	13	14	15	16	18	20	22	24	27	29	32	35	38
117	13	13	12	12	12	13	13	14	15	17	18	20	22	24	27	30	32	36	39
118	14	13	12	12	12	13	13	14	15	17	18	20	22	25	27	30	33	36	39
119	14	13	12	12	12	13	13	14	15	17	18	20	22	25	27	30	33	36	39
120	14	13	13	12	12	13	13	14	16	17	19	21	23	25	28	30	33	36	40
121	14	13	13	12	13	13	14	14	16	17	19	21	23	25	28	31	34	37	40
122	14	13	13	13	13	13	14	15	16	17	19	21	23	25	28	31	34	37	40
123	14	13	13	13	13	13	14	15	16	17	19	21	23	26	28	31	34	37	41
124	14	14	13	13	13	13	14	15	16	18	19	21	23	26	28	31	34	38	41
125	14	14	13	13	13	13	14	15	16	18	19	21	24	26	29	32	35	38	41
126	15	14	13	13	13	13	14	15	16	18	20	22	24	26	29	32	35	38	42
127	15	14	13	13	13	14	14	15	16	18	20	22	24	26	29	32	35	39	42
128	15	14	13	13	13	14	14	15	17	18	20	22	24	27	29	32	36	39	42
129	15	14	14	13	13	14	14	15	17	18	20	22	24	27	30	33	36	39	43

Tafel B2.

Kilogr.	0°	1°	2°	3°	4°	5°	6°	7°	8°	9°	10°	11°	12°	13°	14°	15°	16°	17°	18°
	Hunderttheile des Liter.																		
130	15	14	14	13	13	14	15	16	17	18	20	22	25	27	30	33	36	40	43
131	15	14	14	14	14	14	15	16	17	19	20	22	25	27	30	33	36	40	43
132	15	14	14	14	14	14	15	16	17	19	20	23	25	27	30	33	37	40	44
133	15	15	14	14	14	14	15	16	17	19	21	23	25	28	31	34	37	40	44
134	15	15	14	14	14	14	15	16	17	19	21	23	25	28	31	34	37	41	44
135	16	15	14	14	14	14	15	16	17	19	21	23	25	28	31	34	37	41	45
136	16	15	14	14	14	15	15	16	18	19	21	23	26	28	31	34	38	41	45
137	16	15	14	14	14	15	15	16	18	19	21	23	26	28	31	35	38	42	45
138	16	15	14	14	14	15	16	17	18	20	21	24	26	29	32	35	38	42	46
139	16	15	15	14	14	15	16	17	18	20	22	24	26	29	32	35	39	42	46
140	16	15	15	14	15	15	16	17	18	20	22	24	26	29	32	35	39	43	46
141	16	15	15	15	15	15	16	17	18	20	22	24	27	29	32	36	39	43	47
142	16	16	15	15	15	15	16	17	18	20	22	24	27	30	33	36	39	43	47
143	16	16	15	15	15	15	16	17	19	20	22	24	27	30	33	36	40	43	47
144	17	16	15	15	15	15	16	17	19	20	22	25	27	30	33	36	40	44	48
145	17	16	15	15	15	16	16	17	19	21	23	25	27	30	33	37	40	44	48
146	17	16	15	15	15	16	16	17	19	21	23	25	28	30	34	37	40	44	48
147	17	16	15	15	15	16	17	18	19	21	23	25	28	31	34	37	41	45	49
148	17	16	16	15	15	16	17	18	19	21	23	25	28	31	34	37	41	45	49
149	17	16	16	15	15	16	17	18	19	21	23	25	28	31	34	38	41	45	49
150	17	16	16	15	16	16	17	18	19	21	23	26	28	31	34	38	42	46	50
151	17	17	16	16	16	16	17	18	20	21	23	26	28	31	35	38	42	46	50
152	18	17	16	16	16	16	17	18	20	22	24	26	29	32	35	38	42	46	50
153	18	17	16	16	16	16	17	18	20	22	24	26	29	32	35	39	42	47	51
154	18	17	16	16	16	16	17	18	20	22	24	26	29	32	35	39	43	47	51
155	18	17	16	16	16	17	17	19	20	22	24	27	29	32	36	39	43	47	51
156	18	17	16	16	16	17	18	19	20	22	24	27	29	32	36	39	43	47	52
157	18	17	16	16	16	17	18	19	20	22	24	27	30	33	36	40	44	48	52
158	18	17	17	16	16	17	18	19	20	22	25	27	30	33	36	40	44	48	52
159	18	17	17	16	17	17	18	19	21	22	25	27	30	33	37	40	44	48	53
160	18	18	17	17	17	17	18	19	21	23	25	27	30	33	37	40	44	49	53
161	19	18	17	17	17	17	18	19	21	23	25	28	30	33	37	41	45	49	53
162	19	18	17	17	17	17	18	19	21	23	25	28	31	34	37	41	45	49	54
163	19	18	17	17	17	17	18	20	21	23	25	28	31	34	37	41	45	50	54
164	19	18	17	17	17	18	18	20	21	23	25	28	31	34	38	41	45	50	54
165	19	18	17	17	17	18	19	20	21	23	26	28	31	34	38	42	46	50	55
166	19	18	17	17	17	18	19	20	22	23	26	28	31	35	38	42	46	50	55
167	19	18	18	17	17	18	19	20	22	24	26	29	31	35	38	42	46	51	55
168	19	18	18	17	17	18	19	20	22	24	26	29	32	35	39	42	47	51	56
169	19	18	18	17	18	18	19	20	22	24	26	29	32	35	39	43	47	51	56

Tafel B2.

Kilogr.	0°	1°	2°	3°	4°	5°	6°	7°	8°	9°	10°	11°	12°	13°	14°	15°	16°	17°	18°
	Hunderttheile des Liter.																		
170	20	19	18	18	18	18	19	20	22	24	26	29	32	35	39	43	47	52	56
171	20	19	18	18	18	18	19	20	22	24	27	29	32	36	39	43	47	52	57
172	20	19	18	18	18	18	19	21	22	24	27	29	32	36	39	43	48	52	57
173	20	19	18	18	18	19	19	21	22	24	27	30	33	36	40	44	48	53	57
174	20	19	18	18	18	19	20	21	23	25	27	30	33	36	40	44	48	53	58
175	20	19	18	18	18	19	20	21	23	25	27	30	33	36	40	44	49	53	58
176	20	19	18	18	18	19	20	21	23	25	27	30	33	37	40	44	49	54	58
177	20	19	19	18	18	19	20	21	23	25	27	30	33	37	41	45	49	54	59
178	21	19	19	18	18	19	20	21	23	25	28	30	34	37	41	45	49	54	59
179	21	20	19	18	19	19	20	21	23	25	28	31	34	37	41	45	50	54	59
180	21	20	19	19	19	19	20	22	23	25	28	31	34	37	41	45	50	55	60
181	21	20	19	19	19	19	20	22	23	26	28	31	34	38	42	46	50	55	60
182	21	20	19	19	19	19	20	22	24	26	28	31	34	38	42	46	50	55	60
183	21	20	19	19	19	20	21	22	24	26	28	31	35	38	42	46	51	56	61
184	21	20	19	19	19	20	21	22	24	26	29	31	35	38	42	46	51	56	61
185	21	20	19	19	19	20	21	22	24	26	29	32	35	38	42	47	51	56	61
186	21	20	20	19	19	20	21	22	24	26	29	32	35	39	43	47	52	57	62
187	22	20	20	19	19	20	21	22	24	26	29	32	35	39	43	47	52	57	62
188	22	21	20	19	20	20	21	23	24	27	29	32	35	39	43	47	52	57	62
189	22	21	20	20	20	20	21	23	24	27	29	32	36	39	43	48	52	57	63
190	22	21	20	20	20	20	21	23	25	27	29	32	36	40	44	48	53	58	63
191	22	21	20	20	20	20	21	23	25	27	30	33	36	40	44	48	53	58	63
192	22	21	20	20	20	21	22	23	25	27	30	33	36	40	44	48	53	58	64
193	22	21	20	20	20	21	22	23	25	27	30	33	36	40	44	49	54	59	64
194	22	21	20	20	20	21	22	23	25	27	30	33	37	40	45	49	54	59	64
195	22	21	20	20	20	21	22	23	25	28	30	33	37	41	45	49	54	59	65
196	23	21	21	20	20	21	22	23	25	28	30	34	37	41	45	49	54	60	65
197	23	22	21	20	20	21	22	24	26	28	31	34	37	41	45	50	55	60	65
198	23	22	21	20	21	21	22	24	26	28	31	34	37	41	46	50	55	60	66
199	23	22	21	21	21	21	22	24	26	28	31	34	38	41	46	50	55	60	66
200	23	22	21	21	21	21	22	24	26	28	31	34	38	42	46	51	55	61	66

Tafel B3.

zur Berechnung des Zuschlages, welchen man zu dem in Kilogramm und Decimaltheilen des Kilogramm ausgedrückten Gewicht der Wasserfüllung eines Gefäßes hinzuzufügen hat, um seinen in Liter und Decimaltheilen des Liter ausgedrückten Rauminhalt zu finden.

Berechnet für Wasser-Temperaturen von 0° bis 18° Réaumur.

Kilogr.	0°	1°	2°	3°	4°	5°	6°	7°	8°	9°	10°	11°	12°	13°	14°	15°	16°	17°	18°
							Zehntheile des Liter.												
200	2	2	2	2	2	2	2	2	3	3	3	3	4	4	5	5	6	6	7
10	2	2	2	2	2	2	2	3	3	3	3	4	4	4	5	5	6	6	7
20	3	2	2	2	2	2	2	3	3	3	3	4	4	5	5	6	6	7	7
30	3	3	2	2	2	2	3	3	3	3	4	4	4	5	5	6	6	7	8
40	3	3	3	2	2	3	3	3	3	3	4	4	5	5	6	6	7	7	8
50	3	3	3	3	3	3	3	3	3	4	4	4	5	5	6	6	7	8	8
60	3	3	3	3	3	3	3	3	3	4	4	4	5	5	6	7	7	8	9
70	3	3	3	3	3	3	3	3	3	4	4	5	5	6	6	7	7	8	9
80	3	3	3	3	3	3	3	3	4	4	4	5	5	6	6	7	8	9	9
90	3	3	3	3	3	3	3	3	4	4	5	5	5	6	7	7	8	9	10
300	3	3	3	3	3	3	3	4	4	4	5	5	6	6	7	8	8	9	10
10	4	3	3	3	3	3	3	4	4	4	5	5	6	6	7	8	9	9	10
20	4	4	3	3	3	3	4	4	4	5	5	5	6	7	7	8	9	10	11
30	4	4	3	3	3	4	4	4	4	5	5	6	6	7	8	8	9	10	11
40	4	4	4	4	4	4	4	4	4	5	5	6	6	7	8	9	9	10	11
50	4	4	4	4	4	4	4	4	5	5	5	6	7	7	8	9	10	11	12
60	4	4	4	4	4	4	4	4	5	5	6	6	7	7	8	9	10	11	12
70	4	4	4	4	4	4	4	4	5	5	6	6	7	8	8	9	10	11	12
80	4	4	4	4	4	4	4	5	5	5	6	6	7	8	9	10	11	12	13
90	4	4	4	4	4	4	4	5	5	6	6	7	7	8	9	10	11	12	13
400	5	4	4	4	4	4	4	5	5	6	6	7	8	8	9	10	11	12	13
10	5	4	4	4	4	4	5	5	5	6	6	7	8	9	9	10	11	12	14
20	5	5	4	4	4	4	5	5	5	6	7	7	8	9	10	11	12	13	14
30	5	5	5	4	4	5	5	5	6	6	7	7	8	9	10	11	12	13	14
40	5	5	5	5	5	5	5	5	6	6	7	8	8	9	10	11	12	13	15
50	5	5	5	5	5	5	5	5	6	6	7	8	8	9	10	11	12	14	15
60	5	5	5	5	5	5	5	6	6	7	7	8	9	10	11	12	13	14	15
70	5	5	5	5	5	5	5	6	6	7	7	8	9	10	11	12	13	14	16
80	6	5	5	5	5	5	5	6	6	7	7	8	9	10	11	12	13	15	16
90	6	5	5	5	5	5	6	6	6	7	8	8	9	10	11	12	14	15	16

Tafel B3.

Kilogr.	0°	1°	2°	3°	4°	5°	6°	7°	8°	9°	10°	11°	12°	13°	14°	15°	16°	17°	18°
	Zehntheile des Liter.																		
500	6	5	5	5	5	5	6	6	6	7	8	9	9	10	11	13	14	15	17
10	6	6	5	5	5	5	6	6	7	7	8	9	10	11	12	13	14	16	17
20	6	6	5	5	5	6	6	6	7	7	8	9	10	11	12	13	14	16	17
30	6	6	6	5	6	6	6	6	7	7	8	9	10	11	12	13	15	16	18
40	6	6	6	6	6	6	6	6	7	8	8	9	10	11	12	14	15	16	18
50	6	6	6	6	6	6	6	7	7	8	9	9	10	11	13	14	15	17	18
60	6	6	6	6	6	6	6	7	7	8	9	10	11	12	13	14	16	17	19
70	7	6	6	6	6	6	6	7	7	8	9	10	11	12	13	14	16	17	19
80	7	6	6	6	6	6	7	7	8	8	9	10	11	12	13	15	16	18	19
90	7	6	6	6	6	6	7	7	8	8	9	10	11	12	14	15	16	18	20
600	7	7	6	6	6	6	7	7	8	8	9	10	11	12	14	15	17	18	20
10	7	7	6	6	6	7	7	7	8	9	9	10	12	13	14	15	17	19	20
20	7	7	7	6	6	7	7	7	8	9	10	11	12	13	14	16	17	19	21
30	7	7	7	7	7	7	7	8	8	9	10	11	12	13	14	16	17	19	21
40	7	7	7	7	7	7	7	8	8	9	10	11	12	13	15	16	18	19	21
50	7	7	7	7	7	7	7	8	8	9	10	11	12	14	15	16	18	20	22
60	8	7	7	7	7	7	7	8	9	9	10	11	12	14	15	17	18	20	22
70	8	7	7	7	7	7	8	8	9	9	10	11	13	14	15	17	19	20	22
80	8	7	7	7	7	7	8	8	9	10	11	12	13	14	16	17	19	21	23
90	8	8	7	7	7	7	8	8	9	10	11	12	13	14	16	17	19	21	23
700	8	8	7	7	7	7	8	8	9	10	11	12	13	15	16	18	19	21	23
10	8	8	7	7	7	8	8	9	9	10	11	12	13	15	16	18	20	22	24
20	8	8	8	7	7	8	8	9	9	10	11	12	14	15	17	18	20	22	24
30	8	8	8	8	8	8	8	9	9	10	11	12	14	15	17	18	20	22	24
40	9	8	8	8	8	8	8	9	10	10	11	13	14	15	17	19	21	22	25
50	9	8	8	8	8	8	8	9	10	11	12	13	14	16	17	19	21	23	25
60	9	8	8	8	8	8	9	9	10	11	12	13	14	16	17	19	21	23	25
70	9	8	8	8	8	8	9	9	10	11	12	13	15	16	18	19	21	23	26
80	9	9	8	8	8	8	9	9	10	11	12	13	15	16	18	20	22	24	26
90	9	9	8	8	8	8	9	9	10	11	12	14	15	16	18	20	22	24	26
800	9	9	8	8	8	9	9	10	10	11	12	14	15	17	18	20	22	24	27
10	9	9	8	8	8	9	9	10	10	11	13	14	15	17	19	20	22	25	27
20	9	9	9	9	9	9	9	10	11	12	13	14	15	17	19	21	23	25	27
30	10	9	9	9	9	9	9	10	11	12	13	14	16	17	19	21	23	25	28
40	10	9	9	9	9	9	9	10	11	12	13	14	16	17	19	21	23	26	28
50	10	9	9	9	9	9	10	10	11	12	13	15	16	18	20	21	24	26	28
60	10	9	9	9	9	9	10	10	11	12	13	15	16	18	20	22	24	26	29
70	10	10	9	9	9	9	10	10	11	12	14	15	16	18	20	22	24	26	29
80	10	10	9	9	9	9	10	11	11	12	14	15	17	18	20	22	24	27	29
90	10	10	9	9	9	10	10	11	12	13	14	15	17	19	20	22	25	27	30

Tafel B 3.

Kilogr.	0°	1°	2°	3°	4°	5°	6°	7°	8°	9°	10°	11°	12°	13°	14°	15°	16°	17°	18°
	Zehntheile des Liter.																		
900	10	10	9	9	9	10	10	11	12	13	14	15	17	19	21	23	25	27	30
10	10	10	10	9	9	10	10	11	12	13	14	16	17	19	21	23	25	28	30
20	11	10	10	9	10	10	10	11	12	13	14	16	17	19	21	23	26	28	31
30	11	10	10	10	10	10	10	11	12	13	14	16	18	19	21	23	26	28	31
40	11	10	10	10	10	10	11	11	12	13	15	16	18	20	22	24	26	29	31
50	11	10	10	10	10	10	11	11	12	13	15	16	18	20	22	24	26	29	32
60	11	11	10	10	10	10	11	12	12	14	15	16	18	20	22	24	27	29	32
70	11	11	10	10	10	10	11	12	13	14	15	17	18	20	22	24	27	29	32
80	11	11	10	10	10	10	11	12	13	14	15	17	18	20	23	25	27	30	32
90	11	11	10	10	10	11	11	12	13	14	15	17	19	21	23	25	27	30	33
1000	12	11	10	10	10	11	11	12	13	14	16	17	19	21	23	25	28	30	33

X.

Reg.-Bl. Nr. 59.

Bekanntmachung,

den Vollzug des Gesetzes vom 29. April 1869, die Maaß- und Gewichtsordnung betr.

Staatsministerium des Handels und der öffentlichen Arbeiten.

Im Vollzuge des Gesetzes vom 29. April l. Js., die Maaß- und Gewichtsordnung betr., werden in nachstehender Tabelle die Verhältnißzahlen für die Umrechnung der im diesrheinischen Bayern bisher giltigen Maaße und Gewichte in die durch das Gesetz vom 29. April l. Js., die Maaß- und Gewichtsordnung betr., festgestellten neuen Maaße und Gewichte bekannt gemacht.

Bezüglich der Holzmaaße wird eine besondere Bekanntmachung erfolgen.*)

Die bestehenden Feldmaaße bleiben nach Art. 5 des Gesetzes vom 29. April l. Js. bis auf Weiteres in Geltung.**)

München, den 13. August 1869.

Auf Seiner Königlichen Majestät Allerhöchsten Befehl.

v. Schlör.

Durch den Minister:
der Generalsecretär, Minist.-Rath v. Cetto.

---

*) Vergleiche die Beilage zur Entschließung des kgl. Staatsministeriums der Finanzen vom 6. Juli 1870, Nr. 6075. (S. Nr. XI.)

**) Vergleiche §. 2 des Reichsgesetzes vom 22. November 1871. (S. Nr. II.)

Verhältniß-

Altes Maaß.	Neues Maaß.
	I. Längen-
1 bayer. Fuß zu 12 Zoll oder zu 144 Linien = 129$^{38}/_{100}$ Pariser Linien	= 0,2918592 Meter.
1 Zoll	= 2,43216 Centimeter.
1 Linie	= 2,0268 Millimeter.
1 bayer. Klafter zu 6 Fuß . . .	= 1,751155 Meter.
1 geometrische Ruthe zu 10 Fuß .	= 2,918592 Meter.
1 bayer. Elle zu 2 Fuß 10¼ Zoll	= 0,833015 Meter.
1 geometrische Stunde, Post- oder Wegstunde = 12,703 Fuß . .	= 3,70749 Kilometer.
	II. Flächen-
1 bayer. Quadratfuß zu 144 Quadratzollen	= 0,085182 □Meter.
1 Quadratzoll	= 5,9154 □Centimeter.
1 Quadratlinie	= 4,1079 □Millimeter.
1 Quadratklafter zu 36 Quadratfuß	= 3,0665 □Meter.
1 Quadratruthe zu 100 Quadratfuß	= 8,5182 □Meter.
1 Tagwerk oder Morgen zu 400 Quadratruthen	= 34,07272 Are.
	III. Körper-
1 Kubikfuß	= 0,024861 Kubikmeter.
1 Kubikzoll	= 14,38721 Kubikcentm.
	IV. Hohlmaaße für
1 bayer. Maßkanne zu 43 Dezimal-Kubikzoll	= 1,06903 Liter.
1 bayer. Eimer zu 64 Maß oder zu 2,752 Kubikfuß	= 68,4177 Liter.
	V. Getreid-
1 bayer. Metzen zu 34⅔ Maßkannen	= 37,0596 Liter.
½ " " Viertel genannt .	= 18,5298 Liter.
¼ " " halbes Viert. genannt	= 9,2649 Liter.
⅛ " " Maßl genannt . .	= 4,6325 Liter.
1/16 " " halbes Maßl genannt	= 2,3162 Liter.
1/32 " " Dreißiger genannt .	= 1,1581 Liter.
6 Metzen-Maaß, Schäffel genannt	= 2,22358 Hektoliter.

Zahlen.

Neues Maaß.		Altes Maaß.

Maaße.

1 Meter	=	3,42631 Fuß.
1 Centimeter	=	0,41116 Zoll.
1 Millimeter	=	0,4934 Linie.
1 Kilometer	=	0,269724 Stunde.
1 Meter	=	0,57105 Klafter.
1 Meter	=	0,34263 Ruthe.
1 Meter	=	1,20046 Elle.

Maaße.

1 Quadratmeter	=	11,7396 Quadratfuß.
1 Quadratcentimeter	=	0,16905 Quadratzoll.
1 Quadratmillimeter	=	0,24343 Quadratlinie.
1 Ar	=	32,610 Quadratklafter.
1 Ar	=	11,7396 Quadratruthen.
1 Hektar	=	2,9349 Tagwerk.

Maaße.

1 Kubikmeter	=	40,2235 Kubikfuß.
1 Kubikcentimeter	=	0,069506 Kubikzoll.

Flüssigkeiten.

1 Liter	=	0,93543 Maßkannen.
1 Hektoliter	=	1,46161 bayer. Eimer.

Maaße.

1 Hektoliter	=	2,69836 Metzen.
1 Hektoliter	=	5,3967 Viertel.
1 Hektoliter	=	10,79342 halbe Viertel.
1 Hektoliter	=	21,58685 Maßl.
1 Hektoliter	=	43,17370 halbe Maßl.
1 Hektoliter	=	86,34739 Dreißiger.
1 Hektoliter	=	0,44973 Schäffel.

Altes Maaß.	Neues Maaß.
	VI. Handels-
1 bayer. Pfund zu 32 Loth . . .	= 560 Gramm.
1 Loth à 4 Quentchen	= 17,5 Gramm.
1 Quentchen	= 4,375 Gramm.
1 Zentner zu 100 Pfunden . . .	= 56 Kilogramm.
	= 1 Zt. 12 Pfd. Zollgew.
	VII. Medicinal- und
1 Pfund (Libra) = 12 Unzen . .	= 360 Gramm.
1 Unze = 8 Drachmen	= 30 Gramm.
1 Drachme = 3 Skrupel . . .	= 3,75 Gramm.
1 Skrupel = 20 Gran	= 1,25 Gramm.
1 Gran	= 0,0625 Gramm.
	VIII. Gold-, Silber-, Juwelen-
1 bayer. Mark zu 16 Loth . . .	= 280 Gramm.
1 Loth zu 16 Pfenningen . . .	= 17,5 Gramm.
1 Pfenning	= 1,09375 Gramm.
1 Krone (Goldgewicht)	= 3,24799 Gramm.
1 Sechzehntel	= 0,20300 Gramm.
1/2 "	= 0,10150 Gramm.
1/4 "	= 0,05075 Gramm.
1 Dukaten (Goldgewicht) . . .	= 3,49038 Gramm.
1 Sechzehntel	= 0,21815 Gramm.
1/2 "	= 0,10907 Gramm.
1/4 "	= 0,05454 Gramm.
Das holländische Juwelenkarat . .	= 20,5894 Centigramm

Neues Maaß.	Altes Maaß.
Gewicht.	
1 Kilogramm oder Kilo = 1000 Gramm = 2 Zollpfund . . . . =	1,785715 bayer. Pfund.
1 Dekagramm . . . . =	2,2857 Quentchen.
1 Gramm . . . . . . =	0,22857 Quentchen.
Apotheker-Gewicht.	
1 Kilo = 1000 Gramm =	2 Libra 9 Unzen 2 Drachmen und 2 Skrupel.
1 Gramm . . . . . =	16 Gran.
1 Decigramm . . . . =	1,6 Gran.
1 Centigramm . . . =	0,16 Gran.
und Perlen-Gewichte.	
1 Kilogramm . . . . =	3 Mark 9 Loth 2,28571 Pfenn.
1 Dekagramm . . . . =	— „ — „ 9,14286 „
1 Gramm . . . . . =	— „ — „ 0,91429 „
1 Kilogramm . . . . =	307 Kronen 14,11891 Sechzehnt.
1 Dekagramm . . . . =	3 „ 1,26119 „
1 Gramm . . . . . . =	— „ 4,92612 „
1 Decigramm . . . . =	— „ 0,49261 „
1 Centigramm . . . . =	— „ 0,04926 „
1 Kilogramm . . . . =	286 Dukaten 8,02732 „
1 Dekagramm . . . . =	2 „ 13,84027 „
1 Gramm . . . . . . =	— „ 4,58403 „
1 Decigramm . . . . =	— „ 0,45840 „
1 Centigramm . . . . =	— „ 0,04584 „
1 Gramm . . . . . . =	4,8569 holländ. Juwelenkarate.

XI.

Ministerial-Entschließung,

die Maaß- und Gewichtsordnung betreffend.

An die k. Regierungsfinanzkammern.

Staatsministerium der Finanzen.

Hinsichtlich der Einführung der durch das Gesetz vom 29. April 1869 vorgeschriebenen Maaß- und Gewichtsordnung bei der Staatsforstverwaltung wird Folgendes verfügt:

1) Die Anwendung der dieser Maaß- und Gewichtsordnung entsprechenden Maaße und Gewichte hat vom 1. Januar 1872 anfangend einzutreten, und es sind hienach von diesem Zeitpunkte an und schon vorausgehend in den sämmtlichen auf das Verwaltungsjahr 1872 sich beziehenden Arbeitsgegenständen und Ausfertigungen der Forst-, Jagd- und Triftverwaltung zur Bezeichnung von Größen zu gebrauchen:

a. Längenmaaße.

Das Meter, das Decimeter gleich dem zehnten, das Centimeter gleich dem hundertsten und das Millimeter gleich dem tausendsten Theil des Meter, dann das Dekameter gleich zehn und das Kilometer gleich tausend Meter.

b. Flächenmaaße.

Das bayerische Tagwerk mit 3 Dezimalstellen, welches bis auf Weiteres in Geltung bleibt.

Die Einheit der neuen Flächenmaaße bildet das Quadratmeter. Es heißen hundert Quadratmeter das Ar, und zehntausend Quadratmeter das Hektar.

c. Körpermaaße.

Das Kubikmeter und das Kubikdecimeter, gleich dem tausendsten Theil eines Kubikmeters, welches Liter heißt, dann das Hektoliter gleich hundert Liter oder dem zehnten Theil des Kubikmeters.

d. Gewichte.

Das Kilogramm oder Kilo (gleich zwei Zollpfund), das Gramm gleich dem tausendsten Theil eines Kilogramm, das Decigramm gleich dem zehnten, das Centigramm gleich dem hundertsten und das Milligramm gleich dem tausendsten Theil des Gramm, dann das Dekagramm gleich 10 Gramm, der Centner gleich fünfzig Kilogramm oder hundert Pfund und die Tonne gleich tausend Kilogramm oder zweitausend Pfund.

Aus der anliegenden Tabelle I sind die Verhältnißzahlen für die Umrechnung der im diesrheinischen Bayern bisher giltigen, hieher bezüglichen Maaße und Gewichte in die vorstehend erwähnten neuen Maaße und Gewichte zu entnehmen.

2) Die Maaß- und Rechnungs-Einheit für die Holz-Verausgabung bildet der Würfel des Meter; ein solcher Würfel solider Holzmasse, wie er für Holz in Stämmen zur Berechnung kommt, wird „Kubikmeter“, dagegen der mit losen Holzstücken ausgefüllte Raum desselben „Ster“ genannt.

3) Bei Messung zugerichteter Bau- und Nutzholzstämme und Stamm-Abschnitte ist die Länge nach Metern und vollen geraden Decimetern — 2, 4; 6 und 8 Decimeter —, der auf der Längenhälfte abzugreifende Durchmesser dagegen nach Centimetern zu bestimmen. Die hiebei sich ergebenden Bruchtheile eines Centimeters im Durchmesser und die Ueberschüsse über einen geraden Decimeter in der Länge, welchen Ueberschüssen übrigens durch entsprechendes Ablängen der Stämme und Stammabschnitte soweit thunlich vorzubeugen ist, bleiben unberücksichtigt. Der Massengehalt der Stammhölzer wird nach Kubikmetern mit zwei Decimalstellen in Rechnung ge-

nommen; zur Erleichterung seiner Ermittlung werden Hilfstafeln hinausgegeben werden.

4) Mit Ausnahme des Stockholzes ist sämmtliches bei den Hieben anfallende, im Raummaaße aufgestellt werdende Brennholz (Scheit-, Prügel- und Steckenholz) genau auf 1 Meter abzulängen. Die Länge des Stockholzes bedingt sich durch die Art und Weise der Fällung der Stämme; je näher diese am Boden abgeschnitten werden, desto lucrativer ist im Allgemeinen auch bei Gewinnung der Stöcke die Ausnutzung des Holzes.

Bezüglich der Auffetzung des Deputat- und Berechtigungs-Brennholzes in das Raummaaß folgt weiter unten Bestimmung.

Das sämmtliche übrige im Raummaaße zur Verausgabung kommende Brennholz, einschließlich des Stockholzes, ist im Walde nach Umständen in Stößen zu 3 Steren, gleich 0,96 bayerische Normal- und 0,84 Pfälzer Klafter, bei der Tiefe von 1 Meter mit 1½ Meter Höhe und 2 Meter Breite, oder zu 4 Steren, gleich 1,28 bayerische Normal- und 1,12 Pfälzer Klafter, bei der Tiefe von 1 Meter mit 1½ Meter Höhe und 2 Meter 67 Centimeter Breite zu setzen.

Die Anlegung größerer Stöße, wo sie in Rücksicht auf das örtliche Bedürfniß, die Absatz- und Abgabe-Verhältnisse &c. wünschenswerth und vortheilhaft erscheint, bleibt nicht ausgeschlossen, es sind aber dieselben gleichfalls in der Höhe von 1½ Meter aufzustellen und dürfen solche größere Stöße, welche stets nur eine Nummer zu erhalten haben, keinen Bruchtheil eines Ster begreifen.

Kleinere Stöße zu 2 Steren — 2 Meter breit und 1 Meter hoch — und zu 1 Ster — Würfel des Meter — dürfen nur ausnahmsweise für den Fall des Bedarfes wegen entsprechender Material-Sortirung oder Vermeidung übergroßer Arbeitserschwerung aufgerichtet werden, während die Auffetzung von Bruchtheilen eines Ster nur für die Deputat- und Berechtigungsholzabgaben statthaft ist. Die Länge der im Raummaaße zur Verausgabung kommenden Werkhölzer, sowie des Kohlholzes richtet sich nach dem technischen Bedarf und dem Herkommen, wobei für die Stöße solchen Holzes Breite und Höhe in der Art zu bemessen sind, daß sie jederzeit nur ganze

Stere und keinen Bruchtheil eines solchen begreifen. Die Dimensionen der Holzstöße auf den Holzsetzplätzen an den Triftbächen und in den Holzhöfen bemessen sich nach den jeweiligen lokalen Verhältnissen; soweit diese es gestatten, sind auch hier die vorstehenden Bestimmungen über die Aufstellung des Holzes im Walde zu beachten.

Die wegen des Schwindens des Holzes zu gestattende Ueberhöhe ist für das neue Raummaaß in der Art festzusetzen, daß bei Division dieser Ueberhöhe durch die Höhe des neuen Maaßes derselbe Quotient sich ergibt, wie bei Division der bisher üblich gewesenen Ueberhöhe durch die Höhe des alten Maaßes; so z. B. ergibt sich aus einer bisherigen Ueberhöhe von 4 Decimalzoll für die 6' hohe bayerische Normalklafter, gleich $^1/_{15}$ der Klafterhöhe, für den $1^1/_2$ Meter hohen Holzstoß die Ueberhöhe von 10 Centimetern zu gleichfalls $^1/_{15}$ der Stoßhöhe. Für die bei den diesfallsigen Berechnungen sich ergebenden Bruchtheile eines Centimeters darf ein ganzes Centimeter in Ansatz gebracht werden.

Das Normalmaaß für die Reisig-Wellen beträgt 1 Meter in der Länge und 30 Centimeter im Durchmesser; weichen örtlich die bisher üblich gewesenen Dimensionen der Wellen von diesem Normalmaaße bedeutend ab, so dürfen die alten Wellenmaaße, wenn dies aus irgend welchem Grunde wünschenswerth erscheinen sollte, bis auf Weiteres beibehalten werden.

Das in Haufen unaufgearbeitet zur Verausgabung kommende Reisig ist nach Normalwellen einzuschätzen und in Rechnung zu bringen.

5) Die Gesammtzahl der Brennholzrechte in den Staatswaldungen des Königreiches beläuft sich gegenwärtig noch auf circa 39,700 und nicht unbedeutend ist auch die Zahl der Personen, welche annoch Deputatholz in natura zu empfangen haben.

Bei einer Abgabe dieser Forstrechts- und Deputathölzer im Normalmaaße würden sich nahehin ebenso viele Bruchtheile des Ster ergeben, als die Zahl der Empfänger beträgt; die jährliche Aufstellung dieser großen Zahl von Bruchtheilen der verschiedensten Größe, sei es nun für sich allein oder in Verbindung mit ganzen Steren, müßte die Holzfabrikation sehr vertheuern, zu vielen Irrungen Anlaß geben und auch das Geschäft des Holzabpostens außerordentlich erschweren.

Zur Begegnung dieser Mißstände hat die Abgabe des im Raummaaße aufgestellt werdenden Forstrechts- und Deputat-Brennholzes in Stößen von dem nämlichen Raumgehalte, wie ihn die betreffenden bisherigen Forstrechts- und Deputatholz-Klaftern besitzen, zu erfolgen.

Der Raumgehalt dieser Stöße wird nach Steren mit zwei Decimalstellen in Rechnung genommen; bei Feststellung der bezüglichen Ziffern sind für 5 und mehr Tausendtel eines Ster je ein Hundertel des Ster in Ansatz zu bringen, weniger als 5 Tausendtel des Ster aber wegzulassen.

Höhe und Breite fraglicher Stöße — deren Tiefe ist bei dem Scheit- und Prügelholz durch die allgemein vorgeschriebene Scheitlänge zu 1 Meter bestimmt — sind mit Rücksicht auf Erzielung angemessener Maaßkörper nach dem Metermaaße zu projektiren, wobei der bei der nothwendigen Ermittlung von einer dieser beiden Dimensionen durch Berechnung sich etwa ergebende Bruchtheil eines Centimeters als ein ganzes Centimeter in Ansatz gebracht werden darf.

Hinsichtlich der Festsetzung der Höhe des Uebermaaßes, wo ein solches nach Herkommen zugestanden werden muß, ist hier in derselben Weise zu verfahren, wie oben unter Ziff. 4 angegeben.

Diese Projekte, mit dem nöthigen Detail, insbesondere unter Angabe der Dimensionen und der Benennung der umgewandelten Lokalklaftern in ein Verzeichniß gebracht, haben spätestens bis zum 1. September l. Js. in doppelter Ausfertigung bei dem unterzeichneten Staatsministerium in Vorlage zu kommen, werden daselbst mit Rücksicht auf Festsetzung gleicher Dimensionen für ein und dasselbe Lokalklafter in den verschiedenen Regierungsbezirken geprüft und alsdann zur Bekanntgabe an die betreffenden Forstberechtigten sowie an die Holzdeputatisten, dann zur sofortigen Anwendung vom Jahre 1872 anfangend hinausgegeben.

Nachdem das Forstrechts- und Deputat-Brennholz in der normalen Scheitlänge zu 1 Meter abgelängt wird, verursacht das Zugeständniß seiner Aufstellung in besonderen, von den

Normalgrößen abweichenden Stößen keinerlei Störung im Verkehr auf den öffentlichen Holzmärkten.

In Beilage II finden sich die nach Anzeige der k. Regierungsfinanzkammern im Königreiche Bayern bisher noch in Anwendung gekommenen Holzklaftermaaße, dann die Verhältnißzahlen für die Umrechnung dieser alten Maaße in das neue Maaß — das Ster — verzeichnet.

Für das an die Forstberechtigten und Deputatisten in gebundenen Wellen zur Abgabe kommende Reisigholz dürfen die hergebrachten Dimensionen dieser Wellen beibehalten werden und es sind lediglich diese Dimensionen auf das Metermaaß umzurechnen, wobei sich ergebende Bruchtheile eines Centimeters in der Länge, dem Durchmesser oder dem Umfange als ein ganzes Centimeter in Ansatz gebracht werden.

6) Für die Abgabe von Bau- und Nutzholz auf Berechtigung, welche nach einer gewissen Anzahl von Stämmen oder Stammabschnitten mit bestimmten Dimensionen, oder in einem gewissen Kubikgehalte erfolgt, hat die Umrechnung auf das Metermaaß einzutreten, wobei zur Abrundung für Ueberschüsse in der Länge über einen geraden Decimeter das nächst höhere gerade Decimeter, für Bruchtheile eines Centimeters im Durchmesser oder Umfang je ein ganzes Centimeter, und für die Tausendtel des Kubikmeters ein Hundertel desselben in Ansatz zu bringen sind.

7) In gleicher Weise, wie vorstehend unter Ziff. 6 vorgeschrieben, ist auch bezüglich der auf besonderen Verträgen oder Accorden beruhenden Bau- und Nutzholz-Abgaben in Stämmen und Stammabschnitten mit bestimmten Dimensionen zu verfahren. Die auf solchen Verträgen beruhenden Abgaben von Brennholz in Klaftern haben vom Jahre 1872 anfangend nach Steren zu erfolgen; je nach dem Wunsche des Holzempfängers darf für den bei der Umrechnung des Abgabequantums auf das neue Maaß sich ergebenden Bruchtheil eines Ster ein ganzes Ster verabfolgt, oder um diesen Bruchtheil das jährliche Abgabequantum gekürzt werden. Die für das Bau- und Nutzholz nach Kubikfußen und für das Brennholz nach bayerischen Normalklaftern oder anderen Maaßeinheiten bemessenen Holzpreise sind auf Kubikmeter und Ster umzurechnen.

8) Für die nicht in natura zur Abgabe kommenden Besoldungsholzbezüge hat behufs deren Vergütung in Geld für jeden Empfänger die Umrechnung auf Stere stattzufinden, wobei zur Abrundung für die sich ergebenden Tausendtel des Ster ein Hundertel desselben in Ansatz gebracht werden darf.

9) Für die bisherige Abgabe von Forstnebennutzungsprodukten nach Kubikfußen oder Kubikklaftern hat als Maaßeinheit das Kubikmeter, und für jene nach Raumklaftern als Maaßeinheit das Ster, dann für jene nach dem Gewichte das neue Gewicht — Centner, Kilogramm 2c. — in Anwendung zu kommen; bei der Umbildung und Umrechnung der alten in die neuen Maaße und bezüglich der Aufstellung der letzteren in natura ist in anologer Weise zu verfahren, wie vorstehend diesfalls für das Holzmaterial vorgeschrieben wurde.

Bei Aufstellung der Stöße getrockneten Torfes kann die seither üblich gewesene Form der Haufen beibehalten werden.

Die Rechnungseinheit für alle Waldstreuabgaben bildet das Ster. Die Dimensionen der Normalhaufen sind auf das Metermaaß umzurechnen und dabei für den Raumgehalt von ganzen Steren ohne Bruchtheile eines solchen, so weit nöthig, zu modifiziren.

Bei der Bezifferung des Raumgehaltes der in ihren Dimensionen für alle Zeit feststehenden Normalhaufen für die Streuabgaben auf Berechtigung hat zur Erleichterung der Verrechnung eine Abrundung auf ganze Stere in der Art stattzufinden, daß Bruchtheile eines Ster unter 0,5 weggelassen, dagegen Bruchtheile von 0,5 und darüber als ein ganzes Ster in Ansatz gebracht werden.

Für den Raumgehalt der verschiedenen Streufuder — ein-, zwei-, vierspänniger 2c. — sind der Wirklichkeit möglichst nahe kommende Zahlen von ganzen Steren ein für allemal festzusetzen, und bei den Streuabgaben in unregelmäßigen Haufen von verschiedener Größe, wie sie bei der Aststreu vorzukommen pflegen, dann bei den Streuabgaben nach der Fläche hat eine specielle Anschätzung nach ganzen Steren stattzufinden.

10) Sämmtliche in den Jahren 1870 und 1871 zur Verausgabung für das Verwaltungsjahr 1872 in Gewinnung kommenden Hölzer und Forstnebennutzungs-Produkte sind schon

nach den neuen Maaßen herzurichten, zu messen, zu berechnen und für die Abgabe aufzustellen.

11) Für jeden aus der Staatskasse besoldeten k. Oberförster und Triftmeister ist als Normalmaaß ein geeichtes und gestempeltes, in Centimeter getheiltes Maaß zu 1 Meter von hartem Holze und an den Enden mit Metall beschlagen, dann zum Abgreifen der Stammdurchmesser eine Kluppe mit Centimeter-Theilung à Conto der Etatsposition für Requisition zum Holzfällen anzuschaffen.

Die noch in gutem Stande befindlichen alten Kluppen können seinerzeit durch Abänderung der Maaßeintheilung fortan verwendbar gemacht werden.

12) Hinsichtlich der Stellung der Geld- und Materialrechnung wird Folgendes bestimmt:

a) In den Nummernbüchern, Schlagregistern und sämmtlichen sonstigen das Holzmaterial nachweisenden Uebersichten sind statt der bisherigen einen Columne „Massenklafter“ oder „Kubikfuß“ zwei durch eine schwache Linie getrennte Columnen, nämlich die eine für den ganzen Kubikmeter, die andere für die zwei Decimalen desselben mit den Ueberschriften „Kubikmeter“ und „Decimalen“ zu eröffnen.

Die Designation der aufgestellten Stöße von Werk-, Scheit-, Prügel- und Steckenholz hat für die Regel nach ihrem Gehalt an Steren — 1, 2, 3, 4, 2c. Steren — zu erfolgen; eine Ausnahme hievon wird nur bezüglich der Brennholzabgaben an Forstberechtigte und Deputatisten zur Erleichterung der Rechnungsstellung wegen der hier vorkommenden Bruchtheile des Ster in der Weise gestattet, daß der Columnen-Aufschrift „Ster“ in den Nummernbüchern und Schlagregistern der Steren-Gehalt der in der Größe des alten Klafter-Maaßes construirten Holzabgabestöße in rothen Ziffern beigesetzt, diese Abgabestöße als Einheit in die Nummernbücher und Schlagregister aufgenommen und sofort unter der Summe dieser Einheiten die Gesammtzahl an Steren vorgemerkt wird.

Sämmtliche Holzmaterial nachweisende Rechnungen und Uebersichten dürfen für Bau-, Nutz- und Werkholz in Stämmen in keiner Position ein anderes Maaß als das Kubikmeter mit zwei Decimalen, dann für Scheit-, Prügel- und Stockholz und das im Raummaaße aufgestellte Werk- und Steckenholz zum wenigsten in den gezogenen Summen kein anderes Maaß enthalten als das Ster.

Behufs der Darstellung des Gesammtbetrages am Stammholz — Bau-, Nutz-, Werk-, Scheit- und Prügelholz — wie sie in mehreren vorgeschriebenen Nachweisungen vorkömmt, müssen zuvor die Kubikmeter auf Stere umgerechnet werden.

Diese Umrechnung hat durch Multiplication mit der Verhältnißzahl 1,3 zu geschehen, so daß z. B. 95,30 Kubikmeter 95,30 × 1,3 = 123,89 Stere geben. Die hiebei sich beziffernden Tausendtel des Ster werden, wenn sie weniger als 5 betragen, weggelassen, wenn sie sich auf 5 und mehr belaufen, als ein Hundertel des Ster in Ansatz gebracht.

Der durch die Umrechnung gefundene Betrag an Steren ist in den bezüglichen Uebersichten stets unter den Endsummen für das Bau-, Nutz- und Werkholz vorzumerken.

Bezüglich des im Raummaaße aufgestellten Werkholzes hat selbstverständlich eine solche Umrechnung zu unterbleiben.

Für das in Hunderten von Wellen verschiedener Größe und in Steren zur Verausgabung kommende Reisigholz wird bis auf Weiteres die Reduktion auf ein Normalmaaß noch erlassen, und es haben daher in allen den Reisiganfall zusammenfassenden Nachweisungen und Uebersichten die Columnen für das Reisigholz die Ueberschrift „Stere und Wellenhunderte" zu erhalten.

Die aus den Vorjahren auf 1872 allenfalls übergehenden Reste aufgearbeiteten Holzes werden, ohne eine Umsetzung der Raumklaftern vorzunehmen, auf das Metermaaß umgerechnet und nach demselben verausgabt.

b) In den Forstnebennutzungs-Registern ist neben der vorstehend unter Ziff. 9 vorgeschriebenen Designation der Streuabgaben nach Steren intra lineam die Art und Weise der wirklichen Abgabe — in 1, 2, 4spännigen Fudern, in Normalhaufen, nach der Fläche ꝛc. ꝛc. — bemerkungsweise anzugeben.

13) In Beziehung auf Forsteinrichtung und Durchführung der Waldstandsrevisionen kommt Folgendes zu beachten:

a) Die vorliegenden Grenzvermessungsregister verbleiben unverändert, wogegen die Nachträge in denselben vom 1. Januar

1872 anfangend unter Zugrundelegung des Metermaaßes zu bewirken sind.

b) In den Wirthschaftscontrolbüchern ist nach erfolgtem Material-Eintrag für das Jahr 1871 bei jedem Conto die Summe zu ziehen und unter derselben in zweiter Zeile deren Ergebniß im Metermaaße einzustellen, dann über dem abzustreichenden Soll in Klaftern das Soll im Metermaaße, d. i. in Steren, mit rother Dinte einzuschreiben.

Zur Umrechnung der Klaftern in Steren dient diesseits des Rheines die Verhältnißzahl 3,1325 und jenseits des Rheins die Verhältnißzahl 3,58.

Für den Eintrag der Materialergebnisse in die Controlbücher nach dem Metermaaße vom Jahre 1872 anfangend müssen stets zuvor die Kubikmeter des Bau-, Nutz- und Werkholzes durch Multiplikation mit der Verhältnißzahl 1,3 in Stere umgerechnet werden.

c) Die Waldstandsrevisionen, deren terminus a quo das Jahr 1871 oder ein früheres Jahr ist, sind noch unter Zugrundelegung der alten Maaße und Gewichte, jene dagegen, deren Anfangszeitpunkt auf 1872 oder ein späteres Jahr fällt, ganz unter Anwendung der neuen Maaße und Gewichte auszuführen, wobei sich übrigens bei den gewöhnlichen einfachen Waldstandsrevisionen die Umrechnung der Raumklaftern auf Stere in der Periodentabelle auf die Summen der einzelnen Wirthschaftsperioden beschränken darf.

d) Behufs der Berichtigung der Etatsvormerkungen hat bis zum 15. Januar 1872 ein Verzeichniß der Materialetats sämmtlicher Wirthschaftskomplexe, in welchem die Materialabgabesätze für die Haupt- wie für die Zwischennutzung nach altem und neuem Maaße ersichtlich gemacht sind, bei dem unterzeichneten Staatsministerium in Vorlage zu kommen.

Bei der Umrechnung werden Bruchtheile eines Ster unter 0,5 hinweggelassen, zu 0,5 und darüber aber als ein ganzes Ster in Ansatz gebracht.

e) In den Forstrechtskatastern sind die Bezüge jedes einzelnen Berechtigten nach dem neuen Maaße am geeigneten Orte mit rother Dinte vorzumerken, im Uebrigen aber sonstige Aenderungen des Vortrages nicht vorzunehmen.

14) Die Einführung des neuen Maaß- und Gewichts-

systems bedingt pro 1872 eine neue Aufstellung der Holz- und Forstnebennutzungs-Preistarife, dann der Holzhauerlohns-Tarife und der Lohntarife für Gewinnung der Forstnebennutzungen, in welcher Beziehung nun Folgendes bemerkt wird:

a) Holzpreistarif.

Die Holztaxen sind aufzustellen:

für das zur speziellen Abmessung und Berechnung kommende Bau-, Nutz- und Werkholz in Stämmen, pro Kubikmeter;

für die ohne spezielle Abmessung nach Stücken oder Hunderten zur Verausgabung kommenden Kleinnutzhölzer, wie Zaun-, Hopfen- und Bohnenstangen, Reife, Zaunbögen ꝛc. ꝛc. pro Stück oder Hundert;

für das im Raummaaße zur Aufstellung kommende Werkholz, das Scheit-, Prügel-, Stock- und Steckenholz pro Ster, und endlich

für das in Haufen oder gebundenen Wellen verabgabt werdende Reisig pro Wellenhundert.

Zur Erleichterung der Rechnungsstellung hat die Festsetzung der Taxe pro Kubikmeter Bau-, Nutz- und Werkholz in der Art stattzufinden, daß deren Theilung durch 100 ohne Bruch eines Pfennig, sohin mit ganzen Kreuzern oder mit Kreuzern und ganzen Pfennigen abschließt.

Für die nach der Rückzahl ohne specielle Messung zur Verausgabung kommenden Kleinnutzhölzer sind in den Preistarifen, soweit überhaupt eine Festsetzung der Dimensionen angezeigt erscheint, die Länge in Metern und geraden Decimetern und der mittlere Durchmesser in Centimetern, dann die hiefür in Rechnung zu bringenden Holzmassen in Kubikmetern, erforderlichen Falles mit 2 Decimalen, zu bezeichnen.

b) Forstnebennutzungs-Preistarif.

Die Taxen werden für die bisher nach Kubikfußen oder Kubikklaftern bezahlten Forstnebennutzungs-Produkte pro Kubikmeter, für solche Gegenstände, welche bisher nach Raumklaftern tarifirt waren, pro Ster und endlich für Produkte, deren Werth sich nach dem Gewichte oder nach Hohlmaaßen bemißt, pro Centner, Kilogramm, Hektoliter, Liter ꝛc. festgesetzt.

Für die verschiedenen Abgabsquantitäten der Streu, als

1, 2, 4spännige Fuder, Normalhaufen ꝛc. ꝛc. hat die Feststellung der Taxen in der Art zu erfolgen, daß die Theilung mit der im Preistarife vorzumerkenden Zahl von Steren, welche jedes Verausgabungsquantum begreift, ohne einen Kreuzerbruch abschließt und für gleiches Streumaterial aus gleicher Absatzlage pro Ster der nämliche Preis entfällt.

c) Holzhauerlohntarif.

Für das im Raummaaße zur Verausgabung gelangende Holz und das Reisigholz in Haufen oder Wellen sind die Hauerlohns-Maximalbeträge nach denselben Maaßeinheiten festzusetzen, wie die Holztaxen.

Wo bisher die Hauerlohnssätze für Bau- und Nutzholz in Stämmen nach der Zahl und den Dimensionen der Stämme bemessen waren, kann es dabei unter den nöthigen Modifikationen wegen Einführung des Metermaaßes, wenn dies wünschenswerth erscheint, auch fortan belassen werden; woselbst aber die Hauerlöhne für dieses Material bisher nach Kubikfußen bezahlt wurden, sind die Hauerlohnstaxen nun pro Kubikmeter festzusetzen.

Letzteren Falles ist sofort zur Erleichterung der Rechnungsstellung bei den Holzhauerlohns-Akkorden zu bedingen, daß die bei der Holzhauerlohnsabrechnung für das Bau- und Nutzholz sich ergebenden Bruchtheile von Kreuzern außer Ansatz zu bleiben haben und somit auch nicht ausbezahlt werden.

Nachdem durch die Einführung der neuen Maaße das Holzfällungsgeschäft in keiner Beziehung erschwert wird, darf sie auch zu einer Hauerlohnserhöhung nicht im mindesten die Veranlassung geben, und es ist auf Verhütung jeder dießfallsigen Ausgabenmehrung um so mehr aller Bedacht zu nehmen, als anscheinend unbedeutende und für den einzelnen Arbeiter auch gar nicht ins Gewicht fallende Zugeständnisse im Ganzen auf erhebliche Mehrausgaben anwachsen. Es würde z. B. durch Bewilligung eines vollen Dritttheiles des bisherigen Hauerlohns per bayerische Normalklafter für das Ster, obschon letzteres nur um den unbedeutenden Betrag von $^{141}/_{10000}$ kleiner ist als $^{1}/_{3}$ bayerisches Normalklafter, der jährliche Aufwand für die Aufarbeitung des Scheit-, Prügel- und Stockholzes in den sämmtlichen Staatswaldungen des Königreiches doch schon um mindestens 12,000 fl. erhöht.

d) Lohntarif für Gewinnung der Forstnebennutzungen.

Die Lohnsätze für Gewinnung der verschiedenen Forstnebennutzungsprodukte sind nach denselben Abgabegrößen, wie die Taxen für diese Produkte zu bestimmen.

Die hinsichtlich der Entwerfung und Genehmigung der Holz- und Forstnebennutzungs-Preistarife, dann der Holzhauerlohnstarife und der Lohntarife für Gewinnung der Forstnebennutzungen bestehenden allgemeinen Vorschriften haben auch bei der erstmaligen Aufstellung dieser Tarife nach den neuen Maaßen und Gewichten für das Jahr 1872 genaue Beachtung zu finden.

München, den 6. Juli 1870.

Auf Seiner Majestät des Königs Allerhöchsten Befehl.

v. Pfretzschner.

Durch den Minister
der Generalsekretär;
an dessen Statt:
der k. Ministerialrath
v. Aichberger.

Die Maaß- und Gewichtsordnung betr.

Beilage.

Verzeichniß

der

im Königreich Bayern bisher in Anwendung gekommenen

Holzklaftermaaße

und der Verhältnißzahlen für die Umrechnung dieser alten Maaße in das neue Maaß — das Ster.

Benennung der Holzklaftermaaße.	Benennung des Längenmaaßes, in welchem die Dimensionen des Holzklaftermaaßes bestimmt sind.	Breite, Höhe und Tiefe des Klaftermaaßes in nebigem Längenmaaße.	Nebiges Längenmaaß hält Pariser-Duodecimal-Linien.
Bayer. Normalklafter	Bayer. Fuß	6. 6. $3^1/_2$	129,38
Pfälzer Klafter	"	8. $4^1/_2$. 4	"
Würzburger, Markt-heidenfelder u. Steigerwälder-Markt-Klafter	"	6. 6. 3.	"
Blökelklafter	"	7.6.3 oder 14.3.3	"
Hohenaschauer-Klafter, Prager-Rechtholzklafter	"	6. 6. $2^1/_2$	"
Lokalklafter	"	5. 5. 3	"
Lichtenberger- und Scheuringer-Schober	"	18. 6. 4.	"
Lokal-Stockholzklafter	"	12.3.2 oder 6.6.2	"
Werdenfelser-Klafter	"	6. 6. $2^8/_{10}$	"
Lokalklafter	"	6. 6. 2	"
Desgl.	"	6. 6. 4	"
Desgl.	"	6. 6. 5	"
Desgl.	"	6. 6. 7	"
Steigerwälder Verkaufsklafter	"	6. 7. 3	"
Lokalklafter	"	6. 6. $1^8/_{10}$	"
Desgl.	"	6. 6. $2^2/_{10}$	"
Desgl.	"	6. 6. $1^1/_2$	"
Nürnberger Rechtholz-Klafter	"	7. 7. $3^1/_2$	"
Bamberger Rechtholz-Klafter	"	$5^1/_2$. $5^1/_2$. $3^1/_2$	"
Stadtprozeltener Stecken	"	$3^{10}/_{12}$. $3^{10}/_{12}$. 3	"

Das Klaftermaaß hält bayerische Normalklafter zu 126 c'.	Verhältniß-Zahlen.			
	Altes Maaß.	Neues Maaß.	Neues Maaß.	Altes Maaß.
1,00000	1 Klafter	= 3,13250 Ster	1 Ster	= 0,31923 Klafter
1,14286	1 „	3,58000 „	1 „	0,27933 „
0,85714	1 „	2,68500 „	1 „	0,37244 „
1,00000	1 „	3,13250 „	1 „	0,31923 „
0,71429	1 „	2,23750 „	1 „	0,44693 „
0,59524	1 „	1,86458 „	1 „	0,53631 „
3,42857	1 „	10,73999 „	1 „	0,09311 „
0,57143	1 „	1,79000 „	1 „	0,55866 „
0,80000	1 „	2,50600 „	1 „	0,39914 „
0,57143	1 „	1,79000 „	1 „	0,55866 „
1,14286	1 „	3,58000 „	1 „	0,27933 „
1,42857	1 „	4,47500 „	1 „	0,22346 „
2,00000	1 „	6,26499 „	1 „	0,15962 „
1,00000	1 „	3,13250 „	1 „	0,31923 „
0,514286	1 „	1,61100 „	1 „	0,62073 „
0,628571	1 „	1,96900 „	1 „	0,50787 „
0,428571	1 „	1,34250 „	1 „	0,74488 „
1,36111	1 „	4,26368 „	1 „	0,23454 „
0,84028	1 „	2,63217 „	1 „	0,37991 „
0,34987	1 „	1,09596 „	1 „	0,91245 „

Benennung der Holzklaftermaaße.	Benennung des Längenmaaßes, in welchem die Dimensionen des Holzklaftermaaßes bestimmt sind.	Breite, Höhe und Tiefe des Klaftermaaßes in nebigem Längenmaaße.	Nebiges Längenmaaß hält Pariser-Duodecimal-Linien.
Nürnberger- u. Alt-Bayreuther - Rechtholzklafter, Nürnberger- u. Eichstädter-Klafter	Nürnbg. Fuß	6. 6. 3½	134,75
Nürnberger Klafter	"	6. 6. 3	"
Lokalmaaß für Besoldungsholz	"	5. 5. 3	"
Desgl. für Forstrecht- u. Stockholz	"	6. 6. 2½	"
Hofer Stadtmaaß für Recht-u. Deputatholz	"	6. 7. 3¼	"
Eichensteiner Rechtholzmaaß	"	7. 6. 3½	"
Kleines Nürnberger-mäß	"	5. 5. 3¼	"
Forsthaufen	"	6. 5½. 3½	"
Nürnberger-Recht- u. Deputatholz-Klafter	"	5. 5. 2¾	"
Nürnberger Klafter	"	5½. 5½. 3½	"
Desgl.	"	5. 5. 3½	"
Nürnberger Mäß, Nürnberger Recht- u. Deputatholz-Mäß	"	5½. 5½. 3	"
Nürnberger Klafter	"	6. 6. 4	"
Nürnberger- oder Rothenburger-Klafter	"	6. 5. 4	"
Nürnberger Klafter	Nürnberger Werkfuß	5. 5. 3	134,654
Desgl.	"	6. 6. 3	"

Das Klaftermaaß hält bayerische Normalklafter zu 126 c'.	Verhältniß-Zahlen.			
	Altes Maaß.	Neues Maaß.	Neues Maaß.	Altes Maaß.
1,12976	1 Klafter =	3,53896 Ster	1 Ster =	0,28257 Klafter
0,96836	1 „	3,03340 „	1 „	0,32976 „
0,67247	1 „	2,10652 „	1 „	0,47472 „
0,80697	1 „	2,52783 „	1 „	0,39560 „
1,22390	1 „	3,83388 „	1 „	0,26083 „
1,31805	1 „	4,12879 „	1 „	0,24220 „
0,72851	1 „	2,28207 „	1 „	0,43820 „
1,03561	1 „	3,24405 „	1 „	0,30826 „
0,61644	1 „	1,93098 „	1 „	0,51787 „
0,94931	1 „	2,97371 „	1 „	0,33628 „
0,78455	1 „	2,45761 „	1 „	0,40690 „
0,81369	1 „	2,54889 „	1 „	0,39233 „
1,29115	1 „	4,04453 „	1 „	0,24725 „
1,07596	1 „	3,37044 „	1 „	0,29670 „
0,671038	1 „	2,10203 „	1 „	0,47573 „
0,966295	1 „	3,02692 „	1 „	0,33037 „

Benennung der Holzklaftermaaße.	Benennung des Längenmaaßes, in welchem die Dimensionen des Holzklaftermaaßes bestimmt sind.	Breite, Höhe und Tiefe des Klaftermaaßes in nebigem Längenmaaße.	Nebiges Längenmaaß hält Pariser-Duodecimal-Linien.
Salzburger- oder Salinenklafter	Salzb. Fuß	6. 6. $4^{8}/_{10}$	131,484
Bauernklafter	—	—	—
Wienerklafter	Wiener Fuß	6. 6. 3	140,131
Desgl.	"	6. 6. 2	"
Desgl.	"	6. 6. $2^{1}/_{2}$	"
Desgl.	"	6. 6. $1^{1}/_{2}$	"
Mauchenheimer Rechtholzklafter	Alt-Mannheimer-Fuß	6. 6. $3^{1}/_{2}$	128,02422
Sulzbacher Klafter	Sulzb. Fuß	6. 6. 4	138,437
Stift-Waldsassener Klafter	Stift-Waldsassener Fuß	6. 6. $3^{1}/_{2}$	133,872
Ansbacher Klafter	Ansb. Fuß	$5^{1}/_{2}$. $5^{1}/_{2}$. $3^{1}/_{2}$	132,79
Alt-Fuldaische Geheiz-Klafter	Alt-Fuldaische Fuß	6. 6. 4	125,4
Augsburger Klafter	Augsburger Werkfuß	6. 6. 3	131,29
Oettingensche Klafter	Preuß. Fuß	6. 4 4	139,13
Württemberg. Klafter	Württembergischer Fuß	6. 6. 4	127,00

Das Klafter-maaß hält bayerische Normal-klafter zu 126 c'.	Verhältniß-Zahlen.			
	Altes Maaß.	Neues Maaß.	Neues Maaß.	Altes Maaß.
1,43943	1 Klafter	=4,50901 Ster	1 Klafter	=0,22178 Ster
0,78581	1 „	2,46155 „	1 „	0,40625 „
1,08907	1 „	3,41150 „	1 „	0,29313 „
0,72604	1 „	2,27433 „	1 „	0,43969 „
0,90755	1 „	2,84292 „	1 „	0,35175 „
0,54453	1 „	1,70575 „	1 „	0,58625 „
0,96889	1 „	3,03505 „	1 „	0,32948 „
1,40006	1 „	4,38569 „	1 „	0,22801 „
1,10782	1 „	3,47023 „	1 „	0,28816 „
0,90848	1 „	2,84583 „	1 „	0,35139 „
1,04060	1 „	3,25967 „	1 „	0,30678 „
0,89567	1 „	2,80568 „	1 „	0,35642 „
0,94746	1 „	2,96792 „	1 „	0,33694 „
1,08094	1 „	3,38604 „	1 „	0,29533 „

XII.

Bekanntmachung,

die Bildung der Verificatoren-Bezirke betr.

Staatsministerium des Handels und der öffentlichen Arbeiten.

Im Vollzuge der Vorschriften des §. 17 der Allerhöchsten Verordnung vom 23. November 1869 — die Normal-Eichungs-Commission u. s. w. betr. — werden in der Anlage die Bezirke und Sitze der Verificatoren für Maaß und Gewicht in den 7 dießrheinischen Kreisen bekannt gegeben.

München, den 9. April 1870.

Auf Seiner Majestät des Königs Allerhöchsten Befehl.

von Schlör.

Durch den Minister:
der General-Sekretär,
Ministerialrath
v. Cetto.

Lauf. Nummer	Stempel-Nummer	Bestandtheile des Verifikatoren-Bezirks	Einwohnerzahl partial	Einwohnerzahl total	Sitz des Verifikators
		I. Oberbayern.			
1	26	Aichach, Bez.-Amt	36,744		
		Schrobenhausen, BA.	18,169	54,913	Aichach.
2	40	Altötting, Bez.-Amt	29,956		
		Mühldorf, Bez.-Amt	29,070	59,026	Altötting.
3	25	Bergen, k. Berg- und Hüttenamt	—	—	Bergen.
4	90	Bruck, Bez.-Amt	19,158		
		Dachau, Bez.-Amt	19,878	39,036	Dachau.
5	10	Erding, Bez.-Amt	33,154		
		Freising, Stadt	7,839		
		Freising, Bez.-Amt	29,552	70,545	Freising.
6	32	Ingolstadt, Stadt	17,684		
		Ingolstadt, Bez.-Amt	16,226	33,910	Ingolstadt.
7	46	Friedberg, Bez.-Amt	20,628		
		Landsberg, Bez.-Amt	26,128	46,756	Landsberg.
8	62	Miesbach, Bez.-Amt	20,741		
		Tölz, Bez.-Amt	12,614	33,355	Miesbach.
9	16	München, Stadt			München I.
10	17	München, Stadt	170,688	170,688	München II.
11	103	München, Stadt			München III.
12	100	Pfaffenhofen, B.-A.	30,111	30,111	Pfaffenhofen.
13	67	Berchtesgaden, B.-A.	16,277		
		Laufen, Bez.-Amt	28,514	44,791	Reichenhall.
14	41	Rosenheim, Stadt	5,398		
		Rosenheim, Bez.-A.	42,962	48,360	Rosenheim.

Lauf. Nummer	Stempel-Nummer	Bestandtheile des Verifikatoren-Bezirks	Einwohnerzahl partial	Einwohnerzahl total	Sitz des Verificators
15	51	München l/J., B.-A.	29,662		
		München r/J., B.-A.	25,879	55,541	Starnberg.
16	33	Traunstein, Bez.-A.	38,261	38,261	Traunstein.
17	42	Ebersberg, Bez.-Amt	21,242		
		Wasserburg, Bez.-A.	32,739	53,981	Wasserburg.
18	81	Schongau, Bez.-A.	18,969		
		Weilheim, Bez.-Amt	19,699		
		Werdenfels, Bez.-A.	9,727	48,395	Weilheim.
		II. Niederbayern.			
19	35	Kelheim, Bez.-Amt	30,118		
		Rottenburg, Bez.-A.	32,605	62,723	Abensberg.
20	55	Deggendorf, Bez.-A.	37,895		
		Regen, Bez.-Amt	20,515	58,410	Deggendorf.
21	58	Eggenfelden, Bez.-A.	31,455		
		Vilsbiburg, Bez.-A.	25,921	57,376	Eggenfelden.
22	75	Grafenau, Bez.-Amt	16,568		
		Wolfstein, Bez.-Amt	27,963	44,531	Grafenau.
23	74	Dingolfing, Bez.-A.	20,676		
		Landau, Bez.-Amt	20,677	41,353	Landau.
24	28	Landshut, Stadt	14,554		
		Landshut, Bez.-Amt	24,810		
		Mallersdorf, Bez.-A.	18,291	57,655	Landshut.
25	9	Passau, Stadt	13,883		
		Passau, Bez.-Amt	35,979		
		Wegscheid, Bez.-Amt	17,872	67,734	Passau.

Lauf. Nummer	Stempel-Nummer	Bestandtheile des Verificatoren-Bezirks	Einwohnerzahl partial	Einwohnerzahl total	Sitz des Verificators
26	14	Griesbach, Bez.-Amt	30,759		
		Pfarrkirchen, Bez.-A.	30,594	61,353	Pfarrkirchen.
27	23	Bogen, Bez.-Amt	30,556		
		Straubing, Stadt	11,419		
		Straubing, Bez.-Amt	20,583	62,558	Straubing.
28	48	Kötzting, Bez.-Amt	23,602		
		Viechtach, Bez.-Amt	19,227	42,829	Viechtach.
29	89	Vilshofen, Bez.-Amt	37,989	37,989	Vilshofen.
		III. Oberpfalz und Regensburg.			
30	18	Amberg, Stadt	12,312		
		Amberg, Bez.-Amt	24,719		
		Sulzbach, Bez.-Amt	18,123	55,154	Amberg.
31	84	Cham, Bez.-Amt	23,026		
		Waldmünchen, B.-A.	16,353	39,379	Cham.
32	56	Neumarkt, Bez.-Amt	31,920	31,920	Neumarkt.
33	30	Neunburg v. W., B.-A.	32,439		
		Vohenstrauß, Bez.-A.	23,190	55,629	Neunburg v. W.
34	68	Hemau, Bez.-Amt	29,374		
		Velburg, Bez.-Amt	24,940	54,314	Parsberg.
35	5	Regensburg, Stadt	30,357		
		Regensburg, Bez.-A.	25,775	56,132	Regensburg.
36	71	Roding, Bez.-Amt	27,096	27,096	Roding.
37	80	Burglengenfeld, B.-A.	21,058		
		Nabburg, Bez.-Amt	18,153	39,211	Schwandorf.

Lauf. Nummer	Stempel-Nummer	Bestandtheile des Verificatoren-Bezirks	Einwohnerzahl partial	Einwohnerzahl total	Sitz des Verificators
38	31	Stadtamhof, Bez.-A.	29,928	29,928	Stadtamhof.
39	66	Kemnath, Bez.-Amt.	23,857		
		Tirschenreuth, Bez.-A.	28,641	52,498	Tirschenreuth.
40	1	Eschenbach, Bez.-Amt	23,761		
		Neustadt a. d. W.-N. Bez.-Amt	26,273	50,034	Weiden.
		IV. Oberfranken.			
41	19	Bamberg, Stadt	25,972		
		Bamberg, I. Bez.-A.	24,841	50,813	Bamberg.
42	2	Bayreuth, Stadt	19,464		
		Bayreuth, Bez.-Amt	28,132	47,596	Bayreuth.
43	101	Bamberg II, Bez.-A.	28,029	28,029	Burgebrach.
44	70	Forchheim, Bez.-Amt	31,993		
		Höchstadt, Bez.-Amt	27,005	58,998	Forchheim.
45	27	Hof, Stadt	14,519		
		Hof, Bez.-Amt	16,927		
		Naila, Bez.-Amt	22,116	53,562	Hof.
46	73	Kronach, Bez.-Amt	27,252		
		Teuschnitz, Bez.-Amt	16,488	43,740	Kronach.
47	52	Kulmbach, Bez.-Amt	30,472		
		Stadtsteinach, Bez.-A.	19,416	49,888	Kulmbach.
48	44	Lichtenfels, Bez.-Amt	28,264		
		Staffelstein, Bez.-A.	20,025	48,289	Lichtenfels.
49	88	Berneck, Bez.-Amt.	16,084		
		Münchberg, Bez.-A.	24,330	40,414	Münchberg.

Lauf. Nummer	Stempel-Nummer	Bestandtheile des Verificatoren-Bezirks	Einwohnerzahl partial	Einwohnerzahl total	Sitz des Verificators
50	59	Rehau, Bez.-Amt	24,579		
		Wunsiedel, Bez.-Amt	37,473	62,052	Redwitz.
51	95	Ebermannstadt, B.-A.	24,250		
		Pegnitz, Bez.-Amt	27,429	51,679	Waischenfeld.
		V. Mittelfranken.			
52	6	Ansbach, Stadt	13,018		
		Ansbach, Bez.-Amt	24,210		
		Heilsbronn, B.-A.	16,551	53,779	Ansbach.
53	93	Beilngries, B.-A.	25,203	25,203	Beilngries.
54	54	Dinkelsbühl, Stadt	5,192		
		Dinkelsbühl, B.-A.	25,156		
		Feuchtwangen, B.-A.	26,053	56,401	Dinkelsbühl.
55	11	Eichstädt, Stadt	8,051		
		Eichstädt, Bez.-Amt	23,695	31,746	Eichstädt.
56	7	Erlangen, Stadt	11,546		
		Erlangen, Bez.-Amt	12,934,	24,480	Erlangen.
57	22	Fürth, Stadt	22,496		
		Fürth, Bez.-Amt	24,287	46,783	Fürth.
58	63	Gunzenhausen, B.-A.	29,222	29,222	Gunzenhauf.
59	77	Hersbruck, B.-A.	33,907	33,907	Hersbruck.
60	60	Neustadt a. A., B.-A.	32,674		
		Scheinfeld, B.-A.	20,276	52,950	Neustadt a. A.
61	15	Nürnberg, Stadt	77,895		
		Nürnberg, B.-A.	28,760	106,655	Nürnberg I.

Lauf. Nummer	Stempel-Nummer	Bestandtheile des Verificatoren-Bezirks	Einwohnerzahl partial	Einwohnerzahl total	Sitz des Verificators
62	47	Nürnberg	—	—	Nürnberg II.
63	69	Rothenburg, Stadt	5,236		
		Rothenburg, B.-A.	16,155		
		Uffenheim, B.-A.	29,886	51,277	Rothenburg.
64	13	Schwabach, Stadt	7,044		
		Schwabach, B.-A.	27,861	34,905	Schwabach.
65	39	Weißenburg, Stadt	5,718		
		Weißenburg, B.-A.	26,662	32,380	Weißenburg.
		VI Unterfranken und Aschaffenburg.			
66	37	Alzenau, Bez.-Amt	19,191		
		Aschaffenburg, Stadt	10,288		
		Aschaffenburg, B.-A.	31,852	61,331	Aschaffenburg
67	92	Gemünden, B.-A.	14,781		
		Hammelburg, B.-A.	21,785	36,566	Hammelburg.
68	72	Ebern, Bez.-Amt	20,027		
		Königshofen, B.-A.	29,814	49,841	Hofheim.
69	43	Brückenau, B.-A.	13,540		
		Kissingen, B.-A.	28,037	41,577	Kissingen.
70	29	Kitzingen, Stadt	5,931		
		Kitzingen, B.-A.	19,848		
		Ochsenfurt, B.-Amt	25,245	51,024	Kitzingen.
71	12	Lohr, Bez.-Amt	22,497		
		Marktheidenfeld, Bez.-Amt	23,107	45,604	Lohr.
72	50	Miltenberg, B.-A.	18,365		
		Obernburg, B.-A.	26,582	44,947	Miltenberg.

Lauf. Nummer	Stempel-Nummer	Bestandtheile des Verificatoren-Bezirks	Einwohner-Zahl		Sitz des Verificators
			partial	total	
73	57	Mellrichstadt, Bez.-A.	13,528		
		Neustadt a. S., B.-A.	21,331	34,859	Neustadt a. S.
74	45	Haßfurt, Bez.-Amt	26,981		
		Schweinfurt, Stadt	9,748		
		Schweinfurt, Bez.-A.	29,996	66,725	Schweinfurt.
75	53	Gerolzhofen, Bez.-A.	20,640		
		Volkach, Bez.-Amt	23,494	44,134	Volkach.
76	64	Würzburg, Stadt	42,185	42,185	Würzburg I.
77	65	Karlstadt, Bez.-Amt	29,307		
		Würzburg, Bez.-Amt	36,872	66,179	Würzburg II.
		VII. Schwaben und Neuburg.			
78	20	Augsburg, Stadt	50,067	50,067	Augsburg.
79	38	Dillingen, Bez.-Amt	44,250	44,250	Dillingen.
80	82	Donauwörth, Stadt	3,559		
		Donauwörth, Bez.-A.	31,046		
		Wertingen, Bez.-Amt	18,008	52,613	Donauwörth.
81	24	Günzburg, Bez.-Amt	32,649		
		Neuulm, Bez.-Amt	18,080	5 ,729	Günzburg.
82	8	Sonthofen, Bez.-Amt	28,598	28,598	Immenstadt.
83	94	Kaufbeuern, Stadt	4,852		
		Kaufbeuern, Bez.-Amt	19,106		
		Mindelheim, Bez.-A.	31,025	54,983	Kaufbeuern.

Lauf. Nummer	Stempel-Nummer	Bestandtheile des Verificatoren-Bezirks	Einwohnerzahl partial	Einwohnerzahl total	Sitz des Verificators
84	4	Kempten, Stadt	10,998		
		Kempten, Bez.-Amt	22,850	33,848	Kempten.
85	79	Illertissen, Bez.-Amt	32,771		
		Krumbach, Bez.-Amt	19,673	52,444	Krumbach.
86	21	Lindau, Stadt	5,311		
		Lindau, Bez.-Amt	24,470	29,781	Lindau.
87	3	Memmingen, Stadt	7,109		
		Memmingen, Bez.-A.	30,525	37,634	Memmingen.
88	36	Neuburg, Stadt	8,034		
		Neuburg, Bez.-Amt	18,873	26,907	Neuburg.
89	61	Nördlingen, Stadt	6,873		
		Nördlingen, Bez.-A.	31,454	38,327	Nördlingen.
90	86	Füssen, Bez.-Amt	13,898		
		Oberdorf, Bez.-Amt	19,522	33,420	Oberdorf.
91	34	Augsburg, Bez.-Amt	35,267		
		Zusmarshausen, B.-A.	16,292	51,559	Zusmarshausen.
		VIII. Pfalz. (§. 37 Abs. 3 d. Allerh. Verordn. v. 23. Nov. 1869.)			
92	96	Bergzabern, Bez.-A.	39,443	39,443	Bergzabern.
93	97	Frankenthal, Bez.-A.	45,403	45,403	Frankenthal.
94	49	Germersheim, B.-A.	56,612	56,612	Germersheim

Lauf. Nummer	Stempel-Nummer	Bestandtheile des Verificatoren-Bezirks	Einwohnerzahl partial	Einwohnerzahl total	Sitz des Verificators
95	78	Homburg, Bez.-Amt Kusel, Bez.-Amt	48,056 40,333	88,389	Homburg.
96	98	Kaiserslautern, B.-A.	57,716	57,716	Kaiserslautern.
97	99	Kirchheimbolanden, Bez.-Amt	49,931	49,931	Kirchheimbolanden.
98	91	Landau, Bez.-Amt	63,302	63,302	Landau.
99	85	Neustadt a. H., B.-A.	66,325	66,325	Neustadt a. H.
100	87	Pirmasens, Bez.-Amt	42,803	42,803	Pirmasens.
101	76	Speyer, Bez.-Amt	57,323	57,323	Speyer.
102	83	Zweibrücken, Bez.-A.	58,819	58,819	Zweibrücken.

XIII.

Königliche Allerhöchste Verordnung,

die Gebührentaxe der Eichanstalten für Maaß und Gewicht betr.

Wir finden uns bewogen, unter Aufhebung der Bestimmungen des §. 27 Abs. 2, §. 29, 30 Abs. 3 und 31 Unserer Verordnung vom 23. November 1869, die Normal-Eichungs-Kommission, die Verificatoren 2c. betreffend, sowie der dieser Verordnung angefügten Gebührentaxe zu, verordnen was folgt:

Für die durch die Königliche Normal-Eichungs-Kommission, ferner durch die Verificatoren und Eichmeister zu bewirkenden Eichungen, beziehungsweise Prüfungen von Maaßen, Gewichten, Waagen und anderen Meßwerkzeugen tritt vom 15. Februar 1872 an nachstehende

Gebührentaxe

in Kraft.

Vorbemerkungen.

1. Die Gebührensätze unter A werden dann berechnet, wenn ein der Eichanstalt übergebener Gegenstand bei der Prüfung nach den Vorschriften der Eichordnung sich als zulässig erweist; dieselben beziehen sich auf die gesammte Arbeit der Eichung d. h. auf die Prüfung des Gegenstandes und auf die Stempelung desselben.

2. Die Gebührensätze unter B sind in den Fällen anzuwenden, in welchen nur eine Prüfung ohne Stempelung stattfand, also bei im Verkehr bereits befindlichen Gegenständen, welche auf die im Verkehre noch zulässige Abweichung unter-

sucht oder der periodischen Verification unterstellt wurden und ohne neue Stempelung zurückzugeben waren, oder bei neuen Gegenständen, die um mehr als den zulässigen Fehler unrichtig befunden und unberichtigt zurückzugeben waren.

3. Ermäßigungen oder Erhöhungen der Gebührensätze unter A und B sind unbedingt untersagt.

Die Vergütung für unbedeutende Berichtigungsarbeiten, welche im Eichlokal leicht ausgeführt werden können, ist in den angesetzten Gebühren inbegriffen. Dagegen dürfen Auslagen für etwa dazu verwendetes Material besonders in Anrechnung gebracht werden.

4. Die Vergütung für schwierige und zusammengesetzte, nicht im Eichlokale auszuführende Berichtigungsarbeiten bleibt, soweit nicht anderweitige Anordnungen darüber getroffen werden, der Privat-Verständigung der Betheiligten überlassen.

5. Für Eichungsgeschäfte außerhalb des Eichlokales, mögen sie auf dienstliche Anordnung oder auf Verlangen der Betheiligten vorgenommen werden, dürfen neben den tarifmäßigen Gebühren berechnet werden:

a. Bei Eichungsarbeiten innerhalb des Ortes, wo der Verificator oder Eichmeister zur Zeit dienstlich beschäftigt ist, eine Entschädigung von 15 kr. für jeden Gang, nebst dem Betrage der wirklich gehabten Auslagen für den Transport der Eichnormale an Ort und Stelle und zurück zum Eichlokale.

b. Bei Eichungsarbeiten außerhalb des Wohnsitzes des Verificators oder Eichmeisters, mit Ausnahme derjenigen, welche durch die periodische Verification verursacht sind, an Taggebühren, je nach der auf das Geschäft einschließlich der Hin- und Rückreise verwendeten Zeit,

für einen halben Tag (5 Stunden und weniger) 1 fl. 30. kr.
bei längerer Zeitdauer für jeden Tag . . . 3 fl. — kr.
an Reisekostenentschädigung für jede geometrische
Wegstunde, sowohl der Hin- als Rückreise, — fl. 18 kr.

Die Transportkosten für die Eichnormale werden in diesem Falle nicht besonders vergütet.

Kann eine Eisenbahn, ein Postomnibus oder ein regelmäßig gehender Stellwagen benützt werden, so ist lediglich die Verrechnung der Taxe letzter Classe dieser Fahrgelegenheiten nebst den wirklichen Auslagen für Gepäckbeförderung zulässig.

14*

6. Die Maaße, Gewichte und Waagen, welche die Gemeinden für den Zweck der polizeilichen Visitation bereit zu halten haben, sind von den Verificatoren unentgeltlich zu eichen und zu stempeln.

Gegenstand	A. für die Eichung		B. für die Prüfung ohne Stempelung	
	kr.	kr.	kr.	kr.
I. Längenmaaße.	a	b	c	d
1. Metallene Präcisionsmaaßstäbe mit feiner Theilung	21	10	10	10
2. gewöhnliche Maaßstäbe aus Metall rc.				
von 2 m und 1 m . . .	3	1	2	1
„ 0,5 m bis 0,1 m . . .	2	1	1	1
3. Werkmaaßstäbe aus Holz . . .	2	1	1	1
4. Maaßstäbe für Langwaaren in Centimeter getheilt	1	1	1	—
5. Zusammenlegbare Maaße . . .	2	1	1	1
6. Bandmaaße aus Metall				
von 20 m, 10 m und 5 m . . .	4	1	2	1
„ 2 m und 1 m	2	1	1	1

Die Ansätze unter a und c beziehen sich auf die Prüfung der Richtigkeit der Länge des ganzen Maaßes,

die Ansätze unter b und d auf die Prüfung der Richtigkeit der Eintheilung in der Art, daß dieselben für die Untersuchung der Theilstriche außer dem Ansatze unter a und c in Anrechnung gebracht werden. Sie werden unter d daher nur dann vorkommen, wenn das Maaß nicht schon wegen falscher Gesammtlänge zu verwerfen war.

Gegenstand.	A. für die Eichung	B. für die Prüfung ohne Stempelung
II. Flüßigkeitsmaaße.	kr.	kr.
Maaße von 20 Liter	12	6
„ „ 10 „	9	5
„ „ 5 „	6	3
„ „ 2 „	4	2
„ „ 1 „	3	1
jedes kleinere Maaß	2	1

Für Maaße von 2 L abwärts tritt eine Ermäßigung der Gebühren in Columne A um 20% ein, sobald Jemand 50 Stück und mehr von derselben Größe zu gleicher Zeit zur Eichung bringt, die Ansätze in Columne B bleiben ungeändert.

III. Fäßer.	kr.
für ein Faß, dessen Inhalt trägt bis zu 100 L . .	10
über 100 L bis zu 200 L	18
„ 200 „ „ „ 400 „	27
„ 400 „ „ „ 800 „	35
und für ein größeres Faß nach Stufen von 200 L. für jede solche Stufe ein Mehrbetrag von	9
für die Ermittlung und Aufstempelung des Tara-Gewichtes	18.

Für Fäßer von 50 L und weniger Inhalt tritt eine Ermäßigung der Gebühren um ein Drittel ein, sobald Jemand 25 Stück und mehr zu gleicher Zeit zur Eichung bringt.

Die Taxen für die Eichung der nicht eichpflichtigen Fäßer werden von den Gemeinden bestimmt, welche die Eichmeister aufgestellt haben. Dieselben dürfen die vorstehenden Sätze nicht übersteigen.

Gegenstand	A. für die Eichung	B. für die Prüfung ohne Stempelung
IV. Hohlmaaße für trockene Körper	kr.	kr.
1. Von cylindrischer Form		
Maaß von 200 Liter	48	24
" " 100 "	24	12
" " 50 "	12	6
" " 25 und 20 Liter	6	3
" " 10 Liter	3	2
" " 5 "	2	1
jedes kleinere Maaß	1	1
Streichhölzer von mehr als 30 Centimeter Länge	2	1
kleinere Streichhölzer	1	1
Bei metallenen Hohlmaaßen für trockene Körper von 2L abwärts, welche durch Wasserfüllung wie die Flüssigkeitsmaaße geprüft werden können, tritt eine Ermäßigung der Gebühren in Columne A um 20 % ein, sobald Jemand 50 Stück und mehr von derselben Größe zu gleicher Zeit zur Eichung bringt; die Ansätze zu Columne B bleiben unverändert.		
2. Kasten und rahmenförmige Maaße, Förder-, Lösch- und Ladegefäße, ferner Kummtmaaße.		
a. Bei der Inhaltsbestimmung durch Abmessung und Rechnung für ein Kasten- und Rahmenmaaß . .	6	3
für ein Förder- Lösch oder- Ladegefäß	9	5
für ein Kummtmaaß pro Kubikmeter Raum-Inhalt	5	3

	kr.	kr.
b. Bei der Inhaltsbestimmung der Förder- Lösch- oder Ladegefäße durch Wasser oder trockene Füllung		
für Gefässe bis zu 100 L. . .	5	3
über 100 L. „ „ 200 „ . .	9	4
„ 200 „ „ „ 400 „ . .	12	6
„ 400 „ „ „ 800 „ . .	18	9
und für größere Gefäße nach Stufen von 200 L. für jede solche Stufe ein Mehrbetrag von	5	3
V. Meßrahmen für Brennholz.		
Für jedes einzelne Rahmenstück pro Meter Länge desselben		1

Für die bloße Inhaltsbestimmung ohne Stempelung die Hälfte des Gesammtbetrages. Ist bei beweglichen Meßrahmen einer der Stäbe als Längenmaaßstab in Centimeter getheilt, so kommt für diesen der für gewöhnliche Maßstäbe dieser Art bestimmte Gebühren-Ansatz zur Anwendung.

Gegenstand.	A. für die Eichung		B. für die Prüfung ohne Stempelung.	
	aus Eisen	aus anderen Metallen	aus Eisen	aus anderen Metallen
VI. Gewichte.	kr.	kr.	kr.	kr.
1. Handelsgewicht.				
50 K.	9	15	5	8
50 ℔ und 20 K.	5	9	3	5
10 K „ 5 K.	5	6	2	3
5 ℔ bis 1/2 ℔	2	3	1	2
200 G. 100 G. und 50 G. .	1	1	1/2	1/2
für jedes kleinere Stück . .	—	1	—	1/2

2. Präcisions- und Medicinalgewicht.	kr.	kr.	kr.	kr.
50 K	35	70	18	35
50 ℔ und 20 K	21	42	10	21
10 K „ 5 „	10	21	5	10
2 K bis ½ ℔	5	10	3	5
200 G und 100 G	5	7	3	3
50 G	5	3	3	2
für jedes kleinere Stück	—	2	—	2

In den Gebühren für die Eichung der Gewichte sind diejenigen für kleine Berichtigungen inbegriffen.

Bei Einsatzgewichten betragen die Gebühren die Summe der für die einzelnen Stücke zu erhebenden Gebühren.

Für alle Gewichtsstücke tritt eine Ermäßigung der Gebühren in Kolumne A um 20% ein, sobald Jemand 100 Stück und mehr von derselben Schwere zu gleicher Zeit zur Eichung bringt.

Die Ansätze in Kolumne B bleiben in solchen Fällen ungeändert.

Gegenstand.	A. für die Eichung	B. für die Prüfung ohne Stempelung
	kr.	kr.
VII. Waagen.		
a. Hökerwaagen	2	1
b. Gleicharmige Balkenwaagen und oberschalige Waagen.		
Bei einer größten einseitigen Tragfähigkeit		
von 500 G und weniger	3	2
von mehr als 500 G bis zu 5 K .	4	3
„ „ „ 5 K „ „ 20 „ .	7	5
„ „ „ 20 „ „ „ 50 „ .	12	8
„ „ „ 50 „ „ „ 100 „ .	20	15
für jede Stufe von 50 K ein Mehrbetrag von	4	3

	kr.	kr.
c. Gleicharmige Balkenwaagen als Präcisionswaagen (und Medicinalwaagen.)		
Bei einer größten einseitigen Tragfähigkeit von 500 G und weniger . .	18	9
von mehr als 500 G bis zu 5 K . .	35	21
" " " 5 K " " 20 K . .	52	35
" " " 20 K " " 50 K . .	70	52
d. Ungleicharmige Decimal-Balken-Waagen.		
Bei einer größten einseitigen Tragfähigkeit von 5 K und weniger . . .	4	3
von mehr als 5 K bis 20 K	7	5
" " " 20 K " 50 K	12	8
für jede Stufe von 50 K mehr ein Mehrbetrag von	4	3
e. Schnellwaagen, römische Waagen.		
Bei einer größten Tragfähigkeit von 500 G und weniger	4	3
von mehr als 500 G bis zu 5 K .	6	4
" " " 5 K " " 20 " .	9	6
" " " 20 " " " 50 " .	12	8
" " " 50 " " " 100 " .	15	10
für jede Stufe von 100 K mehr ein Mehrbetrag von	4	3
f) Straßburger und ähnliche Brückenwaagen von zulässiger Construction.		
Bis zur größten Tragfähigkeit von		
20 K	9	6
50 "	12	8
250 "	18	12
500 "	24	16
750 "	30	20
1000 "	36	24
1500 "	45	30
Für jede Stufe von 500 K mehr ein Mehrbetrag von	6	4
Für Brückenwaagen mit Laufgewicht kommen zu den vorstehenden Gebühren noch weiter in Ansatz	12	8

Bei Waagen sind als Berichtigungs-Arbeiten, welche in der Gebührentaxe inbegriffen sind, nur geringfügige Tarirungen der Schalen und der Balken anzusehen. Ansehnlichere Berichtigungsarbeiten sind innerhalb des Eichlokals nicht statthaft (vergl. Nr. 4 der Vorbemerkungen).

Gegenstand.	A. für die Eichung	B. für die Prüfung ohne Stempelung
VIII. Alkoholometer und Thermometer.	kr.	kr.
Thermometer: Erste Prüfung .	—	16
Zweite Prüfung .	—	11
Eichung, d. h. erste und zweite Prüfung, Stempelung	27	—
Alkoholometer: Erste Prüfung einer einzelnen Spindel	—	12
Zweite Prüfung einer solchen . .	—	6
Eichung einer einzelnen Spindel, d. h. erste, zweite Prüfung, Stempelung	18	—
Thermo-Alkoholometer: Erste Prüfung einer einzelnen Spindel . .	—	16
Zweite Prüfung einer Spindel . .	—	14
Dritte Prüfung einer Spindel . .	—	5
Eichung einer Spindel	35	—
Reduktionstabellen und Gebrauchsanweisung	6	—
Nachträgliche Prüfung zur Ausfertigung eines neuen Eichscheines bei einer Alkoholometer- oder Thermo-Alkoholometer-Spindel	—	10
IX. Gasmesser.		
1) Nasse Gasmesser.		
Bis zu einem Betrage des größten Gasvolumens, welches der Gasmesser pro Stunde durchzulassen bestimmt ist,		

	fl.	kr.	fl.	kr.
von 0,25 Kubikmeter . .	—	35	—	28
„ 0,50 „ „ . .	—	52	—	42
„ 1 „ „ . .	1	10	—	56
„ 2 „ „ . .	1	45	1	24
„ 4 „ „ . .	2	20	1	52
„ 6 „ „ . .	2	55	2	20
„ 8 „ „ . .	3	30	2	48
„ 10 „ „ . .	4	5	3	15
„ 15 „ „ . .	4	40	3	45
Für je 5 Kubikmeter und für einen überschüssigen Bruchtheil dieser Quantität mehr ein Mehrbetrag von	—	35	—	28

2) Trockene Gasmesser.

Die Gebühren in Columne A und B sind in doppeltem Betrage in Ansatz zu bringen.

X. Maaße, Gewichte und Waagen, deren Prüfung und Beglaubigung durch die k. Normal-Eichungs-Kommission vorgenommen wird.

Für dieselben gelten folgende Gebührensätze:

a. Für Maaße und Gewichte, bei denen die größte Abweichung die für Gebrauchs-Normale der Verificatoren noch statthafte nicht übersteigen soll, sowie für Eichkolben und für die zur Beurtheilung der Richtigkeit von Gewichten dienenden Fehlergewichte: der sechsfache Betrag der Taxe für gewöhnliche Handelsmaaße und Handelsgewichte;

b. für Maaße und Gewichte, bei denen die größte Abweichung die für Kontrolnormale der Verificatoren noch statthafte nicht übersteigen soll: der neunfache Betrag;

c. für Maaße und Gewichte, welche wie Hauptnormale der k. Normal-Eichungs-Kommission behandelt werden sollen, sowie für Waagen von der zur Abgleichung der Hauptnormal-Gewichte erforderlichen Empfindlichkeit der zwölffache Betrag der Taxe für gewöhnliche Handelsmaaße, Gewichte und Waagen;

d. für Kontrolgasmesser der vierfache Betrag der normativmäßigen Gebühren;

e. für die Prüfung eines Kubicir-Apparates für Gasmesser durch Füllung der Glocke mit Wasser werden berechnet:

Bei einem Glockeninhalt bis zu	fl.
400 L	6
von mehr als 400 L bis zu 600 L	8
„ „ „ 600 L „ „ 800 L	10
„ „ „ 800 L „ „ 1000 L	12
für jedes volle oder unvollständige Hundert Liter Mehr-Inhalt	1
f. für die Prüfung eines Kubicir-Apparates für Fässer, und zwar für Apparate der kleinsten Art bis zu 40 L Inhalt	4
mittlere Art bis zu 160 L Inhalt	6
größere „ „ „ 640 „ „	8
für je 200 L Inhalt und für einen überschüssigen Bruchtheil dieser Quantität mehr	1

Für Nachprüfungen in den Fällen e und f durch dazu autorisirte Verificatoren wird nur die Hälfte der obigen Gebühren berechnet.

München, den 7. Februar 1872.

Ludwig.

von Pfeufer.

Auf Königlich Allerhöchsten Befehl:
der Generalsecretär,
Ministerialrath von Dubois.

XIV.

Bekanntmachung,

die Erhebung, Controle und Verrechnung der Gebühren für das Eichen und Stempeln, dann für die bloße Prüfung der Maaße, Gewichte, Waagen und sonstigen Meßwerkzeuge betreffend.

Staatsministerium des Innern, Abtheilung für Landwirthschaft, Gewerbe und Handel.

Im Vollzuge des §. 33 Abs. 2 der Allerhöchsten Verordnung vom 23. November 1869 — die Normal-Eichungs-Commission, die Verificatoren u. s. w. betreffend —, dann der Allerhöchsten Verordnung vom 7. Februar 1872 — die Gebührentaxe der Eichanstalten für Maaß und Gewicht betreffend — werden unter Aufhebung der Bekanntmachung des vormaligen k. Staatsministeriums des Handels und der öffentlichen Arbeiten vom 31. Dezember 1869 nachstehende Vorschriften erlassen:

I.

Die Gebühren für die Eichung und Stempelung, dann für die bloße Prüfung der Maaße, Gewichte, Waagen und sonstigen Meßwerkzeuge, mit Ausnahme jener der Gemeinden, welche zur polizeilichen Controle dienen, werden nach der durch die Allerhöchste Verordnung vom 7. Februar 1872 er-

erlassenen Gebührentaxe berechnet und von dem Verificator in Empfang genommen.

Der Tarif muß in dem Eichlokale angeschlagen sein oder zur Einsicht aufliegen.

II.

Der Verificator ist verpflichtet, über sämmtliche Einnahmen ein Register nach Anleitung des am Ende dieser Bekanntmachung enthaltenen Musters Nr. 1 zu führen.

Dieses Einnahmeregister muß von der betreffenden Distriktspolizeibehörde gezissert sein.

Das erste und letzte Blatt hat den Stempel dieser Behörde zu tragen.

III.

Der Eintrag von Einnahmen für geeichte und abgestempelte Gegenstände erfolgt durch Ausfüllung des Formulars Nro. 1.

Bei den seltener vorkommenden Einträgen von Einnahmen für Gegenstände, welche nur geprüft und ungestempelt zurückgegeben wurden, sind in demselben Formulare die Worte „gegen" und „gestempelt" zu streichen und dafür mit Dinte beizufügen die Worte „für die bloße Prüfung erhoben", so daß der Satz lautet: Heute ꝛc. wurden von ꝛc. zur Eichung und Stempelung vorgelegt und nachstehende Gebühren für die bloße Prüfung erhoben.

IV.

Der Verificator ist verbunden, über die Zahl und Beschaffenheit der geeichten und gestempelten, dann der nur gegeprüften und ungestempelt zurückgegebenen Maaße, Gewichte, Waagen und sonstigen Meßwerkzeuge, sowie über den Betrag der erhobenen Gebühren Bescheinigungen auszustellen.

Die Bescheinigungen über geeichte und gestempelte Gegenstände und deren Gebührenbetrag (Eichscheine nach Abschnitt I Nro. 8 A der Instruktion zur Eichordnung vom 14. Dezember 1871) sind nach Anleitung der am Ende dieser Bekanntmachung enthaltenen Muster Nr. 2 u. 3 auszustellen.

Bei Bescheinigungen über nur geprüfte und ungestempelt zurückgegebene Gegenstände (Rückgabescheine nach Abschnitt I Nro. 8 B der Instruktion) ist dagegen im Formulare Nro. 2 zwischen den beiden ersten Worten „der" und „Maaße" einzuschalten „unzulässig befundenen"; außerdem sind die Worte „Eichung und Stempelung" deutlich mit dem Worte „Prüfung" zu überschreiben, so daß der Satz lautet: Verzeichniß der unzulässig befundenen Maaße, Gewichte und Waagen, für deren Prüfung die hier ausgeworfenen Gebühren bezahlt wurden.

Im Formulare Nr. 3 sind lediglich die Worte „Eichung und Stempelung" durch das Wort „Prüfung" zu ersetzen.

Die ausgefertigten Bescheinigungen werden durch einen wellenförmigen Schnitt vom Register getrennt.

V.

Alle Vierteljahre hat der Verificator das Einnahme-Register der betreffenden Distrikts-Polizeibehörde in Vorlage zu bringen, welche dasselbe zu revidiren und abzuschließen hat.

Der nach Abzug der Besoldung und Entschädigung des Verificators verbleibende Betrag ist von dem Verificator an jene Gemeinden oder Distrikte abzuliefern, welchen derselbe in Gemäßheit des §. 34 der Allerhöchsten Verordnung vom 23. November 1869 -- die Normal-Eichungs-Kommission, die Verificatoren u. s. w. betreffend, überlassen ist.

VI.

Zeigen sich in der Buchführung und Geschäftsbehandlung Mängel, so ist die Distriktspolizeibehörde verpflichtet, den Verificator darauf aufmerksam zu machen und zur Beseitigung aufzufordern.

Bleiben derartige Aufforderungen unbeachtet, so ist hierüber Anzeige an die vorgesetzte k. Regierung, Kammer des Innern, zu erstatten, welche sodann die weitere, sachgemäße Verfügung zu treffen hat.

Hat der Verificator unterlassen den Betrag der erhobenen Gebühren in das Register einzutragen, oder hat derselbe die erhobenen Gebühren nur theilweise in Einnahme gestellt, so tritt, vorbehaltlich der etwa veranlaßten strafrechtlichen Einschreitung, nach Umständen Entlassung ein.

München, den 18. Februar 1872.

Auf Seiner Königlichen Majestät Allerhöchsten Befehl.

von Pfeufer.

Formular.

Regierungsbezirk

. . . .

Amtsbezirk . . . .

Einnahme-Register

über die

Gebühren für das Eichen und Stempeln der Maaße, Gewichte und Waagen.

Gegenwärtiges Register, enthaltend . . . . . Blätter, wovon das erste und letzte mit dem Siegel der unterfertigten Behörde versehen und die übrigen von derselben gezifferet sind, dient dem Verificator für Maaß und Gewicht des Bezirkes . . . . zur Eintragung aller durch ihn geeichten und gestempelten Maaße, Gewichte und Waagen und der dafür erhobenen Gebühren.

den 187

---

1. Blatt.

	fl.	kr.	
Nr. Heute den 187 wurden von . . . . wohnhaft in . . . . zur Eichung und Stempelung vorgelegt und gegen nachstehende Gebühren gestempelt. Partial fl. kr. (**Muster Nr. 1.**) Total			VERIFICATION FÜR MAASS & GEWICHT
Nr. Heute den 187 wurden von . . . . wohnhaft in . . . . zur Eichung und Stempelung vorgelegt und gegen nachstehende Gebühren gestempelt. Partial fl. kr. Total			
Nr. Heute den 187 wurden von . . . . wohnhaft in . . . . zur Eichung und Stempelung vorgelegt und gegen nachstehende Gebühren gestempelt. Partial fl. kr. Total Seitenbetrag . . .			

	fl.	kr.
Verzeichniß der Maaße, Gewichte und Waagen, für deren Eichung und Stempelung die hier ausgeworfenen Gebühren bezahlt wurden. **(Muster Nr. 2.)**		
Im Ganzen . . .		

	fl.	kr.
Verzeichniß der Maaße, Gewichte und Waagen, für deren Eichung und Stempelung die hier ausgeworfenen Gebühren bezahlt wurden.		
Im Ganzen . . .		

	fl.	kr.
Verzeichniß der Maaße, Gewichte und Waagen, für deren Eichung und Stempelung die hier ausgeworfenen Gebühren bezahlt wurden.		
Im Ganzen . . .		

Einnahm-Register Nr.

Von . . . .

(Muster Nr. 3.)

. . . .
wohnhaft in . . . .
wurden unter'm Heutigen für Eichung und Stempelung der jenseits angegebenen Maaße, Gewichte und Waagen die da verzeichneten Gebühren im Ganzen mit . . . . .
bezahlt, worüber diese Quittung.

Gegeben zu . . . .
den . . ten 187

Der Verificator des Bezirks.

Einnahm-Register Nr.

Von . . . .
. . . .
wohnhaft in . . . .
wurden unter'm Heutigen für Eichung und Stempelung der jenseits angegebenen Maaße, Gewichte und Waagen die da verzeichneten Gebühren im Ganzen mit . . . . . .
bezahlt, worüber diese Quittung.

Gegeben zu . . . .
den . . ten 187

Der Verificator des Bezirks.

Einnahm-Register Nr.

Von . . . .
. . . .
wohnhaft in . . . .
wurden unter'm Heutigen für Eichung und Stempelung der jenseits angegebenen Maaße, Gewichte und Waagen die da verzeichneten Gebühren im Ganzen mit . . . . .
bezahlt, worüber diese Quittung.

Gegeben zu . . . .
den . . ten . . . .

Der Verificator des Bezirks.

Alphabetisches Register.

A.

Seite

B.

F.

H.

J.

U.

V.

Druckfehler
zur allenfallsigen Berücksichtigung.

---

1. Seite 18 Zeile 4 zu setzen: „1871“ statt 1872.
2. Seite 187 Ueberschrift zu setzen: „Ministerial-Entschließung“ statt „Instruction“.
3. Seite 207 bei Nummer 81 fehlt an der Totalziffer von „50,729“ das Null.

Kgl. Hofbuchdruckerei von Dr. C. Wolf & Sohn.

www.ingramcontent.com/pod-product-compliance
Lightning Source LLC
LaVergne TN
LVHW102107041026
849558LV00002B/88